“十四五”职业教育国家规划教材

工学结合新视野高职高专系列教材

商务礼仪实务与操作

（第五版）

孙　玲　孙　燕　江美丽　主　编
马守学　孙　军　张文科　副主编

对外经济贸易大学出版社
中国·北京

图书在版编目（CIP）数据

商务礼仪实务与操作 / 孙玲，孙燕，江美丽主编. 5 版. -- 北京 : 对外经济贸易大学出版社，2024. 11. （工学结合新视野高职高专系列教材）. -- ISBN 978-7-5663-2646-1

Ⅰ. F718

中国国家版本馆 CIP 数据核字第 2024CQ3404 号

商务礼仪实务与操作（第五版）

孙 玲 孙 燕 江美丽 主编

责任编辑：高 卓

出版发行：对外经济贸易大学出版社

社　　址：北京市朝阳区惠新东街 10 号

网　　址：www.uibep.com

资源网址：www.uibepresources.com

邮政编码：100029

邮购电话：010－64492338

发行部电话：010－64492342

E-mail：uibep@126.com

成品尺寸：185mm×260mm

印　　张：17.5

字　　数：404 千字

ISBN 978-7-5663-2646-1

印　　刷：北京市泰锐印刷有限责任公司

版　　次：2024 年 11 月北京第 5 版

印　　次：2024 年 11 月第 1 次印刷

定　　价：48.00 元

工学结合新视野高职高专系列教材

编委会

总　　序

为了认真贯彻《国家职业教育改革实施方案》精神，推进职业院校深化教学改革，推进职业教育高质量发展，提高人才培养质量，我们组织相关教师对原教材进行了修订，使之更适应教学的需要。本次修订主要呈现以下特点。

1. 课程内容与职业标准对接

鉴于国家在经贸等领域实行职业资格上岗制度，即“国家制定职业标准，通过统一的全国考试，对从业者的技能水平或职业资格进行客观、公正、科学规范的评价和鉴定，并对合格者授予相应的证书”的要求，本次修订时，我们将相关内容与此类考试相衔接，在教材中渗透、训练相关资格证书考试的要求和知识点，以帮助学生顺利通过考试，尽早拿到从业的职业资格证书。

2. 教学过程与生产过程对接

本套教材在编写过程中，始终本着“实用、管用、够用”的原则，坚持知行合一、工学结合，努力突出实践教学，淡化理论讲授，强化技能训练，使编写内容尽可能体现出新的教学要求，渗透“技术、能力目标”培养的训练方法，体现教学过程与生产过程的对接，力争给师生提供一个良好的实践教学平台。通过引导学生训练和模拟，强化学生对知识掌握的牢固程度，提高他们运用知识解决实际问题的技能。

3. 反映最新业务变化

鉴于最近几年我国经贸领域业务上发生的新变动，如会计与税务制度的变化、新的国际惯例、法律的修改和启用等，教材也紧随其变化而进行调整和充实，防止出现教学内容与实际业务脱节的现象。

我们希望通过不间断地研讨教材内容和教学方法，定期对本套教材进行修订和补充，使之体系完整、特色鲜明、定位准确，适合高等职业教育的教学要求。

在本套教材的修订中，我们参考了大量著作、教材和文献，在此谨向有关作者深表谢意。同时，由于作者理论水平和实际工作经验所限，书中疏漏之处在所难免，敬请专家和读者批评指正。

前　言

本书是适应当前高职教育教学改革需要的新型实用教材，也是基于工作过程的情境化教学模式的积极探索和有益尝试。本书针对当前社会对商务人才的需求状况，围绕情境化教学模式，以任务为载体，充分拓展学生的创造性思维空间和实践空间，设计出相应的活动方案进行演练，提升内在的文化修养、道德品质和思想境界，培养优雅的气质和优美的仪表，训练学生职场礼仪的实用技巧。教师从知识传授者转变为学习过程的指导者、评估者，学生从被动接受知识转变为自觉参与、掌握技能。基于这样的教学目的，本书在编写上具有以下特点。

一是突出操作性。根据商务工作中所涉及的礼仪活动，设计了认识商务礼仪、商务人员仪表设计、商务人员仪态设计、求职面试设计、职场办公礼仪、商务往来礼仪、商务活动礼仪、商务谈判礼仪、商务仪典礼仪、涉外商务礼仪 10 个学习任务。每个学习情境设计了“任务驱动”“知识掌握”“技能操作”“学生训练”四个流程。“任务驱动”分为目标要求、任务导入两部分（任务 1 除外），使学生带着工作任务进入学习，增强学习的目的性；“知识掌握”力图使学生在老师指导下掌握相关礼仪知识，为下一步技能操作做好知识储备；“技能操作”是课堂教学的重点和难点，通过设计礼仪任务情境、模拟演练、角色扮演等方法，实现学生学中做、做中学，学做一体，增强实践能力；“学生训练”包括“运用判断”“案例分析”“演练考核”等操作项目，进一步强化学生的操作技能。

二是突出实用性。在内容设置上充分考虑到职业院校的人才培养目标、教学模式，如选择了“求职面试设计”“职场办公礼仪”等实用礼仪，在知识覆盖上力求“新”，及时更新专业知识。为便于学习者对各知识点的理解与把握，本书用相关“礼仪故事”作为案例导入，加深学习者直观印象，同时还穿插了各种“礼仪小博士”，以扩充知识面，增强阅读兴趣。

三是突出规范性。本书参考了职业核心能力认证测试礼仪训练能力等级标准要求，学生在学完本课程后可以考取职业核心能力礼仪训练等级证书，实现岗课证融合。

使用本书时，有两点需要注意：一是注重内外兼修。礼仪学习本身是一个内强素质、外塑形象的过程，要引导学生在学习礼仪的同时，更注重道德品质修养，将各种礼仪规范不断内化为行为习惯，塑造出全新自我；二是注重操作实践，发挥好“技能操作”“学生训练”的实训功能。教师要引导学生精心设计学习情境，一些主要礼仪，要尽可能让每一个学生都参与演练，同时，切实做好随堂的点评，找出个性、共性中的问题，演练改进。这样，才能有效地提高学生的礼仪运用能力。

本书涉及面广、实用性强，不仅可以作为高职院校学生的教材，还可以作为普通大众了解实践礼仪知识的通俗读本。

本书由孙玲、孙燕、江美丽主编，马守学、孙军、张文科为副主编，具体编写分工如下（按章节顺序）：

马守学，任务1；孙军，任务2；孙明，任务3；孙玲，任务4；王中兴，任务5；张文科，任务6、任务7；李风清，任务8；孙燕，任务9；江美丽，任务10。

本书每个任务均设有“知识树”二维码，扫描即可获取思维导图，便于提纲挈领进入任务学习。本书一些知识点配有视频二维码，便于直观展示各种商务礼仪的操作，有助于情境式学习。同时，本书配有教学课件和习题资源，欢迎读者登录对外经济贸易大学出版社资源网（www.uibepresources. com）或扫描封底二维码获取。

在本书的编写过程中，北京桑博国际教育科技有限公司、烟台国际经济技术合作集团有限公司提出了宝贵意见。此外，我们还吸收了国内学者最新的研究成果，有些资料是参考互联网上发布或转发的信息，其中有些已经无法查明出处，在此向原作者所付出的辛勤劳动表示诚挚感谢。

我们衷心希望本书能有助于推进商务礼仪的教育和实践。本书是尝试之作，难免有疏漏和不妥之处，恳请广大读者批评指正。

目　录

二维码清单

名称	图形	页码	名称	图形	页码
知识树					
任务 1 认识商务礼仪 “知识树”		1	任务 6 商务往来礼仪 “知识树”		123
任务 2 商务人员仪表设计 “知识树”		15	任务 7 商务活动礼仪 “知识树”		147
任务 3 商务人员仪态设计 “知识树”		37	任务 8 商务谈判礼仪 “知识树”		179
任务 4 求职面试设计 “知识树”		65	任务 9 商务仪典礼仪 “知识树”		205
任务 5 职场办公礼仪 “知识树”		89	任务 10 涉外商务礼仪 “知识树”		223

名称	图形	页码	名称	图形	页码
礼仪视频					
任务 2 商务人员仪表设计 “西装穿着演示”		32	任务 5 职场办公礼仪 “电梯礼仪演示”		95
任务 3 商务人员仪态设计 “站姿演示”		39	任务 5 职场办公礼仪 “电话礼仪介绍”		114
任务 3 商务人员仪态设计 “坐姿演示”		41	任务 6 商务往来礼仪 “握手演示”		135
任务 3 商务人员仪态设计 “行姿演示”		42	任务 7 商务活动礼仪 “西餐刀叉 用礼介绍”		161
任务 3 商务人员仪态设计 “蹲姿演示”		43	任务 8 商务谈判礼仪 “商务谈判演示”		197
任务 3 商务人员仪态设计 “站姿训练”		62	任务 9 商务仪典礼仪 “签约仪式演示”		208
任务 4 求职面试设计 “求职面试准备”		67	任务 10 涉外商务礼仪 “涉外商务 礼仪介绍”		229
任务 5 职场办公礼仪 “开关门礼仪演示”		94			

任务1　认识商务礼仪

知识树

任务驱动

目标要求

- 了解礼仪的起源和内涵；
- 了解商务礼仪的主要功能及基本特征；
- 掌握商务礼仪的基本原则；
- 理解提高商务礼仪修养的意义和学习商务礼仪的必要性。

知识掌握

1.1　礼仪的内涵

党的二十大报告指出："中华优秀传统文化源远流长、博大精深，是中华文明的智慧结晶。"中华民族素有礼仪之邦的美誉，礼仪在中华文化的历史演进过程中起着积极的推动作用。随着时代的发展，人与人之间的交往与合作日渐频繁、密切，在交往合作中，人们的礼仪是否周全，不仅会显示修养、素质，而且会直接影响其事业的成败。由此，礼仪修养不仅是人们必备的基本素质，而且是社会交往、商务活动和其他事业成功的重要条件。

1.1.1　礼仪的起源

1. 中华礼仪的渊源

古人有言："中国有礼仪之大，故称夏，有服章之美，谓之华。"古代华夏族正是以丰富的礼仪文化而受到周边其他民族的赞誉。早在孔子以前，已有夏礼、殷礼、周礼三代之礼，因革相沿，到周公时代的周礼，已比较完善。孔子是我国历史上第一位礼仪学专家，他把"礼"作为治国安邦的基础。他主张"为国以礼""克己复礼"，并积极倡导人们"约之以礼"，做"文质彬彬"的君子。孟子也重视礼，并把仁、义、礼、智作为基本道德规范，他还认为"辞让之心"和"恭敬之心"是礼的发端和核心。荀子则比孟子更重视礼，他说："礼者，人道之极也。"把礼看作做人的根本目的和最高理想，把识礼、循礼与否作为衡量人的贤愚和高低贵贱的尺度，因而他强调“人无礼则不生，事无礼则不成，国无礼则不宁”。管仲则把礼看作人生的指导思想和维持国运的支柱，他说：“礼义廉耻，国之四维，四维不张，国乃灭亡。”从这些思想家的言论中，可以看出礼仪是适应调节人际关系的需要而产生和发展的。

礼仪小博士

与礼仪有关的知识要点

古人认为，举止庄重，进退有礼，执事谨敬，文质彬彬，有助于进德修业。(1) 容貌衣着。“冠必正，纽必结，袜与履，俱紧切”（见《弟子规》），帽正纽结，鞋袜紧切，是仪表仪容的基本要求。(2) 行为举止。“君子不重则不威；学则不固”（见《论语·学而》），这是因为只有庄重才有威严，否则即使学习了，也不能巩固。在公众场合，举止应该庄重谨慎而又从容，做到“非礼勿视，非礼勿听，非礼勿言，非礼勿动”（见《论语·颜渊》，处处合乎礼仪规范。(3) 言语辞令。语言是人们思想、情操和文化修养的一面镜子，所谓“修辞立其诚，所以居业也”（见《易传·文言》），将诚恳的修饰言辞看成是立业的根基，并且要“言必信，行必果”（见《论语·子路》）。

我国古代“礼”的概念包含着丰富的内容，大体可归结为三个层面：一是指治理奴隶制、封建制国家的典章制度；二是古代社会生活所形成的行为规范和交往仪式的礼制及待人接物之道；三是对社会成员具有约束力的道德规范（包括自身修养）。纵观我国礼仪内容和形式的演变与发展，可以看出“礼”和“德”不但是统治者权力的中心支柱，而且其在几千年的历史发展中，形成了许多具有广泛社会性与强大号召力的优良道德规范和人际交往的礼节仪式及生活准则，并且已成为中华民族共同的财富，对中华民族精神素质的提升起到了极其重要的作用。

2. 西方礼仪的起源

在西方，礼仪一词最早见于法语的 etiquette，原意为“法庭上的通行证”。但它一进入英文后，就有了礼仪的含义，意即“人际交往的通行证”。西方的文明史同样在很大程度上表现为人类对礼仪追求及其演进的历史。人类为了维持与发展血缘亲情以外的各种人际关系，避免“格斗”或“战争”，逐步形成了各种与“格斗”“战争”有关的动态礼仪。如为了表示自己手里没有武器，让对方感觉到自己没有恶意而创造了举手礼，后来演进为握手；为了表示自己的友好与尊重，愿在对方面前“丢盔卸甲”，于是创造了脱帽礼等。

在古希腊的文献典籍中，如苏格拉底、柏拉图、亚里士多德等先哲的著述中，都有很多关于礼仪的论述。中世纪更是礼仪发展的鼎盛时期。文艺复兴以后，欧美的礼仪有了新的发展，从上层社会对遵循礼节的烦琐要求到 20 世纪中期对优美举止的赞赏，一直到适应社会平等关系的比较简单的礼仪规则。

历史发展到今天，传统的礼仪文化不但没有随着经济发展和科技现代化而被抛弃，反而更加多姿多彩，国家有国家的礼制，民族有民族独特的礼仪习俗，各行各业都有自己的礼仪规范程式，国际上也有各国共同遵守的礼仪惯例等。有的国家和民族对不遵守礼仪规范者还制定了一定的处罚规则。有的国家已把礼仪作为公民就业前的“入门课”。有的公司录用职员时不仅考察其业务所需的文化水平，还要把言谈、举止、仪表等礼仪修养作为重要的考察内容。被企业录用的大学毕业生也必须先经过严格的礼仪训练，才能上岗工作。对一个人来说，礼仪是一个人的思想道德水平、文化修养、交际能力的外在表现；对一个社会来说，礼仪是一个国家社会文明程度、道德风尚和生活习惯的反映。重视、开展礼仪教育已成为道德实践的一个重要内容。

1.1.2 礼仪的含义

礼仪是“礼”和“仪”两个词的合成词，它们虽有联系却又各有其意。《辞海》中对“礼”的解释有三种：一是敬神，引申为表示敬意的统称，如敬礼、礼貌；二是为表示敬意或表示隆重而举行的仪式，如典礼、婚礼、丧礼；三是泛指奴隶社会、封建社会贵族的等级制以及社会生活中的社会准则和道德规范；四是指礼物，如送礼、礼品、礼单。“仪”在《辞海》中有礼节、仪式、法度、法则、容貌、举止等含义。可见礼仪的内容相当宽泛。

当前，我国礼仪界的学者们通常认为，礼仪是人们在社会交往中为了互相尊重而约定俗成、共同认可的行为规范、准则和程序。礼仪具体是指人们在社会交往中由于受历史传统、风俗习惯、宗教信仰、时代潮流等因素的影响而形成的，既为人们所认同、又为人们所遵守，以建立和谐关系为目的，在较大或较隆重的场合，为表示重视、尊重、敬意等的行为准则或规范的总和。例如，在接待外宾时鸣放礼炮；外宾到达宾馆时，服务人员在宾馆门前列队站立、微笑、鼓掌；等等。

从前面关于礼仪的渊源叙述中我们可以看到：

（1）礼仪是为维系和发展人际关系而产生的，并随着人际关系和其他社会关系的发展变化而变化的。它不仅是社会交往的产物，也是国际文化交流的产物。

（2）礼仪是施礼者与受礼者的情感互动过程。“礼尚往来，往而不来，非礼也；来而不往，亦非礼也。”

（3）礼仪是一种程序，有一定的规则，不是毫无联系的某些行为的堆积组合。

（4）礼仪规范、程序是一定社会的人们约定俗成、共同认可的。

（5）遵行礼仪是现代人文明的重要组成部分，是人际交往的重要手段和途径。

礼仪也可以从以下几个不同的角度进行解释：

（1）从个人修养的角度来看，礼仪是一个人的内在修养和素质的外在表现。也就是说，礼仪即教养、素质，体现了对交往礼节的认知和应用。

（2）从道德的角度来看，礼仪是为人处世的行为规范或标准做法、行为准则。

（3）从交际的角度来看，礼仪是人际交往中使用的一种艺术，也可说是一种交际方式。

（4）从民俗的角度来看，礼仪是在人际交往中必须遵守的律已敬人的习惯形式，也可以说是在人际交往中约定俗成的待人以尊重、友好的习惯做法。简言之，礼仪是待人接物的一种惯例。

（5）从传播的角度来看，礼仪是一种在人际交往中进行相互沟通的技巧。

（6）从审美的角度来看，礼仪是一种形式美，是人的心灵美的必然的外化。

1.1.3 礼仪的内容

随着历史的发展，“礼”的内涵已经有了延伸和扩展，具体表现为礼貌、礼节、仪表、仪式等。礼、礼貌、礼节、礼仪之间既有联系，又有区别。联系：礼包括礼貌、礼节、礼仪，其本质都是表示对人的尊重、敬意和友好，礼貌、礼节、礼仪都是礼的具体表现形式。区别：礼貌是礼的行为规范，礼节是礼的惯用形式，礼仪是礼的较隆重的仪式。

1. 礼貌

礼貌是人们在交往时相互表示敬重和友好的行为规范，它体现了时代的风尚与道德水准以及人们的文化层次和文明程度。礼貌是一个人在待人接物时的外在表现，主要通过礼貌的语言和行为来表现对他人的谦虚和恭敬。在日常工作与生活中，礼貌表现在人们的举止、仪表、语言上，表现在服务的规范、程序上，表现在对客人的态度上。一个微笑，一个鞠躬，一声“您好”，一句“祝您旅途愉快”，这些都是礼貌的具体表现。良好的教养和道德品质是礼貌的基础。在有教养的人们中间，礼貌应该是出于自然的。因此，我们应该自觉地养成良好的礼貌习惯。

从道德、社会风尚方面来研究礼貌，可以将它分为三类：一是公共场所最起码的行为准则；二是个人交往中最起码的礼节；三是个人私生活中起码应有的行为习惯。礼貌要求做到待人“诚于中而形于外”，主要内容包括：遵守秩序，言必有信，敬老尊贤，待人和气，仪表端庄，讲究卫生。礼貌的内容既是社会公德的核心内容，也是商务职业道德的基本规范。

2. 礼节

礼节是礼貌的具体表现形式，是礼貌在语言、行为、仪表等方面的具体规定。礼节是人们在日常生活中，特别是在交际场合相互表示尊敬、祝颂、问候、致意、哀悼、慰问以及给予必要协助和照料的惯用形式，是社会文明的组成部分。从形式上看，它具有严格的仪式；从内容上看，它反映着某种道德原则，反映着对他人的尊重和友善。例如，在某人生日那天，他的亲戚、朋友、同事、同学对他说一句“生日快乐”，或给他送上生日贺卡，或送上一束鲜花，或送上一个生日蛋糕，这是礼节；在宴会服务时，服务员送茶、斟酒、上菜、送毛巾等按照先宾客后主人、先女宾后男宾等程序进行，这也是礼节。

在国际交往中交际礼节也是各式各样的，日常见面礼节就有鞠躬礼、点头致意礼、举手注目礼、握手礼、吻手礼和接吻礼等。虽然现代社会的交际礼节有从简的趋势及趋向一致或相通，但是各国人民的文化特征是客观存在的，存在着各国、各地区、各民族的不同习惯。因此，我们在交往时必须注意尊重对方，以避免出现“失礼”的行为。

3. 仪表

仪表指人的外表，包括仪容、服饰、体态、风度等。仪表属于美的外在因素，反映人的精神状态。仪表美是一个人心灵美与外在美的和谐统一。美好纯正的仪表来自高尚的道德品质，它和人的精神境界融为一体。端庄的仪表既是对他人的一种尊重，也是自尊、自重、自爱的一种表现。

4. 仪式

仪式是一种正规、隆重的行礼的具体过程或程序。人们在社会交往过程中或是组织开展各项专题活动过程中，常常要举办各种仪式，以体现重视或表示纪念。常见的仪式包括开幕仪式、闭幕仪式、签字仪式、剪彩仪式、欢迎仪式、交接仪式等。仪式往往有程序化的特点，这种程序因场合不同而存在差异，所以人们要正确遵守和运用。

礼仪是人际交往的通行证，渗透于人们的日常生活中，体现着人们的道德观念，确定着人们交往的准则，指导着人们的行动。在社会生活中，人人以礼相待，互尊、互爱、互谅，并成为自觉的行动，这是社会文明进步的表现。

1.2 商务礼仪的功能及特征

商务礼仪，特指商务活动中的礼仪规范和准则，是一般礼仪在商务活动中的运用和体现，并且比一般的人际交往礼仪内容更丰富。它是商务人员在商务活动中，用以维护企业形象或个人形象，对交往对象表示尊重与友好的行为规范和惯例。

学习商务礼仪，不仅是时代潮流，更是提升竞争力的现实所需。戴尔·卡耐基说过：“一个人的成功15%是靠自身的努力，而85%是靠人际关系与处世能力。”一个成功的商务人员，除了具备敏锐的头脑、睿智的眼光、高深的文化修养外，还应懂得商务礼仪的规范。因此，从某种意义上说，了解并遵守商务礼仪已成为商务人员的一种潜在资本，是取得商业成功必不可少的条件。

1.2.1 商务礼仪的功能

1. 规范行为

礼仪最基本的功能就是规范各种行为。商务礼仪可强化企业的道德要求，树立企业遵纪守法、遵守社会公德的良好形象。道德是精神，只能通过人的言行举止，通过人们处理各种关系所遵循的原则与态度表现出来。商务礼仪使企业的规章制度、规范和道德具体化为一些固定的行为模式，从而对这些规范起到强化作用。企业的各项规章制度既体现了企业的道德观和管理风格，也体现了礼仪的要求，员工在企业制度范围内调整自己的行为。从某种意义上说，商务礼仪已经成为建立企业文化和现代企业制度的一个重要方面。

例如，日本松下公司创作了“松下之歌”和“松下社训”，每天早晨8点，遍布各地的松下员工一起高唱“松下之歌”，使每名员工都以自己是松下的员工而感到自豪。目前，我国的许多企业通过企业标志、企业服装等统一企业形象，通过企业表彰大会、企业员工守则等规范企业员工行为，增强企业的凝聚力和向心力。

2. 塑造形象

商务礼仪能塑造个人与企业良好形象，展示企业的文明程度、管理风格和道德水准。良好的企业形象是企业的无形资产，但凡国际化的企业，对于商务礼仪都有高标准的要求，都把商务礼仪作为企业文化的重要内容，同时也是获得国际认证的重要软件。一个人讲究礼仪，就会在众人面前树立良好的个人形象；一个组织的成员讲究礼仪，就会为自己的组织树立良好形象，赢得公众的赞誉。现代市场竞争除了产品竞争外，还有形象竞争。一个信誉和形象良好的公司或企业，容易获得社会各方的信任和支持，可在激烈的市场竞争中处于不败之地。所以，商务人员要时刻注重礼仪，这既是个人和组织良好素质的体现，也是树立和巩固良好形象的需要。

有这样一个故事：艾丽是个热情而敏感的女士，在中国某著名房地产公司任副总裁。一天，她接待了来访的建筑材料公司主管营销的韦经理。韦经理被秘书领进了艾丽的办公室，秘书对艾丽说："艾总，这是建筑材料公司的韦经理。"艾丽离开办公桌，面带微笑，走向韦经理。韦经理先伸出手来，与艾丽握了握手。艾丽客气地对他说："很高兴你来为我们公司介绍这些产品。这样吧，让我先看一看材料，再和你联系。"韦经理在几分钟内就被艾丽请出了办公室。几天内，韦经理多次打电话，但秘书的回答是："艾总不在。"

到底是什么让艾丽这么反感一个只说了两句话的人呢？艾丽在一次形象课上提到了这件事："首次见面，他留给我的印象是不懂基本的商务礼仪，还没有绅士风度。他是一个男人，位置又低于我，怎么能像王子一样伸出高贵的手来让我握呢？他伸给我的手看起来毫无生机、冰冷、松软、毫无热情；当我握他的手时，他的手掌也没有任何反应。握手的这几秒钟，他就留给我一个极坏的印象：他的心可能和他的手一样的冰冷。他的手没有让我感到对我的尊重，他对我们的会面也并不重视。作为一个公司的销售经理，居然不懂得基本的握手方式，他显然不是那种经过高级职业训练的人。公司能雇用这样素质的人做销售经理，可见公司管理人员的基本素质和层次也不会太高。这样素质低的人组成的管理阶层，怎么会严格遵守商业道德，提供优质、价格合理的建筑材料呢？我们这样大的房地产公司，怎么能与这样的小公司合作呢？怎么会让他们为我们提供建材呢？"

这个故事启发我们：在商务活动中，商务人员个人形象并不仅仅代表自己，还代表个人所为之工作的企业。因此，在商务场合当中，商务人员的仪容、仪表、仪态及言行举止都格外重要。每个员工的良好形象在商务交往对象眼里都是企业良好的形象，而任何一个员工的不良行为都会破坏整个企业的良好形象。

3. 传递信息

良好的礼仪可以更好地向对方展示自己的长处和优势，往往决定了机会是否降临。比如，在公司，你的言行适当与否可能就会影响到你的晋升和同事的关系，带客户出去吃饭时你的举止得体与否也许就决定了交易的成功与否，在办公室不雅的言行或许就使你失去了一次参加老板家庭宴请的机会……这是因为礼仪是一种信息，通过这个媒介表达出尊敬、友善、真诚的感情。美国华盛顿一家市场调查机构的调查结果表明：如果在某商业企业受到非礼待遇，96%的人不会直接抱怨，但有91%的人不会再到这家企业来，而且受到非礼待遇的人平均要向他周围9个人讲述，其中13%的人要向他周围20个人讲述。所以在商务活动中，恰当的礼仪可以获得对方的好感、信任，进而推动事业的发展。美国希尔顿酒店董事长康纳·希尔顿在50多年里不断地到世界各地的希尔顿酒店视察，视察中他经常问到的一句话是：“今天你对客人微笑了没有?”正是因为在工作过程中对日常基本礼仪的注重，希尔顿酒店在全球客户中树立了良好的商业形象，这使希尔顿酒店的知名度不断提升，如今已誉满全球，这种声誉所带来的必然是更多的客户和更多的经济收益。

4. 沟通协调

在商务场合，礼节、礼貌都是人际关系的“润滑剂”，能够非常有效地减少人与人之间的摩擦，最大限度地避免人际冲突，使商务场合的人际交往成为一件非常愉快的事情。在满足人们的社会交往需求的同时，也满足了人们被尊重的需求。例如，湖北一家挖掘机经销商和一位客户谈生意，谈了6次都没成功，最后却因为一件礼品打动了客户，使客户同她签订了百万元的订单。原来，她和客户谈生意时，发现对方身高1.9米多，马上想到这样身高的人，鞋子一定难买。于是，她在当地鞋厂定做了两双皮鞋送给客户，客户很感动。对百万元的生意来说，两双鞋并不贵重，但从中传递出的是对客户的尊重、关心和体贴，增进了商务交往双方的感情，从而促成了商务活动的成功。

礼仪小故事

电梯里的那一“戳”

上班时间，公司大楼的电梯里挤满了人。一位穿西装的中年男人被挤在靠近电梯门的地方，动弹不得。突然，他感到有人往他背上戳了一下，他皱了一下眉头，吃力地转身望了一眼，看见一个戴耳塞的年轻人朝他努努嘴巴，示意他出去。中年男人的脸上掠过一丝不快，但还是走出了电梯。

很快，那个年轻人收到了解雇通知。同事们很震惊：他不仅是技术骨干，更是正在进行的一个项目的负责人之一。

谜底很快被揭开了，在电梯挨了年轻人一“戳”的中年男人是公司的董事长。很多人同情年轻人，觉得董事长过于计较。

董事长却很坦然，在内部刊物上解释他解雇年轻人的理由：当我知道是我的员工用手指戳我的后背时，我感到很愤怒。为什么我的员工如此不懂得尊重别人？如果下次他的手指戳的不是我，而是客户，那会给公司带来怎样的损失？我承认，解雇他是一个很艰难的决定。因为他是公司的技术骨干，很优秀。许多人也许认为，那一戳只是没礼貌，一件小事而已，但我相信，人生的成败有时就取决于一件小事。对个人如此，对公司也如此……

点评：

从一滴水中可以透视太阳的光辉，从一个人不经意的言谈举止间也可以看到他的礼仪修养、内心世界。所以，不要把礼仪仅仅看作是有关礼貌的小节问题，要上升到影响事业成败的高度来认识和重视。

资料来源：羊城晚报，2009-06-22.

1.2.2 商务礼仪的特征

1. 规范性

商务礼仪作为指导、协调商务活动中人际关系的行为方式和活动形式，广泛涉及社会经济生活的各个方面，并为各国、各民族及各阶层人士共同遵守。商务礼仪的规范性使礼仪的实施易于落到实处，也便于通过专门训练达到预期效果。例如，酒会等自助餐礼仪为“多次少取”；喝咖啡礼仪为调羹基本不用，不能拿调羹舀食。陪同引导人员引导客人上楼的前后顺序是：如果客人认路，进出门、上下楼，前面位置为尊；客人不认路，则应在客人左前方。签署涉外商务合同时，根据国际惯例，合同文本应同时使用两国的法定官方语言，或是使用国际通行的英文和法文，除准备待签的正式合同文本，还需向各方提供一份副本。

2. 沿习性

商务礼仪是在一般礼仪基础上发展起来的，礼仪规范将人们在交往中的习惯、习俗、准则逐渐固定并沿袭下来，形成沿习性的特点，它是人类精神文明的标志之一。当代礼仪都是在既往礼仪基础上继承、发展起来的。礼仪是约定俗成的，随着社会的发展和人们观念的变化也会逐渐改变。如我们在商务会面时常用的握手礼最初来源于摸手礼。传说，当时人们在路上遇到陌生人时，如果双方均无恶意会放下手中东西，伸开自己的一只手（通常是右手），手心朝前，向对方表明自己手中没有武器，两人走近再互相抚摸掌心，以示友好，这一习惯沿袭推广，就成了现在广泛使用的握手礼。

3. 差异性

虽然不同民族、不同地域、不同宗教的礼仪及规范有许多相通之处，但由于国家、地区、宗教、民族、时间、对象等差异，商务礼仪存在着民族性和地域性。譬如，西方国家亲朋好友见面时一般行拥抱礼和亲吻礼；日本人则以鞠躬礼为主；我国一般行拱手礼，现在以握手礼较为常见。进行商务宴请时，要考虑客人不能吃什么，涉外交往中注意外国人的民族禁忌：忌吃动物内脏、动物头脚、宠物（猫、狗、鸽子等）、珍稀动物、淡水鱼、蛇、无鳞无鳍的鱼等。注意宗教禁忌：伊斯兰教忌猪、烟、酒、血；佛教忌荤腥，包括有异味的葱、蒜和韭菜等。可见，不同民族、不同宗教、不同国家有着截然不同的礼仪习俗和规范。

礼仪小故事

一个美国人在中国墓地见到一个中国人极其虔诚地在墓前摆上新鲜水果、糕点等食品，感到很困惑，就不解地问他：“你认为你的祖先什么时候会起来吃这些水果？”这位中国人回答说：“就在你的祖先起来闻你献给他的鲜花的时候。”这位中国人用幽默的方式道出了礼仪的差异性。

点评：

一方水土养一方人，不同民族、宗教、国家的礼仪各有差异。从事商务活动，就要了解并尊重礼仪的这种差异性。

资料来源：刘晖．实用礼仪训练教程．2版．北京：电子工业出版社，2015.

4. 发展性

商务礼仪规范会随着社会的发展、时代的变迁而不断发展更新。一方面，社会的进步使礼仪不断发展和完善；另一方面，随着国际交往的扩大，各国的政治、经济、思想、文化等因素的渗透，商务礼仪被赋予的内容增加，礼仪的改革受到重视，简洁、实用、文明的礼仪活动形式是发展的总趋势。例如，中国古代的跪拜礼，到辛亥革命推翻帝制后，即被废止。

1.3　商务礼仪的基本原则

1.3.1　相互尊重

尊重讲的是对待他人的态度。这种态度要求承认和重视他人的人格、感情、爱好、习惯、职业、社会价值以及所应享有的权利。尊重他人，要给他人充分表现的机会，对他人表现出最大的热情，给对方永远留有余地，尊重他人的隐私和禁忌。例如，在商务交往中互赠礼品时，不仅要考虑对方的爱好和禁忌，还要对礼品进行包装，包装意味着郑重其事，不加包装就显得不够尊重对方。一般来讲，包装的成本不低于礼品价值的1/3，而接受礼物的一方，在接收到有包装的礼品时，一定要当面打开，并对礼物表示欣赏和称赞，这意味着欣赏对方。

国际交往中有一个“3A规则”，实质上也是商务礼仪中所说的“尊重”原则。第一个A（Accept），接受对方。所谓接受对方就是你跟别人打交道时，只要不是原则问题，不是什么国格、人格、党纪、国法等大是大非的问题，而是一般性沟通，就有这样一个理念：客人永远是正确的，客人没有错，不要寻衅滋事、找别人毛病。第二个A（Appreciate），重视对方。比如，接过名片一定要看，客人来了要说“坐”“请坐”“请上坐”，要记住对方，实在记不住时，哪怕点点头也不要张冠李戴。第三个A（Admire），赞美对方。赞美时要实事求是，要适用对方，夸到点子上。美国著名的学者乔治·梅奥先生说过：“尊重别人就是尊重自己，发现别人的优点，实际上就等于肯定自我。”所以我们在商务交往中要特别注意尊重对方。

1.3.2　诚实守信

诚实是指待人真实不欺和说话客观公正；守信是指人说话算数，言行一致。礼仪绝不是外表的伪饰，真正掌握商务礼仪精髓的人是发自内心表现出对他人的真诚守信、表里如一。

在商务场合尤其要做到两点：一要守时，与人约定时间的约会，要严格遵守时间，不能拖延迟到；二要守约，答应别人的事要说到做到，没有十分的把握不要轻易许诺他人，不能失信于人。现代社会节奏加快、遵时守约更为重要，无论什么理由，不遵时守约都是不礼貌的，即使有再正当的理由，失约后也应道歉。

例如，国内的一家企业前往日本寻找合作伙伴。到了日本之后，通过多方的努力，这家企业终于寻觅到了自己的“意中人”——一家具有国际声望的日本大公司。经过长时间的讨价还价，双方商定首先草签一个有关双方进行合作的协议。当时，在中方人员看来可以算是大功告成了。到了签署合作协议的那一天，由于种种原因，中方人员抵达签字地点的时间比双方预先约定的时间晚了 15 分钟。当他们气喘吁吁地跑进签字厅时，日方人员早已衣冠楚楚地排列成一行，正在恭候他们的到来。不过在中方人员跑进来之后，还没容他们做出任何有关自己迟到的解释，日方人员便整整齐齐、规规矩矩地向他们鞠了一个大躬，随后便集体退出了签字厅。也就是说，因为中方人员在签字仪式举行时的迟到导致了双方的合作搁浅。事后，日方为此所做的解释是：“我们绝不会为自己寻找一个没有时间观念的合作伙伴。不遵守约定的人，永远都是不值得信赖的。”在这一事件中，国内这家企业的错误就在于违背了“信守约定”这一礼仪惯例。

1.3.3 公平对等

商务礼仪是建立在对等基础之上的。公平对等是商务礼仪的基本原则，是商务礼仪不同于传统礼仪的根本之点。例如，接待外宾时，应按照对等原则安排主办方人员作陪。外宾前往参观时，一般也安排相应身份的人员陪同。“投之以桃，报之以李”“礼尚往来”，社会交往中每个人都希望得到公平对等的尊重。美国心理学家马斯洛的需求层次理论指出，每个人都有由低至高五个层次的需求——生理、安全、社交、自尊与受到尊重、自我价值的实现。商务交往中礼仪的运用同样要遵循这一理论。

例如，我国有一家企业的厂长天天忙于工作。一次，一位外商应邀前来洽谈合作事宜，这位厂长正在车间检查工作而没有做好充分准备。当秘书跑来告诉他外宾已经到了的时候，他连工作服都没来得及更换，就去迎接外宾了。外宾一看他的着装很随便，认为自己非常重视的洽谈没有得到对方同等的重视，就决定不再与这个厂合作，而与另外一家企业签订了合同。

1.3.4 适度从俗

适度是指在商务交往中要把握与特定环境相适应的交往人之间的交际尺度，特别要注意感情适度、谈吐适度、举止适度。古话说：“君子之交淡如水，小人之交甘如醴。”在不同的交往背景下，人们必须掌握交往的各种尺度，不得随意逾越。商务交往中对人要热情友善，恰到好处，使人感到能够自然适应。例如，在一般交往中，既要彬彬有礼，又不能低三下四；既要热情大方，又不能轻浮谄谀。

从俗是指由于国情、民族、文化背景的不同，必须坚持入乡随俗，与国际上通行的、绝大多数人的习惯做法保持一致。周恩来总理曾提出外交工作中“入乡随俗，不强人所难”的礼仪原则，强调对别国、别民族的礼仪规范要尊重。“十里不同风，八里不同俗”“到什么山唱什么歌”“进门见礼，出门问忌”，这些都说明尊重不同风俗与禁忌的重要性。特别是国际商务交往中，不懂外国禁忌、不懂民族禁忌可能会造成不愉快的后果。

比如，日本的饭店和旅馆有一个招待客人的惯例，即待客人办完住宿手续走进房间时，服务员立刻拿来热毛巾、茶和日本点心，以表示旅馆对客人服务的周到热情。这一项特殊的服务长期以来受到了日本顾客的赞赏，但却在美国人那里遭了白眼。一次，一对美国夫妇也同样享受到了上述服务，他们对此很不喜欢，茶与点心并非他们亲自点的，而且茶也不热，点心又太甜了。这对美国夫妇认为，在他们共进晚餐前上不对口味的点心会破坏美味的晚餐，这样做好像是在损害自己的利益。结果，旅馆老板的一片好心不但未被接受，反而让客人觉得“不可思议”，费力不讨好。

1.3.5 宽容谦和

“宽”即宽待，“容”即相容，“宽容”就是心胸坦荡、豁达大度，能设身处地为他人着想，谅解他人的过失，不计较个人的得失，有很强的包容度和自控能力；“谦”即谦虚，“和”即和善，“谦和”就是在交际场合表现为平易近人、热情大方、善于与人相处，乐于听取他人意见，有很强的吸引力和人际协调力。中国传统文化历来重视并提倡宽容谦和的道德原则，并把“宽以待人”视为一种为人处世的基本美德。从事商务活动，也要求宽以待人，在人际纷争问题上保持豁达大度的品格或态度。在商务活动中，出于各自的立场和利益，难免出现冲突和误解，遵循宽容的原则，凡事想开一点，眼光看远一点，善解人意、体谅别人，才能正确对待和处理好各种关系与纷争，争取到更长远的利益。

礼仪小博士

日本银行的职业守则规定

(1) 接待顾客的动作要准确、迅速；
(2) 讲话要多用敬语；
(3) 递茶要用双手奉上；
(4) 接名片时要用双手接过，接过后要认真看；
(5) 入席时要请客人坐上座；
(6) 请客人进屋时要注意开门方向，以免弹簧门反弹撞着客人。

商务人员须知的基本职场交谈忌语“六不谈”

(1) 不能非议国家和政府；
(2) 不涉及秘密；
(3) 不涉及交往对象的内部事务；
(4) 不在背后议论领导、同事和同行，说是非者必是是非人；
(5) 不谈论格调不高的问题；

（6）不涉及私人问题，特别是在国际交往、职场交往中有“私人问题五不问”：一不问收入，二不问年纪，三不问婚姻家庭，四不问健康状态，五不问个人经历。

资料来源：金正昆．金正昆公关商务礼仪全集．西安：陕西师范大学出版社，2007.

1.4 商务人员的礼仪修养

英国学者大卫·罗宾逊概括出从事商务活动的黄金规则，具体表述为六方面，即正直（Integrity）、礼貌（Manner）、个性（Personality）、仪表（Appearance）、善解人意（Consideration）和机智（Tact）。这些准则也可以看作是商务人员必备的礼仪修养。

1.4.1 正直

正直是指通过言行表现出诚实、可靠、值得信赖的品质。当个人或公司被迫或受到诱惑，想要做不够诚实之事时，这就是对正直的考验了。良好的商务举止的一条黄金规则就是：你的正直应是毋庸置疑的，不正直是多少谎言也掩饰不了的。

1.4.2 礼貌

礼貌是指人的举止模式。当与他人进行商务交往时，你的风度可以向对方表明自己是否可靠，行事是否正确、公正。粗鲁、自私、散漫是不可能让双方的交往继续发展的。

1.4.3 个性

个性是指在商务活动中表现出来的独到之处。例如，你可以对商务活动充满激情，但不能感情用事；你可以不恭敬，但不能不忠诚；你可以逗人发笑，但不能轻率轻浮；你可以才华横溢，但不能惹人厌烦。

1.4.4 仪表

人们常常下意识地对交往者以貌取人，要做到衣着整洁得体，举止落落大方，这些都是给商务伙伴留下好印象的至关重要的因素。

1.4.5 善解人意

善解人意是良好的商务风度中最基本的一条原则。成功的谈判者往往会扮演一下对手的角色。人们如果事先就想象好即将与之交谈、写信或打电话联系的对方可能有的反应，就能更谨慎、更敏锐地与对方打交道。

1.4.6 机智

商场中每个人都极有可能对某些挑衅立即做出反应，或者利用某些显而易见的优势来妥善处理。如果我们一时冲动，则会悔之不已。不过本条黄金规则更深的内涵是：有疑虑时，保持沉默。

礼仪小故事

华盛顿在15岁时写了一本名为《恭敬待人处世言行守则》的小册子，其中有这样几条：

（1）不要成为破坏公共活动气氛的人。无法确知自己是否会受欢迎的场合，切不可前去。

（2）要尊敬长者，特别是年轻的主管遇上更高层主管时更应注意礼节。当遇见地位高于你的人，应立即止步致意，假如是在门口或任何笔直的通道，则要恭敬地退让一旁让对方先行。

（3）在公共场合言行要遵守分寸，不可高声狂笑，也不可大笑不止，不知自制。

（4）书写商业书信或介绍他人时，要恰当使用称呼，冠以适当头衔。

青年华盛顿不仅把处世行为礼仪守则写了出来，而且在生活中也做到了。良好的礼仪风范和灵活的社交技巧帮助他日后成就大事，成为美利坚合众国的第一任总统。

点评：

一个人事业的成功除了依靠自身的努力，还需要有良好的人际关系。知礼懂礼，注重文明礼仪，是每个人立足社会的基本前提之一，也是获得成功和幸福的重要条件。

资料来源：黄庆杰，吴琼．成功者礼仪全书．北京：中国华侨出版社，2002.

1.5　商务礼仪商自测

下面的测试题可帮助你了解自己的商务礼仪商（Business Etiquette Quotient，BEQ）。请选出下列情形中那些能准确反映你通常是怎样做（而非你希望怎样做）的选项。

1. 当我被邀请参加一项商务活动，我总是会在一星期内做出答复。

A. 是　　B. 有时　　C. 不是

2. 我总是在收到信息的同一天回复。

A. 是　　B. 有时　　C. 不是

3. 无论是工作中还是在家里，我从不咒骂人。

A. 是　　B. 有时　　C. 不是

4. 我总是在被邀请进餐后，或收到礼物后，或别人对我做出任何善意表达之后，回信或打电话感谢对方。

A. 是　　B. 有时　　C. 不是

5. 我的进餐礼节很好。

A. 是　　B. 有时　　C. 不是

6. 我将自己看作团体的一员，不会为了寻求上司对我个人业绩的奖励而单干独行。

A. 是　　B. 有时　　C. 不是

7. 我会立即处理重要的信件，而在一周内答复其余的。

A. 是　　B. 有时　　C. 不是

8. 在与来自另一种文化的人交往之前，我会花一些时间来学习其文化中特有的礼仪，而不至于由于无知冒犯对方。

A. 是　　B. 有时　　C. 不是

9. 当别人的工作值得称赞时，我不会吝啬自己的口头或书面赞赏。

A. 是　　B. 有时　　C. 不是

10. 我会给我最重视的商业伙伴送去节日问候卡。

A. 是　　B. 有时　　C. 不是

计分方法如下：选 A，即“是”，得 3 分；选 B，即“有时”，得 2 分；选 C，即“不是”，得 1 分。把所得分数相加总分达到 28～30 分，则商务礼仪商为优秀；25～27 分为良好；20～24 分为一般；10～19 分为不及格。

答案分析：你若选择“是”，说明你在这些方面做得很好；若选择“不是”，说明你在这些方面做得还不够，需要努力改善；若选择“有时”，说明你明白应该怎样做，但需要一直坚持下去。

资料来源：胡晓涓．商务礼仪．3 版．北京：中国人民大学出版社，2018.

任务 2　商务人员仪表设计

知识树

任务驱动

1. 目标要求

◆ 理解商务人员职场妆容的要求，并能根据不同出席场合，按要求和自身特点进行得当妆容美化和设计；

◆ 熟悉商务人士职场着装的原则，掌握在不同场合选取搭配服装的技巧；

◆ 了解职业着装饰物佩戴的原则和选择搭配技巧。

2. 任务导入

刘芳（女）和王建（男）大学毕业后供职于某外贸公司。国内有影响力的商品展销会即将举办，公司领导委派他俩担任会场讲解人员。接到任务后，他们深感此次展会的重要，为自己的仪表着装犯了难。假如你是会场讲解员，你打算如何设计自身的仪表，从而展现出自身和公司良好的形象？

知识掌握

仪表即人的外表，具体是指人通过面容修饰、发型设计、服饰穿着等给人传递出来的一种精神面貌和风度。在商务场合中，清新淡雅的妆容、得体的服饰是一种无声的语言，不仅是个人精神面貌和内在气质修养的反映，也代表了公司形象，透视出公司的文化。享有日本推销之神美誉的原一平认为，要成功地推销一件产品，首先是要成功地推销你自己，而为自己设计一个令顾客舒服的仪表则是重要的成功秘诀。

2.1　妆容设计

2.1.1　干净整洁

整洁就是整齐、干净，这是商务人士妆容首先应该达到的要求。在现实中应该注意避免两种倾向：第一种是整而不洁。常见的例子是人们的妆容乍看上去非常整齐，但细看之下，发屑满目，眼角还残留昨夜美梦的痕迹，那无疑有损其个人形象，也有失其本人的身份。第二种倾向是洁而不整。生活中有些人会近乎固执地认为，人只要干干净净的就行，没必要非得一板一眼地搞那么正式。这种想法对于普通人来说自然无可厚非，但是按照商务人员的要求来看显然过分随意，有不够正式的感觉，在交往活动中容易让对方产生自己不被重视的感觉。

要做到这一点，要求我们在平常生活中注意从以下几个部位下功夫：

（1）手部保持干净温润，指甲不宜过长，指甲缝内没有污垢。公务场合女士可不刷指甲油，要刷的话建议用透明色或者肉色、浅粉色的指甲油，不提倡刷黑色、紫色等个性、怪异的指甲油。

（2）脸部注意用正确的方法清洗，保持清爽干净。男士在公务场合，除了民族习惯或者宗教信仰之外，不提倡蓄须。

（3）口腔卫生要求每天晨起、睡前和饭后认真地刷牙漱口，避免有口气。如非口腔清洁问题引起的口臭，应及时就医。

礼仪小博士

美容护肤的9个小常识

（1）注意皮肤卫生。早晚洗脸，卸妆彻底，避免刺激皮肤。

（2）做好皮肤保湿。敷面膜、选用保湿护肤品，提高皮肤弹性和水分保持能力。

（3）出门做好防晒。涂防晒霜、穿防晒衣，减少紫外线刺激，预防皮肤变色、长斑。

（4）定期去角质。使用磨砂膏去除角质，使皮肤水嫩、光滑。

（5）多喝水。有助于新陈代谢，帮助排除体内积累毒素。

（6）合理饮食。多喝豆浆、牛奶，多吃果蔬。

（7）保持愉快心情。减少负面情绪，释放压力，让身体和皮肤实现良好内循环。

（8）常做运动。做健身操等有氧运动，利于排毒、排汗。

（9）保持充足睡眠。避免过度熬夜，深度睡眠可以促进皮肤细胞新陈代谢，清除自由基。

2.1.2 美观协调

妆容设计要和自己的内在气质、年龄、肤色、服饰的颜色等多方面因素协调起来才能达到美化的效果，不然白费力气，反而丑化了自己。

2.1.3 自然清新

职场人士在设计妆容时应该把握自然、不做作、清新怡人的原则，妆成后应让人觉得你是天生如此美丽。浓妆厚抹不但没法为自己增添光彩，反而让人觉得格调不高，这在施妆时一定要避免。

礼仪小故事

小张的困惑

小张的口头表达能力不错，对公司产品的介绍也得体，人既朴实又勤快，在业务人员中学历又最高，老总对他抱有很大期望。可他做销售代表半年多了，业绩却总上不去。

问题出在哪儿呢？

原来，他是个不修边幅的人，双手拇指和食指喜欢留着长指甲，里面经常藏着很多“东西”。脖子上的白衣领经常是酱黑色，有时候手上还记着电话号码。他喜欢吃大饼卷大葱，吃完后，不知道去除异味的必要性。在大多情况下，根本没有机会见到想见的客户。

点评：

在竞争日益激烈的今天，仪容对一个人的作用是万万不能忽视的。形象创造价值、形象决定命运的说法绝不是夸大其词。

2.2　发型设计

2.2.1　发型与身材

选择发型时，人的头部与身高要符合一定的比例，全身平衡才能显出整体美。一般认为比较理想的身材是身长和头的比例为7∶1至7.5∶1。因此，在设计发型时，应该从个人的整体比例出发，选择与体形协调的发式，弥补体形的缺陷，以充分显示体形美。

1. 适合矮小身材的发型

矮小身材应突出小巧秀丽的特点。头发不宜烫大波浪，也不宜留得过长，尤其不适合烫披肩长发。上述两种发型都会使头部加大，造成身体各部分的比例失调，特别是身材矮小且发质粗硬的人。如果是绵软性头发且头发又较少者，将头发留得稍长过肩也无妨，但一定要保持是直发，若烫得蓬起来，效果肯定不好。矮小身材一般以梳短发或中长发为宜。顶部头发可略高耸，头后部发梢平伏，后发际宜修剪成斜方形衬托出秀丽的后鬓，可显得身材高一些；也可采取盘发的形式，亮出脖子，使身材显高。

2. 适合高大身材的发型

身材高大的人应将发型设计得大方、奔放、洒脱。烫发时，不应烫小卷花或繁杂的花样，以免产生与高大身材不协调的矫揉造作、小家子气的感觉。高大身材梳中长发或长发较适宜；发型轮廓应蓬松，后发保持椭圆形；也可留直长发、束发、盘发或简单的短发。总之要突出简洁、明快、线条流畅的特点。

3. 适合矮胖身材的发型

矮胖身材的人不宜留大波浪、长直发，避免蓬松的发型和横曲的圆线条。一般采用短发式，顶部头发高耸，两侧头发服帖，后鬓修成斜方形；也可侧发向前蓬松或扣边向前，掩盖胖而圆阔的面庞。不管梳哪种发型，都要使整体发式向上，亮出脖子，以给人增加身高的感觉。

4. 适合瘦高身材的发型

这种身材的人不宜将头发削剪得太短，使头发没有层次；不宜盘高发髻；不宜留平直、服帖的短发；应加强发型的修饰性。发型轮廓保持圆形，头发烫出有波浪的卷曲状，并以层次分明为佳；也可将头发向后梳，露出面庞，以显得丰满。

2.2.2 发型与脸型

1. 发型对于脸型的修饰方法

脸型是决定发型的最重要的因素之一，而发型由于其可变性又可以修饰脸型。前者是发型与脸型的协调配合，后者是利用发型来弥补脸型的缺陷。常见的方法有：

（1）衬托法。利用两侧鬓发和顶部的头发改变脸部轮廓，分散原来瘦长或宽胖头型和脸型的视觉。

（2）遮盖法。利用头发来组成合适的线条或块面，以掩盖头面部某些部位的不协调及缺陷。

（3）填充法。利用宽长波浪发来填充细长头颈，还可借助发辫、发鬓来填补头面部的不完美之处，或缀以头饰来装饰。

2. 常见脸型的发型设计

（1）圆脸（胖）。直观上应尽量采用中长发或长发，可以将脸型遮掩，以切削脸部周围的直线型长发或将发蓄留至肩膀上为宜。长直发可以将脸遮掩，梳理时发尾应处理得薄一点。短发无法遮住面孔，但是可以突出轮廓，看起来也很精神，需针对实际脸型设计，若蓄留至耳下且使左右两侧头发鼓起，则脸会显得更圆，所以不建议圆脸短发。造型时通过抬高额头并加多两耳上方的头发、蓬松弯曲头发等同样可以起到一定的修饰作用（蓬松弯曲的发丝在经过脸颊的时候，会给脸颊造成阴影，这样脸部看起来就会显“瘦”了，能起到修饰脸型的作用），如图 2-1 所示。

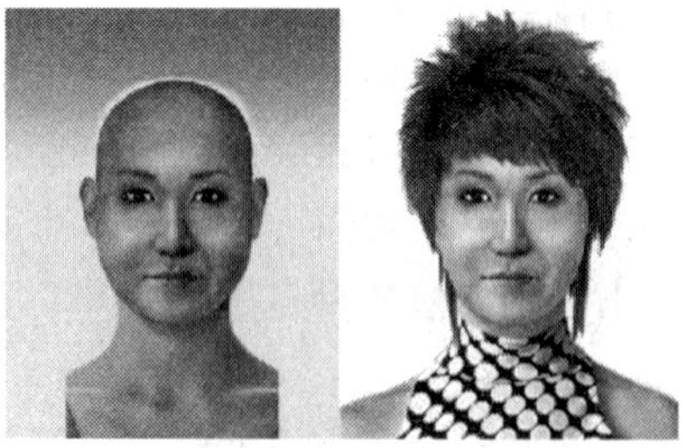

图 2-1 圆脸短发模拟效果

另外，圆脸的人的头发在塑型时要注意：

首先，一定要剪出刘海，并且要让刘海侧分。三七分比较合适，也可中分，但要使头发盖住面颊两侧。刘海侧分无形中就增加了顶部头发的高度，从视觉上就能使脸部的线条拉长，脸部的焦点就不会集中在“圆”上了。

其次，不适合离子烫之类，那些发型不适合修饰脸型。

（2）长脸。脸型偏长的女性适合刘海，除了一定要有刘海之外最好是选择卷发，这样可以起到缩短脸长的视觉效果。长而直和中分发型都不宜，它们会使脸看来更长。可一侧分缝，少许刘海儿可减短脸的长度，发梢应尽可能保持丰厚，使下颏在视觉上显得宽些，头顶不可梳理得蓬松。

总结起来有下面四点。

①用长刘海遮住宽额头，掩饰长长的脸型。长脸的人绝对不能留短刘海，如果觉得长刘海不够清爽的话，可分取略窄于圆脸型刘海的发束，并将其中一部分剪得短一些。

②在侧面修出曲线，弥补脸长的缺点。要避免在发型中修出纵长的线条或者直线条。最好是在侧面烫出发卷或波浪，富有蓬松感更能展现可爱的感觉，建议外形轮廓不宜过长。

③改变分发线。最好避免中分的发型，因为这样会使脸型显得更加细长。尽可能用稍长刘海遮住额头，在左侧或右侧做出分发线，斜向梳理，这样可使视线随着发丝的流向移向侧面，长长的脸型就不再显眼了。

④在脸部周围烫出弯曲的发卷，打造通透的空气感。针对长发等易显纵长感的发型，只要不在脸部沿线进行过度的削剪，就可以避免突现长长的脸型，最好是在脸部周围烫出弯曲的发卷，打造出富有空气感的圆润形状，如图2-2所示。

（3）方脸。方脸的女生最在意自己宽宽的腮帮。为了转移视线可修剪出长短错落有致的刘海，而全刘海或是中分的发型，都会将视线集中在脸部下方，使腮部显得更宽，尽量避免为好。另外，腮帮突出的脸庞容易给人棱角分明的强硬感觉，所以要用较圆润的外形轮廓来营造亲切柔和的氛围；若要修剪出稍薄的颈部头发来缔造柔和效果，长度不宜过短。

额头较宽的人大多是腮帮宽大的方脸，如在左侧或右侧做出分发线的起点，就可自然地遮住额头，效果也不错。

通过对颧骨以下脸沿线部分的削剪，可以遮掩鼓起的腮帮，或者可将削剪的发梢烫出外翻的发卷，把目光从腮帮处引开。

方脸的女生千万不要将头发向后梳或者留披肩、露耳、平分头等发型，最好是将头发梳垂在两颊和前额上，让前额上的头发蓬起来，这样能营造出视觉上瘦的美感，如图2-3所示。

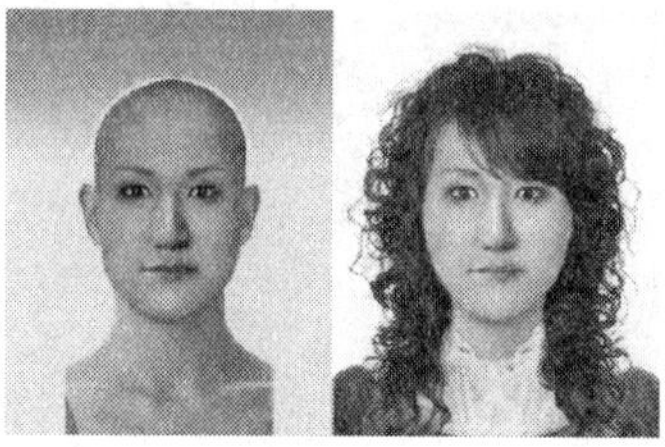

图2-2　长脸长发模拟效果图

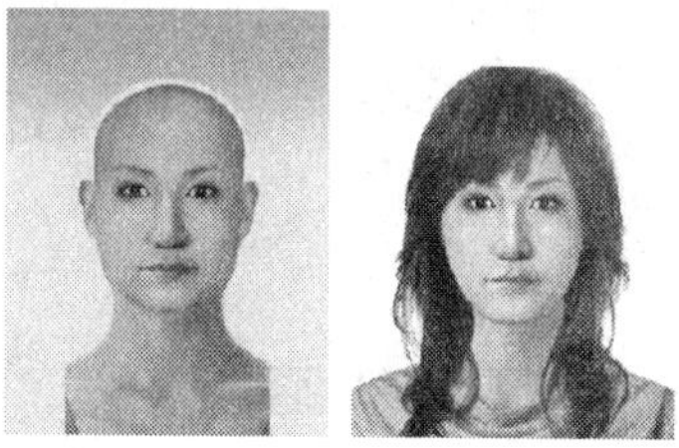

图2-3　方脸长发模拟效果图

2.3　着装设计

2.3.1　着装的原则

TPO原则是国际公认的着装原则，要使着装规范、得体，在选择与搭配服装时应遵循这一原则。T、P、O分别是英文时间、地点、目的这三个单词的首字母。其含义是要求人们在选择服装、考虑其具体款式时，首先应当兼顾时间、地点、目的，并应力求使自己的着装及其具体款式与着装的时间、地点、目的协调一致，较为和谐般配。

T——Time（时间、季节）；P——Place（地点），公务场合——庄重、传统、保守，社交场合——典雅、时尚、个性化，休闲场合——轻松、舒适、方便；O——Objective（目的）。

1. 时间

从时间上讲，一年有四季交替，一天有24小时变化，显而易见，在不同的时间里，着装的类别、式样、造型应因此而有所变化。比如，冬天要穿保暖、御寒的冬装，夏天要穿通气、吸汗、凉爽的夏装。白天穿的衣服需要面对他人，应当合身、严谨；晚上穿的衣服不为外人所见，可以宽大、随意。另外，不同时段的着装规则对女士尤其重要。男士有一套质地上乘的深色西装或中山装足以应付一般场合，而女士的着装则要随时间而变换。白天工作时，女士应穿着正式套装，以体现专业性；晚上出席鸡尾酒会就需多加一些修饰，如换一双高跟鞋，戴上有光泽的佩饰，围一条漂亮的丝巾；服装的选择还要适合季节气候特点，保持与潮流趋势同步。

2. 地点

从地点上讲，置身在室内或室外，驻足于闹市或乡村，停留在国内或国外，身处于单位或家中，在这些变化不同的地点，着装的款式理当有所不同，切不可以不变而应万变。例如，穿泳装出现在海滨、浴场是人们司空见惯的，但若是穿着它去上班、逛街，则必令人哗然。在国内，一位少女只要愿意，随时可以穿小背心、超短裙，但她若是以这身行头出现在着装保守的国家，就显得不尊重当地人了。

3. 目的

从目的上讲，人们的着装往往体现其一定的意愿，即自己对着装留给他人的印象如何是有一定预期的。着装完全不顾自己扮演的社会角色，也不讲其目的性，在现代社会中是不大可能的。服装的款式在表现服装的目的性方面发挥着一定的作用，比如一个人身着款式庄重的服装前去应聘新职、洽谈生意，说明他郑重其事、渴望成功，而在这类场合，若选择款式暴露、性感的服装，则表示自视甚高，对求职、生意的重视远远不及对其本人的重视。

礼仪小故事

以貌取人？

刘桓是某服装厂的业务员，无论口才还是业务能力，都令他的老板“一百个放心”。可没想到，在国际性的订货会上，当他风尘仆仆找到一家商场后，接待人员见他胡子拉碴，衣冠不整，看也不看他带的样品，就把他打发走了。因为这家商场的接待人员认为：“就这样一副尊容，厂里能生产出高档服装？”刘桓好窝火，这不是以貌取人吗？可连续跑了几家商场，费尽口舌也没有如愿。一气之下，他到美容院做了美容，然后换上本厂生产的名牌服装，气宇轩昂地找到一家商场的总经理。对方见刘桓气度不凡，且产品又属上乘，当即签订了100万元的订货合同。

点评：

作为企业的业务员，在推销产品的同时首先是推销自己。得体的仪表风度有助于赢得客户对你产品的认可。

2.3.2 女士着装的选配

1. 套装

女士职场服装一般以西装、套裙为宜（见图 2-4），这是最通用、稳妥的着装。不论年龄如何，一套剪裁合体的西装、套裙和一件配色的衬衣或罩衫外加相配的小饰物，会使你看起来优雅而自信，给对方留下良好的印象。

图 2-4 女士职业着装效果

2. 鞋袜

鞋袜自身要相协调，在颜色和款式上也要与服装相配。面试时，不要穿长而尖的高跟鞋，中跟鞋是最佳选择，既结实又能体现职业女性的尊严。袜子也很重要，袜子不能有脱丝。时装设计师们都认为，肉色丝袜在商界着装中是最适合的。为保险起见，你应在包里放一双备用，以便脱丝时能及时更换。另外，不论你的腿有多漂亮，都不应在上班时露着未穿丝袜的腿。

2.3.3 男士着装的选配

1. 男士着装的“三个三”原则

穿西装要讲“三个三”，即三个要点。

（1）三色原则。全身的颜色限制在三种颜色之内，三种颜色指的是三大色系。

（2）三一定律。身上三个部位——鞋子、腰带和公文包。这三个地方要是一个颜色，一般以黑色为主。

（3）三大禁忌。第一个禁忌是商标不拆掉以显示自己穿的是名牌；第二个禁忌是袜子的问题，主要涉及袜子色彩、质地，正式场合不穿尼龙丝袜，不穿白色的袜子，袜子的颜色要与鞋子的颜色一致或以深色为佳；第三个禁忌是领带打法出现问题，质地和颜色搭配不当。穿非职业装和短袖装不打领带，穿夹克不打领带。

2. 男士着装的五个小细节

（1）西装。男士西装式样如图 2-5 所示。

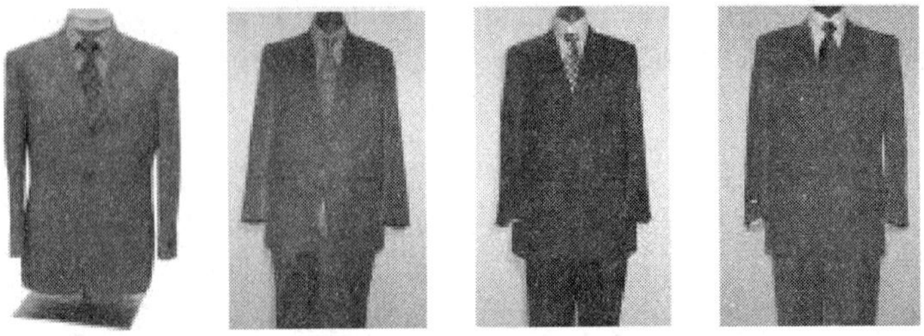

图 2-5 男士西装式样

衣扣的系法。单排扣西装的扣子的系法，最基本的讲究就是下面那粒扣子永远不系。如果是两粒扣的话，肯定就是下面那粒可不系。三粒扣、四粒扣也是下面那粒不系，还有一个办法就是最上面的扣子不系，上下可以更敞开一些，这是比较时尚的穿法。但是最正规的穿法只是下面那颗扣子不系。千万要注意，不要所有的扣子都不系。

西装口袋里面放的东西越少越好。这是非常重要的。西装上衣下面两侧口袋里面原则上不装东西，东西只装在内兜里。西装内侧口袋可以放钢笔、名片，其他的也不要放。其他东西放到自己的公文包里，包括手机之类的。

（2）衬衫。衬衫只能穿一件。在正式场合穿的衬衫应为白衬衫、单色的、没有过多图案的，格子的、条纹的之类尽量少穿，彩色的一般不要穿。特别要注意的是，长袖衬衫是正装，短袖衬衫是休闲装，后者不宜用来搭配西装。长袖衬衫有两个细节要注意：第一个细节，长袖衬衫里面穿内衣、背心的时候，要注意领型要选 U 领或者 V 领，不能让内衣露出来，如果穿高领衬衫，就会露出领子，影响美观，同时要注意袖口也不要露出来。第二个细节，如果打领带的话，上面扣子要系上；不打领带的话，衬衫上面那个扣子可以不系。如果是 T 恤配休闲装也可以，但是配正装就不可以。

根据衬衫领子的不同，西装衬衫分为：① 方领衬衫或者长领衬衫。② 扣领衬衫。这种衬衫领子尖上有个扣眼，把领带打好之后，等于把领带固定住。扣领衬衫是美式衬衫。③ 立领衬衫。它的领子是立着的，好像衬衫领子外面一圈被铰掉了，立领衬衫一般是时装穿法，或者休闲穿法，可以配休闲装。④ 翼领衬衫。翼领衬衫就是领尖翻了一个边过来，配蝴蝶结、穿燕尾服、穿礼服时用的。

（3）领带及配饰。穿套装一定要打领带，不穿套装可以不打领带，不穿西装绝对不要打领带。领带一般要注意颜色。正式场合最好选单一颜色，不要有花纹。可以和西装一个颜色，比如蓝西装打蓝色的领带，灰西装打灰色的领带。此外还可以选紫红色领带，庄重而热情。艳色（如粉色、绿色）领带尽量少打；领带可以有图案，但要简洁，格子、条纹、点最佳。

讲究的男士在重要场合饰物要少而精。穿西装时，手表与包是最重要的饰物。此外，如果要选饰物的话，还可以选装饰性的袖扣。装饰性袖扣配法式衬衫（法式衬衫是翻边的，它实际上是把那个翻边的下面固定了之后把袖扣戴上去）是比较好看的。因为男人在办公桌前，两只手放在桌上，这个装饰袖扣正好露出来，可堂而皇之地展示自己与众不同的独特品位。领带夹可用可不用。一般时尚的穿法是不用领带夹的。只有两种人用领带夹：一是穿制服的人，如工商、税务、警察、军人等；二是高级官员、高级将领等，因为他们常在众人注目之下。

（4）鞋袜。职场男士鞋袜的穿着一般以简洁大方为主。常见的搭配为制式黑色皮鞋，根据天气冷热配或厚或薄的棉袜，袜子的颜色可以跟皮鞋统一为黑色，也可以和裤子的颜色统一，但切记不能穿有明显花纹或者格子图案的袜子，如图2-6所示。

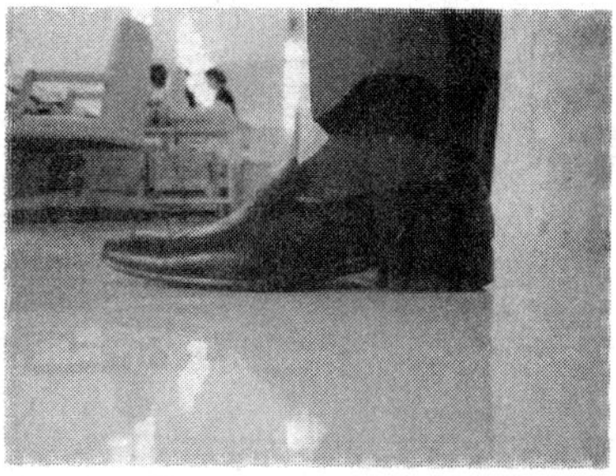

图2-6 男士鞋袜搭配

礼仪小博士

西装穿着问答

1. 首次穿西装该注意什么？

商标应该拆除，口袋是否拆开视个人需要而定。西装口袋一般为装饰用，不宜放置导致服装臃肿的物件，如钥匙、钱包、手机等。

2. 短袖衬衫是否可以搭配西装？

短袖衬衫搭配西装会降低正式感，因为衬衫袖口无法露出1~2cm，更无法在举手之间展示男士为数不多的配饰——袖扣。长袖衬衫搭配能体现正式感。

3. 西装金属配饰色是银色还是金色更和谐？

皮带扣、手表、戒指、袖扣、眼镜等金属配饰颜色的选择体现一个人的着装品位。搭配原则：统一身上金属配饰的颜色。银色属于冷色系，使人显得理性沉稳，与金色相比适用范围更加广泛，且正式西装的颜色多以蓝色系、深灰色系等冷色为主，银色可以与之和谐搭配。

2.4 饰物选配

人们在社交场所穿戴的服饰除了服装外，还包括首饰等一类饰物。首饰佩戴是一种无声的语言，既向他人暗示了某种含义，又显示了佩戴者的喜好与修养。在我国，男士的饰物比较少，仅有戒指、领带夹等，而且戒指主要是作为饰物来佩戴的，装饰作用不大。女士的饰物则多一些，有戒指、项链、手镯、耳环、头饰等。人们在佩戴这些饰物时应注意同自己的形体协调，并考虑与服装风格的统一。一般来说，在正式的社交场合中不宜佩戴过多的饰物，以免给人不稳重的感觉，从而降低信任感，但在参加商业宴会时佩戴适合的饰物则是必要的。

2.4.1 饰物佩戴的原则

1. 恰到好处，点到为止

这个原则主要是强调饰物佩戴要以少为好，不可浑身上下全是饰物，搞得自己像一个移动的饰品销售架。

2. 去粗取精，扬长避短

商务场合是个讲究身份的场合，选配饰物应该精挑细选，不可随便。尤其要注意饰物和自己的身材特点要吻合，比如说脖子粗短的人不应该选择粗大厚重的项链。

3. 突显个性，展现优势

饰物虽然只起到辅助装饰的作用，但有时候能彰显个性，成为点睛之笔。比如，前英国首相撒切尔夫人善于根据场合和交往目的选择胸针，被传为政坛佳话。

4. 掌握寓意，避免出错

一般而言，佩戴手镯、手链以及戒指的位置不同能显示一个人的婚姻状态。

2.4.2 饰物佩戴的方法

1. 项链的佩戴

佩戴项链要注意因人而异。脖子细长的人不宜选择细且长的项链，脖子短粗的人则宜选择细且长的项链，这样才利于弥补自己的缺陷。在选配项链上的挂件时，要根据个人的性格而定。活泼好动者可选配三角形挂件；成熟稳重者可选配椭圆形挂件；女强人型可选配方形挂件。

2. 手镯、手链的佩戴

手镯和手链的佩戴原则相似。如果在左手或左右手同时佩戴，则表明佩戴者已经结婚。如果仅在右手佩戴，则表明佩戴者是自由而不受约束的。一只手上不能够同时戴两只或两只以上的手镯（或手链），因为它们相互碰撞发出的声响会分散人的注意力。手部不太漂亮或有疤痕的人手上佩戴的东西不宜太多，否则容易暴露自己的短处，因为那些注意你手上首饰的人不可能不同时注意你的手。

3. 戒指的佩戴

戒指通常应戴在左手上，这是因为左手较少用于劳作。拇指是不戴戒指的。戒指戴在食指上表示无偶而求爱；戴在中指上表示正处在恋爱之中；戴在无名指上表示已订婚或结婚；戒指戴在小手指上则暗示自己是一位独身主义者。在西方国家，未婚女子常将戒指戴在右手而不是左手上。修女的戒指则总是戴在右手无名指上，这意味着她已经把爱献给了上帝。一般情况下，一只手上只戴一枚戒指，戴两枚或两枚以上的戒指是不适宜的。参加涉外活动时，佩戴的戒指以古典式样为好，太时髦了反而不好。

4. 耳环的佩戴

人们在佩戴耳环时，要选择与自己的脸型相适合的样式。脸圆的人不要选用又大又圆的耳环，而应选用链式耳环或耳坠；脸方的人不要选用过于宽大的耳环，而应选用小耳环或耳坠；脸长的人不要选用长而下垂的耳环，而应选用宽宽大大的耳环。在一切正式场合，都应当避免佩戴发光、发亮、发声的耳环。

5. 胸饰的佩戴

胸饰常见的有胸针和胸花等，且花色品种很多。人们在选用胸饰时要兼顾自己的年龄、装束、场合等因素，并要使人看起来不刺眼。

6. 眼镜的选配

在公共场合，眼镜的选择也十分重要。眼镜选戴得好，可使人显得儒雅端庄。脸方的人要选大圆框、粗线条的镜框；脸圆的人宜选四方宽阔的镜框；椭圆形脸的人最适合选框形宽阔的眼镜。选戴太阳镜时，商标要揭下来，不要以商标向他人炫耀，因为这样反倒给人一种肤浅的感觉。

7. 公文包、钱夹的选配

在公务活动中，男士应携带公文包以装放文件及手机、钥匙等杂物。公文包以深褐色或棕色皮革制品为上品，不要选择灰色的，也不要选择发光发亮、画满图案的。

女士随身携带手提包时应套在手上，切忌拎在手里摆来摆去。体态娇小的女士不宜使用大提包，而身材高大的女士则不宜使用小提包。

公共场合使用的钱夹以皮制为好。又长又大的皮夹子被视为男士的“口袋秘书”，适宜放在西装上衣内侧口袋里。任何类型的钱夹要注意不要塞得满满的。女士用的钱夹可随手携带，也可以放在坤包里。

8. 其他配件的选配

人们常将金笔、手表、打火机看作男士三大配件，并将其当作男士身份的象征。职业男性应携带至少一支钢笔和一支铅笔，可放在公文包里，也可放在西装上衣内侧的口袋里，但绝不能插在西装上衣外侧的口袋里。有身份的男士在交际中最好携带一支高档一些的钢笔。

手表的佩戴因人而异，但不论男士还是女士，在涉外交往中最好戴机械表（见图 2-7），不要戴潜水表、太空表或卡通表。

图 2-7　男士机械手表

打火机可以当作装饰品，也可作为礼品。但在社交场合一定要记住，不要只顾夸耀自己的名牌打火机而冷落了其他人。

礼仪小博士

香水的入门知识

香水是人的“气质外衣”，能为身体和周围环境增添独特香气。在使用香水时，如果不注意一些细节和场合，反而会使效果大打折扣。

1. 香水的种类

（1）体香喷雾，香精含量在1%~3%之间，留香时长为1个小时。

（2）古龙水，香精含量在2%~5%之间，留香时长为2个小时。

（3）淡香水，香精含量在5%~12%之间，留香时长为4个小时。

（4）浓香水，香精含量在12%~20%之间，留香时长为6个小时。

（5）香精，香精含量在20%~40%之间，留香时长为12个小时。

具体香水的浓度请以品牌和瓶身标志为准，浓度越高，扩散能力越强，留香时间就越长。

2. 香水的选择

（1）考虑个人喜好。例如，年轻女性可能更喜欢甜美、清新的香气；成熟男性可能更倾向于木质、沉稳的香气。

（2）不同的场合需要使用不同类型的香水。例如，夏天适合使用清新、凉爽的香水，冬天适合使用温暖、干燥的香水，白天适合使用清淡、有活力的香水，夜间适合使用浓郁、深沉的香水。

（3）干性皮肤适合使用含有适量油脂的香水，而油性皮肤则应选择清爽型的香水。

3. 香水的使用方法

（1）喷雾法。把香水喷在头顶上方，让香水的喷雾散落在头发上、身上，在香水喷雾里面站2分钟。这种方法会使香气更持久。

（2）喷在衣服上。这样走动的时候身体会散发香味。

（3）喷在脉搏跳动的地方。如耳后、脖颈、手腕等，这些部位因为血液循环比较快，更有利于香水挥发。

4. 香水喷洒的部位

（1）颈部耳后（近距离接触时较容易闻到）。

（2）胸口锁骨（自己能够闻到香水的部位）。

（3）手腕（肢体语言丰富的时候香味会扩散）。

（4）膝盖附近（当你坐下或者站起来时，香味会扩散）。

（5）衣物（如围巾、帽子，留香久）。

（6）头发（适合长头发，因为短头发会喷到头皮，需要用专门的发香喷雾）。

5. 香水使用的禁忌

（1）严肃场合不宜使用香水。例如，去探望病重的人或是参加葬礼等，此时心情较为低落，如果香味浓烈，会引起对方反感。

（2）工作时间或面试时喷味道淡的香水较好，浓烈香味不适合这类场合。

（3）参加他人婚礼不适合喷浓香型的香水，会有喧宾夺主的意思。

（4）参加家庭聚会，香水过于浓烈可能引起长辈不悦。

（5）参加宴会时在腰部以下使用香水，避免过量香水影响食物味道。

（6）要在干净肌肤上使用香水，避免在有异味的皮肤上使用。

（7）不要把香水喷在脸上，避免香水中的酒精刺激面部肌肤。

（8）在戴饰品之前用香水，钻石、金属一旦沾上香水，光泽会受影响。

（9）喷洒香水时注意避开真丝和白色衣物，否则会损坏衣物。

技能操作

操作内容A：女士职业妆

1. 操作标准

总体上，要求女士妆容清新自然、端庄大方，具体有以下几点。

（1）化妆色彩要与个人的内在气质相吻合。人的气质特点各不相同，有人是清纯可爱型，有人是高雅秀丽型，也有人是浓艳妖媚型。由于色彩也有它所代表的特点，所以清纯可爱型者要选择粉色系列的化妆色彩，忌浓妆和强烈的色彩；高雅秀丽型者可选择玫瑰或紫红色系。眼影尽量不用对比强烈的颜色，以咖啡色、深灰色最合适；浓艳妖媚型者可选用热情的大红色，眼影可采用强烈的对比色，如用深绿或深蓝色作为眼部化妆时的强调色。

（2）化妆色彩要与个人的年龄相吻合。例如，年龄较小的可尽量用淡色，如粉红色系口红（粉红、粉橘）；年龄稍大的可用较深或较鲜艳的色彩，因为深色及鲜艳的色彩会给人醒目的感觉，看起来也较成熟。

（3）化妆色彩要与个人的肤色相吻合。具体要求我们做好三个方面的选择。

一是粉底的选择。以下颌与颈部连接的部位肤色来试粉底的颜色，最好与肤色完全一致或比肤色浅一度的颜色，千万别选太白或太暗、与自己肤色差异较大的颜色。

二是腮红的选择。对于肤色较白的人，可以选粉红色系列；肤色较深的人，应选用咖啡色系列，使肤色看起来更健康。有荧光的腮红可用来突出额头。

三是口红的选择。浅色有荧光的口红有使嘴巴显大的效果。口红与肤色的搭配也有学问。皮肤较黑的人，不可涂浅色或含荧光的口红，因为浅色口红会与肤色形成对比，使之显得更为黯淡。肤色较白的人较幸运，任何颜色皆可用。皮肤较黑的人必须特别注意色彩的选择，避免用黄色、粉红色、银色、淡绿色或浅灰色的口红，可涂暖色系较偏暗红或咖啡色的口红，将皮肤衬托得较白且协调。

（4）化妆色彩应与服饰的颜色协调。这里更要注意以下几点。

① 着浅色如粉色系列的服装，在化妆时色彩应该素雅，与服装的颜色一致。

② 着深色单一色彩的服装，可选择临近或同色系的彩妆搭配。比如着绿色或蓝色服装，选择对比色系的彩妆，如红色、橙色来搭配。

③ 着黑、灰、白颜色的服装，可选择较鲜艳、较深、无荧光的彩妆来搭配。

④ 着红色系有花纹图案的服装时，可选择图案中的主要色彩或同色系但深浅不同的色彩来搭配。

⑤ 着有花纹图案的服装，其中主要色彩是蓝色、绿色系，则化妆色彩可采用对比或对比同色系的色彩来搭配。

⑥ 眼部化妆的色调，可选用与服装相同或对比色来搭配。

2. 操作示范

（1）组织学生观看化妆课录像或者视频演示，如《眼线以及瘦脸的技巧》等。

（2）化妆全过程操练。

① 妆前准备“三步曲”。

第一步：束发（女士）。

第二步：洁肤。正确的洗脸程序为：首先，将浸过热水的毛巾（水温以稍有点烫手为宜）轻轻盖在脸上（当然如果脸上有彩妆，就要先用卸妆液卸妆），用手指将毛巾轻轻往下压，令毛巾贴紧面部和眼部皮肤，让毛巾上的热气停留约 30 秒，以促进脸部的血液循环。然后，洗脸的时候，以绕圆圈的手势，用指腹轻轻地按摩清洗。用毛巾吸干面部水分，舀一匙食盐，倒在手心，加点热水化成浓浓的溶液，再将溶液像抹洗面奶似的遍抹面部（眼部除外），轻轻划圈按摩（手上的力度一定要轻，因为有些食盐结晶可能没充分溶解，用力稍大就会搓伤皮肤），30 秒后用清水洗净。油性皮肤和每天化妆的人可以每天都用食盐洗面，干性和中性皮肤者则隔一两天洗一次。

第三步：修眉。首先，从眉毛下方开始修起，在眉毛上方向下放置眉梳，眉梳外露出的眉毛使用剪刀来修剪，注意不要修剪得过多。然后，修剪眉毛上方。在眉毛下方向上放置眉梳，修剪上方露出的眉毛，不用一次修剪到位，而要细心地一点一点进行修剪。较细的余毛用镊子拔取，没办法修剪的地方用镊子从根部开始沿着眉毛的走向一根一根地拔除。最后，用透明睫毛膏来梳理眉毛走向。用透明睫毛膏沿眉头至眉梢的方向抹刷，调整眉毛走向，瞬间给眉毛增加醒目效果。基本上只要根据自己眉毛的大致线条再处理一下，即可瞬间变得整洁。如图 2-8 所示。

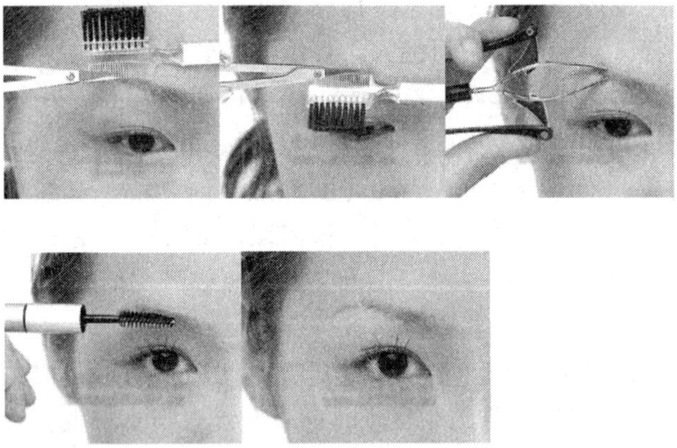

图 2-8　女士修眉

② 施妆过程，如图 2-9 所示。

步骤 1：化妆的基础在于完美的妆面，洗好脸，涂好乳液，再涂上隔离霜，然后涂上粉底，记住要一层层用粉扑推匀。如果皮肤有不足的话，再用遮瑕膏，然后把粉轻轻地扑在脸上。上粉底时可用按摩的手法，淡化细纹，令肤色红润。然后喷一点化妆水定妆，这样可以使粉和皮肤比较贴合，然后用高光粉（白色的眼影也可以）分别刷额头、鼻梁、眼袋（就是长黑眼圈的地方）、下巴，这样使你的脸型更加挺拔。

步骤 2：实验证明先画眼影比先画眼线出来的妆面好，把颜色深的涂在双眼皮位置上面一点，然后把颜色淡的涂在眼窝处，在眼尾处加深颜色，眼角处涂上高光，使眼睛

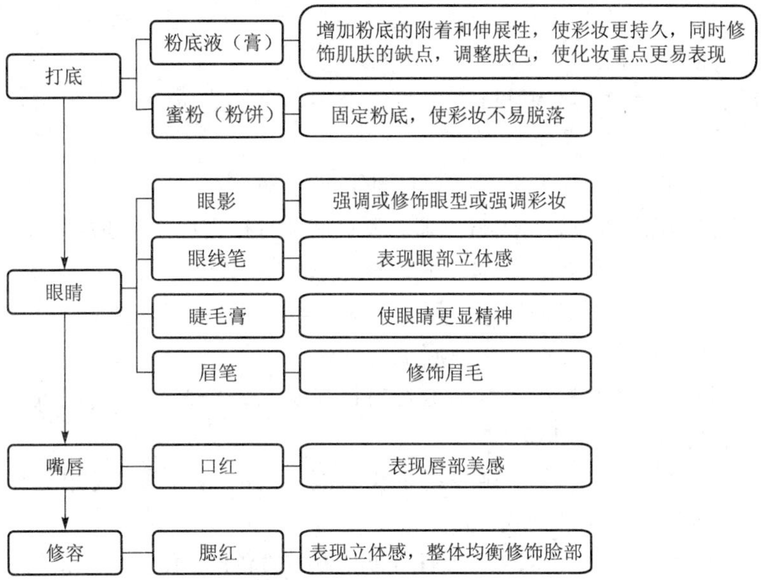

图 2-9　施妆流程图

看着有神；画眼线的技巧是在于记住一句话——用眼线笔把睫毛处的空隙填满，这样画出来的眼线很自然，上眼线加深加黑会显得眼睛有神，眼尾处画的弧度和眼尾睫毛一致。夹睫毛的时候可以先把睫毛夹用吹风筒吹热，这样定型效果比较好，然后睫毛分 3 次夹，分别从根部、中间和尾部进行。刷睫毛膏的时候可以用个棉签挡在眼皮和睫毛中间，然后呈 Z 字形开始从里往外刷，刷下睫毛要将睫毛刷立起来刷。

步骤 3：将眉毛修出自己觉得满意的形状。一般眉毛修出来的长短和鼻梁呈 45°角，眉粉或者眉笔颜色要适合整体妆容，其颜色不要深于头发色。如果是黄色系的头发，可以用颜色淡一点的眉粉，黑色头发用棕色就可以。

步骤 4：打腮红可以弱化眼袋下方的线条感，将其斜斜地打在鼻翼两侧，使之呈椭圆形往太阳穴处晕开，把眼袋带给人的不好气色统统扫掉。

首先，先用化妆刷沾足够的腮红（像练习书法时用毛笔蘸墨汁的感觉），然后在纸上轻轻掸一下，让多余的腮红粉末掉落下来。

其次，对着镜子微笑，脸颊上颧骨突出的部位就是涂腮红的区域，把腮红涂在这个部位会增加脸部的立体感。

再次，化妆刷在脸颊上轻轻画圆圈，由内向外一边画一边向斜上方耳朵处涂，向着一个方向薄薄地、一层层地涂，一直到皮肤微微发热为止。如果能够看出腮红的颜色就说明涂得过厚了，仅仅能感觉出颜色最恰到好处。如果不小心涂厚了，也不必担心，可以在上面涂一些粉压压颜色，使颜色变得淡一些。

最后，刷上剩余的腮红可以涂到下巴、鬓角和额头发髻处，这些部位轻轻扫上一些腮红，可使脸颊看上去更加光彩照人。

③ 妆后检查。

首先，看妆容是否对称。比如眉毛的形状大小、长短弧度，粉底色彩浓淡是否均匀。

其次，看妆容是否过渡自然。重点查看脸与脖子、鼻梁与鼻侧、腮红与脸色、眼影层次的过渡情况是否均匀。

最后，看整体与局部是否协调。

④ 补妆。

步骤 1：用吸油面纸将脸上分泌旺盛的油脂吸干净。

步骤 2：用能够保湿肌肤的喷雾喷全脸，不仅能及时补充水分，还能舒缓疲劳的肌肤。

步骤 3：30 秒后，用纸巾摊在脸上轻轻吸干多余的水分。

步骤 4：用化妆棉轻轻擦去残余的眼影粉和腮红。

步骤 5：用遮瑕膏涂抹在有瑕疵或暗疮的部位。

步骤 6：再用粉扑蘸取粉饼，均匀地将粉扑在脸上，仔细修复粉底脱落的部位，尤其是容易出油和泛黄的 T 字部位。

步骤 7：重新涂抹腮红，如果随身携带粉底液专用的化妆棉，可用化妆棉在脸颊部位轻轻晕开，能令腮红更加服帖持久。

步骤 8：在眼睛下方、T 字部位抹上具有提亮效果的亮粉，使脸型看起来更有立体感。

（3）不同脸型的化妆。

① 椭圆脸型：椭圆脸型是最理想的脸型，所以要尽量保持原状态。这一脸型的化妆要着重自然，不要有所掩饰。

眉毛：顺着眼睛把眉毛修成正弧形，位置适中，不宜过高，眉头与内眼角对齐。

胭脂：在颧骨最高处向后向上晕开。

嘴唇：依自己的唇样涂成最自然的样子，除非自己的嘴唇过大或过小。

发式：采用中分头路，左右均衡的发型最为理想。

② 长脸型：属于这种脸型的人应利用化妆来增加面部宽阔感。

眉毛：位置不可太高而有角，眉毛尤不应高翘。

胭脂：抹在颧骨的最高处与太阳穴下方所构成的曲线部位，然后向上向外抹出，且距离鼻子要远些。

嘴唇：可稍微涂得厚些。两颊下陷成窄小者，宜在后两部位敷淡色粉底成光影，使其显得较为丰满。

发式：可采用 7∶3 或更偏分的头路，这样可使脸看起来宽些。发型以发际往下覆着及两边有柔软卷发为合适。

③ 圆脸型：这种脸型是可爱的，要修改成理想的椭圆形并不困难。

眉毛：不可平直和起角，亦不可太弯，应为自然的弧形和带少许弯曲。

胭脂：涂法是从颧骨一直延伸到下颚，必要时可利用暗色粉底做成阴影。

嘴唇：部分上唇化成阔而浅的弓形，均匀涂成圆形小嘴。

发式：以 6∶4 来分头路最好，这样可使脸不显得那么圆，两侧要平伏一点，若有刘海的，则必须弄厚些，并要有波浪。

④ 方脸型：化妆时要注意增加柔和感，以掩饰脸上的方角。这种脸型的人，两边颧骨很突出，因此要设法掩饰。

眉毛：眉毛要稍阔而微弯，不可有角。

胭脂：不妨涂得丰满一些。可用暗色粉底来改变面部轮廓。

发式：头发6∶4分或中分都可，偏分发型可造成不平衡的感觉。

⑤ 三角脸型：三角脸型即额部较窄而两腮大，显得上小下阔，此类脸型的化妆秘诀跟圆脸、方脸差不多。

眉毛：宜保持原状态。

胭脂：由眼尾外方向抹涂，对于两腮可用较深的粉底来掩饰。

嘴唇：唇角稍向上翘。

发式：以7∶3来偏分，使额部看来阔些。发型以波浪或卷发为宜，以便增加上方的力量。

⑥ 倒三角脸型：此脸型与三角脸型刚好相反，它亦即是人们所说的瓜子脸、心形脸，它的特点是上阔下尖。

眉毛：眉形应顺着眼睛的位置，不可向上倾斜。

胭脂：涂在颧骨最高处，然后向上向后化开。

嘴唇：要显得柔和。如果下巴显得特别尖小的人，脸的下部便要用浅色的粉底，而过宽的前额宜用较深的粉底。

发式：头发以6∶4偏分法来使额部显得小一点，发型要做成大的蓬松发卷，并遮掩部分前额。

操作内容B：男士西装穿着

1. 操作标准

大小得体，颜色庄重，沉稳潇洒。

2. 操作示范

（1）西装选择

西装从版型上来说，主要分日版和欧版。两者最大的区别就在于，日版西装一般不收腰，而欧版西服一般都要收腰，日版西装的后衣身长度要比欧版西服短1厘米左右。选择西装，不单单只看价格和品牌，而是要看包括面料、裁剪、加工工艺等在内的许多细节。先看做工，检查线迹、手工和夹面，注意查看西服口袋两条开线条是否一致，上袖处有无褶皱，如果是条纹或格子西服，则要看这两处的条、格有没有对上。在面料上，应先考虑天然面料，毛料当然是首选（夏装除外），轻薄的毛料比全棉、亚麻或真丝面料更有质感，也更挺括、耐穿，最好不要选择不透气的人造纤维。在颜色选择上，最稳重而又安全的多为藏青或是灰黑色，其他如咖啡色、深棕色都不太适合正式场合穿着。

（2）西装穿着

穿西装时要注意的问题有：在穿西装之前，务必要将位于上衣左袖袖口之上的商标、纯羊毛标志等拆除。在一般情况下，坐着的时候，可将西装上衣衣扣解开；站起来之后，尤其是需要面对他人之时，则应当将西装上衣的衣扣系上。西装上衣的衣扣有一定的系法：双排扣西装上衣的衣扣应当全部系上；单排两粒扣西装上衣的衣扣只系上边的那粒衣扣；单排三粒扣西装上衣的衣扣则应当系上面的两粒衣扣，或都单系中间的那粒衣扣。穿西装时，最好不要内穿羊毛衫，非穿不可时，则最好穿一件单色薄型的 V 领羊毛衫。不要在西装里面穿开领的、花哨的羊毛衫，特别是不要一下子同时穿上了多件羊毛衫。

西装穿着演示

（3）领带的选择和使用

① 领带的搭配。领带被人们称为西装的灵魂，选用领带时要注意同西装、衬衫的颜色相配，使领带、西装和衬衫构成立体感较强的套装。

浓、中、淡。淡蓝的西装，群青色的衬衫，配上普鲁士蓝的领带，恰如“春来江水绿如蓝”，恬静高雅，表现了一个人的沉着稳健的气质。

淡、中、浓。与上述相反，以深色西装为中心，过渡到浅色的领带。由深渐浅，既有层次，又有节奏。例如，黄褐色的领带、棕色的衬衫、栗色的西装，浑然一体、浑厚朴实。

淡、浓、淡。以深色的衬衫为中心，与浅色领带和浅色西装相呼应。国外称之为“三明治”，形象地说明了“二浅夹一深”的配色特点。

浓、淡、浓。例如，绀色（紫调浑蓝）西装，配上浓绀色的领带，与灰色调的衬衫形成对比，华而不浮、品格高雅，是中年人的常用色。

② 领带的系法。系领带不能过长或过短，以站立时其下端触及腰带为好。穿西装背心或毛衣时，领带要塞进背心或毛衣里。在正式场合松开领带是不合适的，而假日休闲时则不必打领带。男士应当多备上几条领带，以供不同场合使用。图 2-10 展示的是几种常见的领带系法。

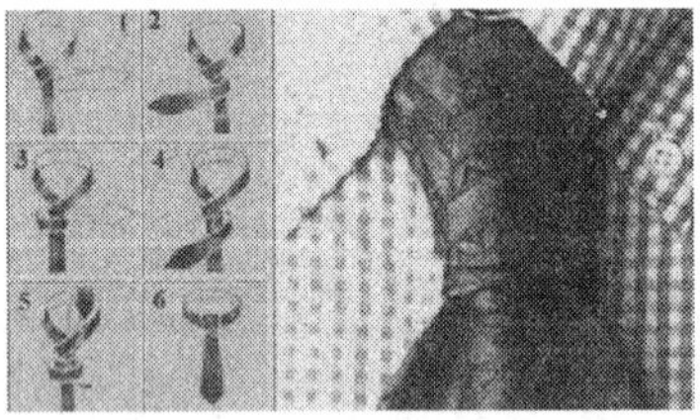

亚波特王子结

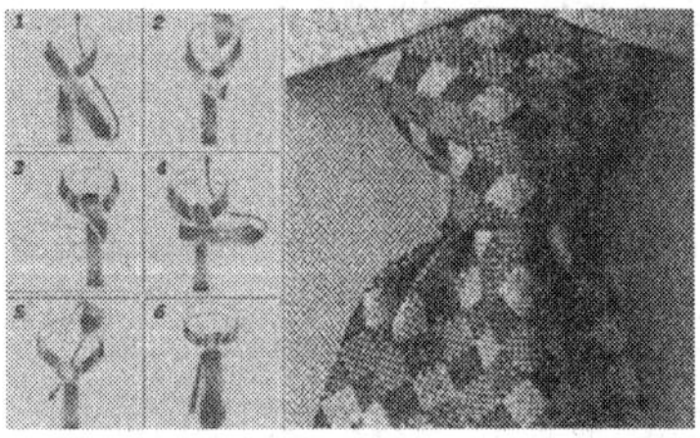

浪漫结

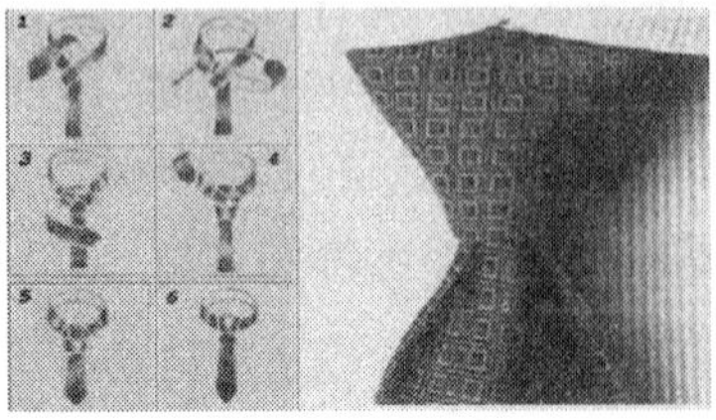

温莎结

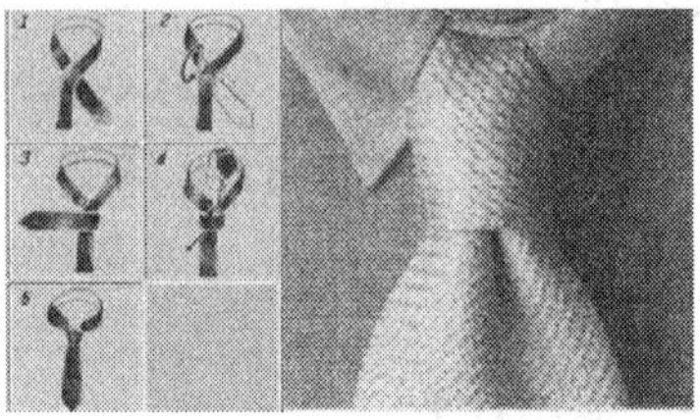

简式结

图 2-10　领带的系法

学生训练

运用判断

1. 一位中年女士没有做其他化妆，仅涂了红艳的口红。
2. 一女士的妆容看起来很漂亮，脖子却很马虎粗糙，和脸庞有明显的分界线。
3. 一女士用粗的黑色眼线把眼睛轮廓包围起来。
4. 一位很漂亮的女士，身穿蓝色调的时装，画着橘红色的唇膏。
5. 同事小丽长得不算高，胖嘟嘟的一脸福相，她最喜欢的发型就是披肩直发。

案例分析

【案例1】

自尊心严重受挫的记者

说起穿衣礼仪，有一段至今让我无法忘记的尴尬经历，从某种程度上来讲甚至是一种屈辱。记得我刚进杂志社工作不久，领导安排我去采访某民营企业的总裁，是一位女性。听说这是一个既能干又极有魅力的女性，对工作一丝不苟，对生活却是极其享受，最关键的是，即使再忙，她也不会忽视身边美好的东西，尤其对时尚非常敏感，对自己的衣着及礼仪要求极高。这样的女性，会让很多人产生兴趣，还未见到她，仅仅是介绍，我已经开始崇拜她了，所以我非常高兴能由我来做这个专访。事先我做了大量的准备工作，采访纲要修改了多次，内心被莫名的激动驱使着。那几天，我始终处于兴奋状态。但到了采访当天，穿什么衣服却让我犯愁。要面对这样一位重量级的人物，尤其是位时尚女性，当然不能太落伍了。

说实在的，我从来就不是个会打扮的女孩，因为工作和性格关系，平时穿衣都是怎么舒服、方便就怎么穿。时尚杂志倒也看，但只是凑热闹而已。现在，还真不知道应该穿什么衣服才能让我在这样一位女性面前显得更时尚些。终于，我在杂志上看到了女孩穿吊带装，那清纯可爱的形象打动了我，于是迫不及待地开始模仿起来。那天采访，我穿了一件紧身吊带背心、热裤（虽然我的腿看起来有点粗壮），打了个在家乡极其流行的发髻，兴冲冲地直奔采访目的地。当我站在该公司前台说明自己的身份和来意时，我明显看到了前台小姐不屑的眼神。我再三说明身份，并拿出工作证来，她才勉强地带我进了总裁办公室。

眼前的这位女性，高挑的身材、优雅的举止、得体的穿着，让我怎么看怎么舒服。虽然我不是很精通衣着，但在这样的场合，面对这样的对象，我突然感觉自己的穿着就像个小丑，来时的兴奋和自信全没了。还好，因为采访纲要准备还算充分，整个采访过程还比较顺利。结束前，我问她，日常生活中，她是如何理解和诠释时尚、品位和魅力的。她告诉我，女人的品位和魅力是来自内心，没有内涵的女人是散发不出个人魅力，也无法突显品位的。而时尚不等同于名牌、昂贵和时髦，那是一种适合与得体。说完这话，她微笑地看着我。此时我的眼睛看到的只有眼前自己那两条粗壮的腿，心里纳闷：这腿为什么会长得如此结实，做热裤的老板一定很赚钱，因为太省布料了……我感觉自己无法正视她，采访一结束，我逃也似的离开了她的办公室。

资料来源：http://bbs.youa.baidu.com/post/0/thread/a13d8230efcd5a41396cee1e.

问题：

（1）为何案例中女记者自尊心受挫？

（2）职场人士应该在穿着方面注意哪些事项？

【案例 2】

物流公司员工着装小案例

我们公司最近对吊带衫过敏，因为不久前发生的一件事。Lina 是我们公司公认的紧追潮流之人，她喜欢新鲜的东西，喜欢流行，喜欢做弄潮儿，那种独领风骚的感觉对她极具诱惑。所以，日常生活中，她对时尚的东西特别感兴趣，也特别喜欢模仿。在很多地方，她的模仿还比较成功，唯有今年，因为疏忽，差点落下话柄。

也许是因为工作关系，Lina 有两个明显的特征：嗓门大，皮肤黑。今年夏天特别流行吊带衫和吊带裙，对于一个赶时髦之人当然是个不容错过的机会。在高温尚未降临的时候，她已经为自己准备了一系列的吊带装，就等高温一到，全面出击。其实，她的肤色做了这个行业后变得更黑了，尤其是那些沉淀的色块，让她的肤色看起来还有点脏兮兮的。冬天，可以把身体全部包裹在衣服里，只有脸和脖子在外面，还算好打理；但一到夏天就麻烦了。

其实我对 Lina 的穿衣风格和她的衣着礼仪一直不是很欣赏，她的装扮总是比较夸张和张扬。虽然她紧跟潮流，却让我感觉缺乏品位。赶潮流是需要一定的经济基础，像 Lina 这样的普通白领，并不丰厚的薪水根本经不起她的“挥霍”，所以只能找些质地差、廉价的替代品。何况，Lina 的先天条件并不是很好，那种招摇、夸张的装扮只能成为别人的笑柄。我们都知道要扬长避短，如此肆无忌惮地“彰显”自己的短处，还真是勇气可嘉。

从这以后，Lina 在公司再也没有穿过吊带装，而且她似乎在慢慢改变自己的穿衣风格，虽然依旧赶时髦，但不再盲目，开始变得成熟起来。

问题：

（1）Lina 的穿着有什么不妥？

（2）职场人士应该如何根据自身条件和岗位性质来进行着装设计？

【案例 3】

吴小姐在一家国内公司工作，有一次上级派她代表公司前往广州参加外贸商品洽谈会，为了给外商留下好印象，吴小姐在洽谈会上专门穿了一件粉色的上衣和一条蓝色的裙裤，然而正是她这身装扮让外商对她敬而远之。

问题：

（1）本案例情境中吴小姐着装失败的原因在哪里？

（2）作为公司代表参加洽谈会应该怎样穿着？

演练考核

1. 形象展示

若干名同学分别上台展示自己的形象设计效果，并说明是如何根据自身的特点进行修饰的，其他同学点评并给出建议，最后评选出最佳形象奖。

2. 仪容互查

每周一次，在上课之前利用 5~10 分钟的时间，让同学以两人为一组，组合性别不限，但不可重复组合，即同学甲和同学乙只能互查一次。操作时两人相隔一臂距离，面对面进行仪容互查。根据如下的检查项目打出相应的分数并签名。

检查项目及要点（每项 10 分）：

（1）整体清新整洁；

（2）发型合格，头发干净；

（3）脸部干净；

（4）耳朵清洁；

（5）鼻毛不外露；

（6）口气清新；

（7）手干净温润，指甲合格；

（8）衣领干净挺括；

（9）鞋袜符合要求；

（10）身体气味清新。

受检人：											
检查项目	得分	日期：　　年　月　日									
整体印象											
头											
脸											
耳朵											

续表

受检人：											
检查项目	得分	日期：　　年　月　日									
鼻子											
口腔											
手											
鞋袜											
衣领											
气味											
检查人签名											

任务3　商务人员仪态设计

知识树

任务驱动

1. 目标要求

◆ 掌握站姿、坐姿、行姿、微笑的基本要求以及目光注视的部位；

◆ 熟悉站姿、坐姿、行姿、手势运用的种类、目光注视的方向和微笑的作用；

◆ 了解各种仪态的禁忌。

2. 任务导入

司琪在某著名葡萄酒营销公司担任公关部经理。在国际葡萄酒博览会期间，公司安排她去接待一位法国贵宾。请你为其进行大方、得体的仪态设计。

知识掌握

仪态又称“体态”，是指人的身体姿态和风度。姿态是身体所表现的样子，风度则是内在气质的外在表现。人的一举手、一投足、一弯腰乃至一颦一笑并非偶然的、随意的。这些行为举止自成体系，像优美语言那样具有一定的规律，并具有传情达意的功能。

我们敬爱的周恩来总理堪称仪态美的典范。青年时代他在南开中学读书，南开中学教学楼的镜子上印着《镜铭》：“面必净，发必理，衣必整，钮必结。头容正，肩容平，胸容宽，背容直。气象：勿傲，勿暴，勿怠。颜色：宜和，宜静，宜庄。”

3.1　站　　姿

3.1.1　站姿的基本要求

正确的站姿会给人以挺拔向上、庄重大方、精力充沛、积极乐观的印象。具体要求如下：

（1）脖颈挺直，头向上顶，下颌微收，双目平视前方，面带笑容。

（2）脊柱、后背挺直，挺胸，臀部肌肉收紧，重心有向上升的感觉。

（3）两手臂放松，自然下垂于体侧。

（4）双腿伸直，膝盖放松，大腿稍收紧。

（5）两脚跟相靠，两脚尖展开呈 45°～60°角，身体重心放在双脚上，如图 3-1 所示。

图 3-1　标准的站姿

3.1.2　规范的站姿

1. 腹手站姿

两手在腹前交叉，右手搭在左手上，贴在腹部。这种站姿，男士可以两脚分开，距离不超过 20 厘米，呈“V”字形；女士可以用小丁字步，即一脚稍微向前，脚跟靠在另一脚内侧（见图 3-2）。

这种站姿端正中略有自由，郑重中略有放松。在站立中身体重心还可以在两脚间转换，以减轻疲劳。

2. 背手站姿

双手在身后交叉，右手贴在左手外面，贴在两臀中间。两脚可分可并。分开时，不超过肩宽，脚尖展开，两脚夹角约 60°，挺胸立腰，收颌收腹，双目平视（见图 3-3）。

这种站姿优美中略带威严，易产生距离感，如果两脚改为并立，则突出了尊重的意味。此为男性常用的站立姿势。

图 3-2　腹手站姿

图 3-3　背手站姿

3. 侧放式站姿

双手放在身体两侧，自然下垂，挺胸、收腹，手自然弯曲，中指对准裤缝，两脚可以并拢也可以分开，也可以成小丁字步（见图 3-4）。此为男女通用的站立姿势。

图 3-4 侧放式站姿

3.1.3 站姿的禁忌

（1）切忌在正式场合站立时将双手插在裤袋里，这样显得过于随意。

（2）切忌将双手交叉抱在胸前，这种姿势容易给人傲慢的印象。

（3）切忌歪倚斜靠，给人站不直、十分慵懒的感觉。

（4）切忌在站立的时候，频繁地变动体位，甚至浑身上下不停地乱动，这样会使站姿变得十分难看。

站姿演示

（5）切忌下意识地做些小动作，如摆弄手机、钥匙、玩弄衣服、咬手指甲。

礼仪小博士

每个人都有自己习惯的站立姿势。美国夏威夷大学心理学家指出，不同的站姿可以显示出一个人的性格特征。

（1）站立时习惯把双手插入裤袋的人：城府较深，不轻易向人表露内心的情绪，性格偏于保守、内向，凡事步步为营，警觉性极高，不肯轻信别人。

（2）站立时常把双手置于臀部的人：自主心强，处事认真而绝不轻率，具有驾驭一切的魅力；最大的缺点是过于主观，性格表现固执、顽固。

（3）站立时喜欢把双手叠放于胸前的人：这种人性格坚强，不屈不挠，不轻易向困境压力低头；由于过分重视个人利益，与人交往经常摆出一副自我保护的防范姿态，拒人于千里之外，令人难以接近。

（4）站立时将双手握置于背后的人：性格特点是奉公守法，尊重权威，极富责任感，不过有时情绪不稳定，往往令人莫测高深；最大的优点是富于耐性，而且能够接受新思想和新观点。

（5）站立时习惯把一只手插入裤袋，另一只手放在身旁的人：性格复杂多变，有时会极易与人相处，推心置腹；有时则冷若冰霜，对人处处提防，为自己筑起一道防护网。

（6）站立时两手双握置于胸前的人：其性格表现为成竹在胸，对自己的所为充满成就感，虽然不至于睥睨一切，但却踌躇满志，信心十足。

（7）站立时双脚合并，双手垂置身旁的人：性格特点诚实可靠，循规蹈矩而且性格坚毅，不会向任何困难屈服低头。

（8）站立时不能静立、不断改变站立姿态的人：性格急躁、暴烈，身心经常处于紧张状态，不断改变自己的思想观念；在生活方面喜欢接受新的挑战，是一个典型的行动主义者。

3.2 坐　姿

3.2.1 坐姿的基本要求

优雅的坐姿会给人以文雅、庄重、自然、大方的美感，它是一种静态的美。其具体要求如下：

（1）入座时要轻稳，动作协调从容，不要赶步，以免“抢座”。一般是从左侧进左侧出。

（2）就座时，背对座位，右脚后退半步，待腿部接触座位边缘后，轻轻坐下。女士着裙装入座时，应用双手拢平裙摆再坐下，不要坐下后再站起来整理衣服。

（3）落座后上体自然挺直，双膝自然并拢，双脚平正放松，两臂自然弯曲，双手放在膝上，也可放在椅上或沙发扶手上，掌心向下。目视前方，面容平和。

（4）正式场合，一般不应坐满座位，通常是坐椅子的2/3位置。

（5）离座时要自然稳重，右脚向后收半步，然后起立，动作不可过猛。

3.2.2 规范的坐姿

（1）正坐式。双腿并拢，上身挺直，头部端正，两脚略向前伸，双手手指并拢叠放在双膝上，略靠近腹部。男士双膝可略分开，但不应宽于其肩，双手放在两膝上或椅子的扶手上，这是正规场合的最基本的坐姿（见图3-5）。

（2）侧坐式。上身挺直，两膝并拢，双腿斜放，以与地面构成45°角为最佳。侧坐时，双手宜叠放或以相握的姿势放于腿上。侧坐式适合女性坐在较低的沙发上（见图3-6）。

（3）交叉式。上身挺直，坐正，两脚在踝关节部交叉后向里收，亦可略向左侧或右侧斜放（见图3-7）。不可把双脚向前伸出去，膝部也不宜打开。交叉式适合于坐在主席台上、办公桌后面或汽车上，男士、女士都可以选用。

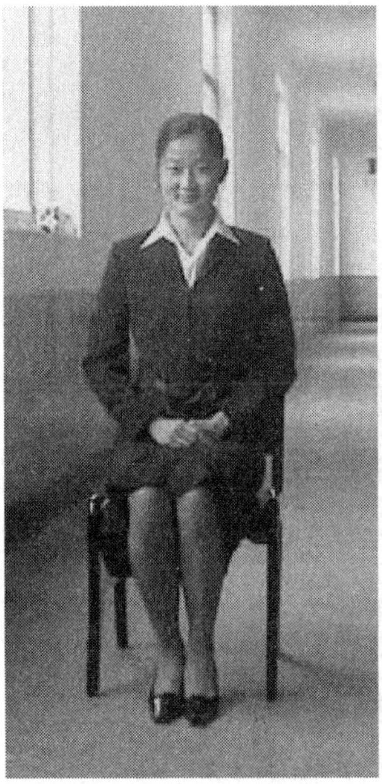

图 3-5 正坐式

图 3-6 侧坐式

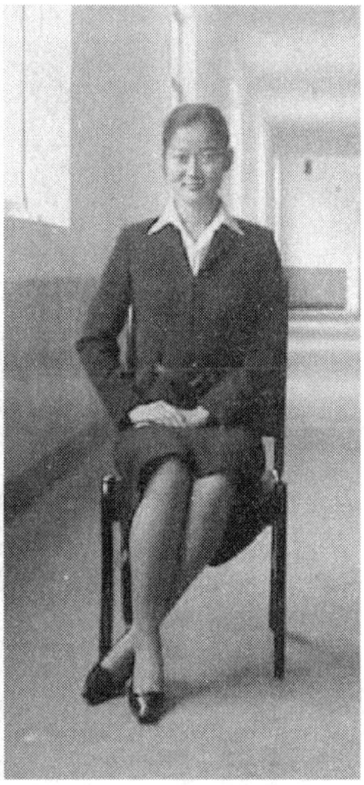

图 3-7 交叉式

3.2.3 坐姿的禁忌

坐姿演示

（1）切忌入座时碰撞椅子发出噪声。

（2）切忌双手抱臂，将肘部支于桌子之上。

（3）切忌坐在椅子上转动或移动椅子的位置。

（4）切忌双脚或单脚抬放在椅面上。

（5）切忌在座椅上大幅度双腿叉开，或将双腿伸得过远，更不得将脚藏在座椅下或用脚勾住椅子的腿。

3.3 行　　姿

3.3.1 行姿的基本要求

（1）双目平视，收颔，表情自然平和。

（2）两肩平稳，防止上下前后摇摆。双臂前后自然摆动，前后摆幅在 30°~40°，两手自然弯曲，在摆动中离开双腿不超过一拳的距离。

（3）上身挺直，收腹立腰，重心稍前倾。

（4）男士行走时，两脚尖略开，步履稳重大方；女士行走时，两脚要踏在一条直线上，称“一字步”，步履匀称、轻盈（见图 3-8 和图 3-9）。

（5）行走中两脚落地的距离大约为一个脚长，即前脚的脚跟与后脚的脚尖相距一个脚的长度为宜。不过不同的性别、不同的身高、不同的着装都会有些差异。

图 3-8　女士标准行姿

图 3-9　男士标准行姿

3.3.2　不同场合的行姿

（1）参加喜庆活动，步态应轻盈、欢快、有跳跃感，以反映喜悦的心情。

（2）参观吊丧活动，步态要缓慢、沉重、有忧伤感，以反映悲哀的心绪。

（3）参观展览、探望病人，环境安谧，不宜出声响，脚步应轻柔。

（4）进入办公场所，登门拜访，在室内这种特殊场所，脚步应轻而稳。

（5）走入会场、走向话筒、迎向宾客，步伐要稳健、大方、充满热情。

（6）举行婚礼、迎接外宾等重大正式场合，脚步要稳健，节奏稍缓。

（7）办事联络，往来于各部门之间，步伐要快捷又稳重，以体现办事者的效率、干练。

3.3.3　行姿的禁忌

行姿演示

（1）切忌两脚尖向内或向外歪，即“内八字”脚或“外八字”脚。

（2）切忌低头驼背，不要摇晃肩膀，双臂大甩手，不要扭腰摆臀，左顾右盼，脚不要擦地面。

（3）切忌步幅过大或过小，男士应在 50 厘米左右，女士应在 30 厘米左右。

（4）切忌脚步过重、声音过响、与人抢道、阻挡道路等。

3.4 蹲　　姿

日常生活中，蹲下捡东西或者系鞋带时一定要注意自己的姿态，尽量迅速、美观、大方。

3.4.1 蹲姿的基本要求

（1）下蹲拾物时，应自然、得体、大方，不遮遮掩掩。

（2）下蹲时，两腿合力支撑身体，避免滑倒。

（3）下蹲时，应使头、胸、膝关节在一个角度上，使蹲姿优美，如图3-10所示。

（4）女士无论采用哪种蹲姿，都要将腿靠紧，臀部向下。

3.4.2 规范的蹲姿

1. 交叉式蹲姿

在实际生活中常常会用到蹲姿，如集体合影前排需要蹲下时，女士可采用交叉式蹲姿，下蹲时右脚在前，左脚在后，右小腿垂直于地面，全脚着地。左膝由后面伸向右侧，左脚跟抬起，脚掌着地。两腿靠紧，合力支撑身体。臀部向下，上身稍前倾（见图3-11）。

2. 高低式蹲姿

下蹲时右脚在前，左脚稍后，两腿靠紧向下蹲。右脚全脚着地，右小腿基本垂直于地面，左脚脚跟提起，脚掌着地。左膝低于右膝，左膝内侧靠于右小腿内侧，形成右膝高左膝低的姿态，臀部向下，基本上以左腿支撑身体（见图3-12）。

图3-10　标准蹲姿

图3-11　交叉式蹲姿

图3-12　高低式蹲姿

3.4.3 蹲姿的禁忌

（1）弯腰捡拾物品时，两腿叉开、臀部向后撅起是不雅观的姿态。

（2）下蹲时注意内衣“不可以露，不可以透”。

蹲姿演示

3.5 表　　情

面部表情作为丰富且复杂的体态语的一个重要方面，包括脸色的变化、肌肉的收展以及眉、鼻、嘴等的动作，这里重点介绍一下目光和微笑。

3.5.1 目光

在人与人进行交流时，目光的交流总是处于最重要的地位。交流过程中，双方要不断地用目光表达自己的意愿、情感，还要适当观察对方的目光，探测“虚实”。交流结束时，也要用目光做一个圆满的结尾。在商务活动中，诚恳、坦然、友好的目光让人产生亲近、信任、受尊敬的感觉，而游离、茫然、轻蔑的眼神让人产生被轻视、不被重视的感觉。

1. 注视的部位

（1）公务注视。在洽谈、磋商、谈判等场合，眼睛应看着对方双眼或双眼与额头之间的区域。这样注视显得严肃、认真，别人也会感到你有诚意。

（2）社交注视。在茶话会、朋友聚会、舞会等场合，眼光应看向对方双眼到唇心之间的三角区域。这样注视会使对方感到礼貌、舒适，从而营造一种良好的社交气氛。

（3）亲密注视。在亲人、恋人和家庭成员之间，眼光可注视对方双眼到胸部之间的区域。这样注视表示亲近、友善。但对陌生人来说，这种注视很不礼貌。

2. 注视的方向

（1）平视，表示理性、平等、自信、坦率，适用于普通场合与身份、地位平等的人之间（见图 3-13）。

（2）仰视，即目光向上注视他人，表示尊敬、期待，适用于面对尊长之时（见图 3-14）。

（3）俯视，即目光向下注视他人，一般适用于面对晚辈之时（见图 3-15）。

图 3-13　平视

图 3-14　仰视

图 3-15　俯视

3. 注视的时间

在人际交往中，注视对方时间的长短相当重要。在交谈中，听的一方通常应多注视说的一方，目光与对方接触时间一般占全部相处时间的 1/3。谈话时，若对方为关系一般的同性，应该不时与对方双目对视，以示尊重；如果双方关系密切，则可较多、较长时间地注视对方，以拉近心理距离；如果对方是异性，目不转睛长时间地注视不仅使对方不自在，也是失礼的表现。

3.5.2　微笑

俗话说："面带三分笑，礼数已先到。"微笑是一种无言的话语，起着很微妙的作用。微笑是自我推荐的润滑剂、礼貌之花、友谊之桥。

1. 微笑的要求

（1）微笑必须真诚、自然。只有真诚、自然的微笑，才能使对方感到友善、亲切和融洽。

（2）微笑要适度、得体。微笑虽然是人们交往中最有吸引力、最有价值的面部表情，但不能随心所欲地使用。适度就是要笑得有分寸、不出声，含而不露；得体就是要恰到好处，当笑则笑，不当笑则不笑，喜庆的场合应当微笑，而特别严肃的场合则不宜微笑，否则会适得其反，给对方留下不好的印象。

2. 微笑的作用

（1）表现心境良好。面露平和欢愉的微笑，说明心情愉快，充实满足，乐观向上，善待人生，这样的人才会具有吸引别人的魅力。

（2）表现充满自信。面带微笑，表明对自己的能力有充分的信心，以不卑不亢的态度与人交往，使人产生信任感，容易被别人真正地接受。

（3）表现真诚友善。微笑反映自己心底坦荡，善良友好，待人真心实意，而非虚情假意，使人在与其交往中自然放松，不知不觉地缩短了心理距离。

（4）表现乐业敬业。工作岗位上保持微笑，说明热爱本职工作，恪尽职守。如在服务岗位，微笑更是可以创造一种和谐融洽的气氛，让服务对象倍感愉快和温暖。

礼仪小故事

经营微笑：希尔顿的成功之道

从 1 家扩展到 70 多家，从 5 000 美元发展到数十亿美元，声名显赫于全球的美国希尔顿酒店，半个世纪以来，不论经济如何波动，它的生意都始终火爆，财富额直线攀升，稳坐世界酒店业"龙头"宝座。当有人探询其成功的秘诀时，希尔顿微笑着说："经营微笑。"

1930 年是美国经济最萧条的一年，工厂倒闭，工人失业，85% 的民众靠社会救济金维持生计，哪有闲钱去住酒店。因此，全美国 80% 的酒店关门打烊，歇业休息，转让出售的广告几乎遮盖了酒店的大门和橱窗。希尔顿酒店也是一年接一年地亏损，一度陷入欠债50万美元的境地。面对此情此景，希尔顿召集留下的部分管理人员研究对策，寻找摆脱困境的良方。有人建议降低床位费，有人提出提高饭菜档次，还有人推出了添置一流设备……

面对五花八门的方案，希尔顿却提出“经营微笑”的独特思路。希尔顿告诉管理人员和员工，酒店只有一流的设备而没有一流的微笑，客人会认为我们提供的服务是欠缺的、不完美的。生活中缺少了微笑，犹如花园没有阳光，所以，希望大家思考一下，如何“经营微笑”的具体方略。

虽说“经营微笑”一词对希尔顿的员工来说是第一次听到，经营思路、经营举措也是个盲区，但他们虚心接受希尔顿的“培训”。满怀信心，微笑常挂在脸上的希尔顿向员工呼吁：“目前，我们正值酒店亏损时期，为了将来能有云开雾散的一天，请各位千万别把愁云挂在脸上。请记住，希尔顿酒店的全体员工不是在经营酒店，而是在诚心、精心地经营微笑，笑里藏着美金，笑里孕育着日出和鲜花。”

在微笑经营的具体措施上，希尔顿制订出一套完整的步骤和规则。例如，他们根据只有发自内心的微笑才是诚恳的和可亲的这一心理印象，首先培养员工热爱酒店、把客人当亲人的思想感情；其次，把微笑及态度和蔼、语言温馨、举止规范礼貌等素质纳入量化考核，实行奖惩制度，把“微笑”这个“软件”提高到比任何“硬件”都重要的位置予以呵护。

面对经济大萧条的现状，大多数美国人愁云满面，对前途迷茫和失望，因此，微笑成了20世纪30年代美国大地上最为短缺的“精神产品”。希尔顿正是发现了这一商机，把酒店当作出售微笑的市场，采取迂回曲折的办法，让希尔顿酒店处处绽放微笑的花朵，成为美国人恢复自信、安慰灵魂、寻求寄托、感受亲切的家园。

事实上，在那些纷纷倒闭的只剩下20%的酒店中，只有希尔顿酒店服务员的微笑是持久的、诚恳的、美好的。微笑宛如阳光，人人向往阳光。由此不难想象，顾客光顾希尔顿酒店时的情景了。

经济萧条过后，希尔顿酒店集团率先跨入了新的繁荣时期，别人还在装饰酒店寻找客源的时候，希尔顿已是日进斗金的黄金旺季。

点评：

微笑是一种天然资源，它给人留下的是宽厚、谦和、亲切的印象，表达出的是对顾客的理解、关爱和尊重。微笑不需要投资，但微笑的价值是无限的，微笑可以增加利润，微笑更能创造成功和奇迹。

3.6 手　　势

3.6.1 手势使用的要求

手势是人们常用的一种肢体语言，不同国家、不同地区、不同民族，由于文化习俗的不同，手势的含意也有很多差别，甚至同一手势表达的含意也不相同。所以用手势表达意思要注意正确恰当。

1. 精当

所谓“精”就是精确，每个人的手势要能够精确地表达出它特定的意义和内涵。所谓“当”就是适当。在商务活动中，手势既不要过多，也不能太少，要根据当时的需要使用手势，让最富有哲理性和情感的有声语言与必要的手势有机地配合在一起。力求用精准的手势使对方能够明晰、准确、完整地理解自己的用意。

2. 自然

使用手势贵在自然。因为自然才是情感的真实流露和体现，而任何矫揉造作的手势都只会引起人们的反感。如鼓掌，右手掌心向下，有节奏地拍击掌心向上的左掌，反过来，则成为“鼓倒掌”。所以，使用手势时要做得舒展大方，又自然流畅，既不可过于张狂，也不能过于拘谨。

3. 简练

手势是从生活中提炼出来的，它追求的是简单明了、精练生动的表达效果。因为复杂模糊的手势会让大家迷惑难解，而烦琐拖沓的手势会使大家烦扰生厌，所以，使用手势时一定要尽可能地做到简洁明快、干净利落，切不可哗众取宠、拖泥带水。

4. 和谐

手势是较少单独运用的，它的一举一动总是和人们的声音、姿态和表情配合在一起的。这种配合必须是适当的、协调的。比如手势的起落应当和话音同时，手势动作需要同姿态结合，手势效应必须与表情一致。和谐产生美，只有和谐的手势，才能给人们以独特的美感。

3.6.2 几种常见的手势

1. 跷起大拇指的手势

一般都表示顺利或夸奖别人，但也有很多例外。这一手势在美国和欧洲部分地区表示要搭车，在德国表示数字“1”，在日本表示“5”，在澳大利亚就表示骂人了。与别人谈话时将拇指跷起来反向指向第三者，即以拇指指腹的反面指向除交谈对象外的另一人，是对第三者的嘲讽。

2. “OK”手势

此手势为拇指、食指相接成环形，其余三指伸直，掌心向外。“OK”手势源于美国，在美国表示“同意”“顺利”“很好”的意思，在法国表示“零”或“毫无价值”，在日本是表示“钱”，在泰国表示“没问题”，在巴西则表示粗俗下流。

3. “V”形手势

这种手势是第二次世界大战时的英国首相丘吉尔首先使用的，现在已传遍世界，表示“胜利”之意。如果掌心向内，就变成骂人的手势了。

4. 举手致意

举手致意也叫挥手致意，用来向他人表示问候、致敬、感谢。当你看见熟悉的人，又无暇分身的时候，就举手致意，可以立即消除对方的被冷落感。要掌心向外，面对对方，指尖朝向上方。千万不要忘记伸开手掌。

5. 伸出食指手势

这一手势在中国等亚洲一些国家表示“一”“一个”“一次”等，在法国、缅甸等国家则表示“请求”“拜托”之意。

6. 背手

背手是一种表示至高无上、自信或狂妄态度的人体信号。将手背于身后、前胸突出，这是一种“胆量”的显示，还可起到一定的“镇定”作用。

7. 捻指作响手势

这种手势就是用手的拇指和食指弹出声响，其语义表示高兴、赞同，或是无聊之举，有轻浮之感。应尽量少用或不用这一手势，因为其声响有时会令他人反感或觉得没有教养，尤其是不能对异性运用此手势，这是带有挑衅、轻浮之举。

3.6.3 手势的禁忌

1. 过度的手势

在社交场合，应注意手势的大小幅度。手势的上界一般不应超过对方的视线，下界不低于自己的胸口，左右摆的范围不要太宽，应在人的胸前或右方进行。一般场合，手势动作幅度不宜过大，次数不宜过多，不宜重复。避免交谈时手舞足蹈、手势动作过多过大。

2. 不良手势

与人交谈时，讲到自己不要用手指自己的鼻尖，而应用手掌按在胸口上；谈到别人时，不可用手指别人，更忌讳背后对人指点等不礼貌的手势；初见新客户时，避免抓头发、玩饰物、掏鼻孔、剔牙齿、抬腕看表、高兴时拉袖子等粗鲁的手势动作。

礼仪小故事

这是一家小型电脑公司经理所讲述的他如何为一个很难填补的缺额找到了一位适当的人选的案例。

“我为了替公司找一个电脑博士几乎伤透了脑筋，最后终于找到了一个非常好的人选，他刚刚从名牌大学毕业。几次电话交谈后，我知道还有几家公司也希望他去，而且都比我的公司大，比我的公司有名。当他表示接受这份工作时，我真的是非常高兴也非常意外。他开始上班后，我问他，为什么放弃其他更优厚的条件而选择我们公司？他停了一下然后说：‘我想是因为其他公司的经理在电话里是冷冰冰的，商业味很重，那使我觉得好像只是一次生意上的往来而已。但你的声音，听起来似乎你真的希望我能成为公司的一员。因为我似乎看到，电话的那一边，你正在微笑着与我交谈。你可以相信，我在听电话的时候也是笑着的’。”的确，如果说行动比语言更具有力量，那么微笑就是无声的行动，它所表示的是：我很满意你。你使我快乐。我很高兴见到你。笑容是结束说话的最佳的句号，这话一点也不假。

点评：

微笑是一种非常好的沟通技巧，可以表达喜悦，传递友善、亲切和礼貌，有助于拉近彼此心灵的距离，建立和维护良好的人际关系。

3.7 交际距离

交际双方在空间所处位置的距离具有重要的意义，它不仅告诉我们交际双方的关系、心理状态，而且也反映出民族和文化特点。心理学家发现，任何一个人都需要在自己的周围有一个自己能够把握的自我空间，这个空间的大小会因不同的文化背景、环境、行业、个性等而不同。不同的民族在谈话时，对双方保持多大距离有不同的看法。

3.7.1 交际距离的构成

根据霍尔博士（美国人类学家）的研究，交际距离分为四种。

1. 亲密距离

亲密距离就是一个人与最亲近的人之间的距离。这个距离近到可以相互拥抱，远到0.15~0.45米可以互相握手。人们处于亲密距离时，会对身边的人十分敏感，尤其是不熟悉的异性。在拥挤的公共汽车里，互不相识的人们通常保持着僵直的身躯，以免互相碰撞，甚至避免目光接触。而恋人、父母与孩子、亲密朋友则会依偎在一起。所以每个人都必须小心翼翼地对待这个距离。

2. 私人距离

0.46~1.2米是私人距离。人们既可以互相拉手亲切交谈，又不致触犯对方的近身空间。两个熟人在街上相遇，往往在这个距离内打招呼和聊天。

3. 社交距离

社交距离一般在1.2~3.5米。其中，1.2~2米通常是人们在社会交往中处理私人事务的距离。例如，海关在办理出入境手续时，会检查相关的证件，这些证件内容大多涉及个人隐私，所以工作人员经常提醒人们不要“越过黄线”。2~3.5米是远一些的社交距离，在这个距离内，相互之间除了靠说话交流，目光接触是不可少的，否则会被认为是不尊重和排斥对方。

4. 公众距离

公众距离往往是公众集会时采用的距离，一般在3.5~7米。如老师给学生上课、领导做报告等。7米以上的距离还具有安全防范作用。巧的是这跟动物希望保持的距离差不多。一般动物只允许你跟它保持这种距离，再近一点它就会跑掉。

3.7.2 影响交际距离的因素

以上讲到的四种交际距离只是人际交往的大致模式，并不是凝固的、刻板的。人际接触的具体交际距离是根据具体情况，特别是人的情感因素的变化而变化的。因此，具体的交际距离总是具有一定的伸缩性与可变性。

影响距离的伸缩与变化的主要因素可能有民族传统、性别、地位、年龄、性格、情绪、环境等因素。

1. 民族文化传统

民族文化传统不同，人们交往的空间意识会有差异。例如，相比较而言，中国人与日本人在相同关系中，日本人要求空间距离不要太大，而中国人则希望交往距离不要太小。同样是欧洲，丹麦、挪威等国，人们要求人际接触的距离应该稍大一些；其他许多欧洲国家的人则要求这种距离应当稍小一些。同是美洲，北美洲的人要求人际接触的距离应该大一些，而南美洲人则认为这种距离应近一些。

2. 性别

性别不同对交往需求的空间也有差异。男性之间相距的空间距离比女性之间相距的空间距离要大一点。当女性与陌生男性相遇时，要求空间距离必须大一些。女性最讨厌陌生人特别是陌生男人坐在自己的旁边，把他们视为有意识的“侵犯者”。男性则比较反感陌生人，特别是与自己同性别的人坐在自己的对面，把他们视为潜在的竞争者。互不相识、年龄相仿的男女在社交场合初识距离宜远一些，互相熟悉并经常在一起的男女，交往的最佳距离在1.5米左右。

3. 社会地位

社会地位较高的人总是有意识地与普通百姓保持较大的社交距离，以保证自己获得足够的权威感，也让对方感受到不可轻易接近和神秘感。因此，与领导、上级初识，我们不妨主动离他们稍微远一点，不要“冒犯”他们的威严与神秘。相反，如果与下属、雇员或普通百姓打交道时，我们应该主动离他们近一点；如果让他们体会到受尊重的感觉，那他们也一定会倍加尊重我们。

4. 年龄

年纪较大的人与年纪较小的人相处，双方都会有缩小空间距离的愿望和要求。同龄人之间则有一种要求扩大交往距离的潜在冲动。当我们与老师、家长、领导、长辈相处时，特别是我们希望得到他们的指教、帮助时，为了表达诚恳与迫切，我们最好站在他们的旁边，而且距离应当尽量近一些。当我们与同龄人，特别是与初次交往的同龄人之间洽谈生意、交流信息时，应距他们远一些，否则可能引起对方的反感与不快。

5. 性格

性格也对交往空间有影响。性格外向、开朗的人容易突破空间界限，对对方的主动“侵入”也不会太反感。因此，与外向的人打交道，距离可以近些。在交谈时，你离他们越近，他们越会对你产生好感。性格内向、孤僻的人则总是严守交往界限，绝不主动缩小空间。因此，与内向的人打交道，距离可稍微远些，不要触犯他们的防范心理，不要“侵犯”他们的独立性。当然，有时性格内向的人也往往会产生希望别人能主动靠近他们的愿望，特别是希望他们所喜欢的人能主动靠近他们。

6. 人的情绪

人的情绪也许是影响交往空间距离的最大的、也是最易变化的因素。在人的情绪处于极度兴奋或极度压抑等状态时，可能就会完全忽略上面所讲的各种因素，采取一种不合常规的空间界限与人交往。

7. 环境

环境也是制约人的空间意识的重要因素。即使人从野外一下进入拥挤的公共汽车里，人的空间意识也会自然地进行调整。例如，一位女士在旷野里散步，一位陌生男士如果距她两米同行，这位女士就一定会觉得紧张不安，就会产生疑虑、惊慌；但如果是在拥挤的公共汽车上，即使这位先生离他很近，她也绝不会有什么紧张感。

技能操作

操作内容：形体训练

1. 操作标准

这里介绍的两套舞蹈形体训练组合，适用于各个年龄层次的人群。它既省时间，又有针对性，不受场地条件的限制，每天只需花 15 分钟就可以做完一套练习。当你按图例进行练习时，上身、腰腹、臀胯、腿几个重点部位都可以依次活动到，它简单易学，无枯燥之感。

2. 操作示范

（1）形体训练——天天 15 分钟（第一套）

① 上身练习一

准备位置：两踝骨交叉，平坐，后背直立，双手在脑后握住，胳膊肘向两旁打开，如图 3-16 所示。

动作过程：慢慢地把两个胳膊肘往一起靠，再把胳膊肘往旁拉开到原位，如图 3-17 所示。

反复做 12 遍。

注意事项：胳膊肘靠拢时吐气，拉开时吸气。

图 3-16

图 3-17

② 上身练习二

准备位置：仰卧，绷脚。双臂放松地放在身体的两侧。

动作过程：把头、脖子、肩膀从地面抬起，如图 3-18 和图 3-19 所示，停两拍，反复做 4 次；然后慢慢把头从一旁转向另一旁，如图 3-20 和图 3-21 所示，反复做 4 次。

反复做 3 遍。

注意事项：头从地面抬起时，下巴颏最大限度地往前伸，并放松脖子的肌肉。

图 3-18

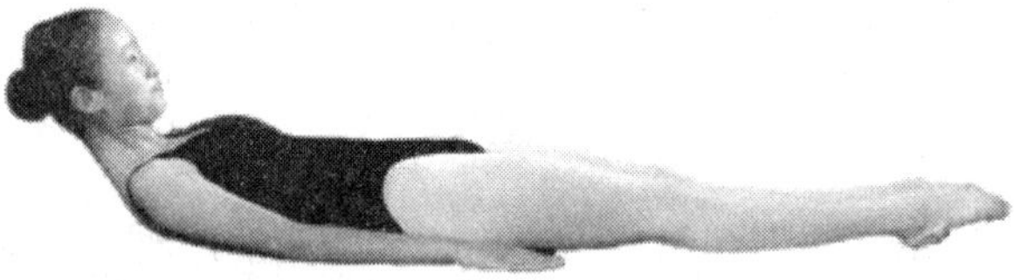

图 3-19

图 3-20

图 3-21

③ 腰和腹的练习一

准备位置：两踝骨交叉，平坐，后背直立，双手放在膝盖上，如图 3-22 所示。

动作过程：身体向右边倾斜，同时开始转身，身体做环绕运动（右、前、左、正面，如图 3-23 和图 3-24 所示）。

反复做 4 遍。

图 3-22

图 3-23

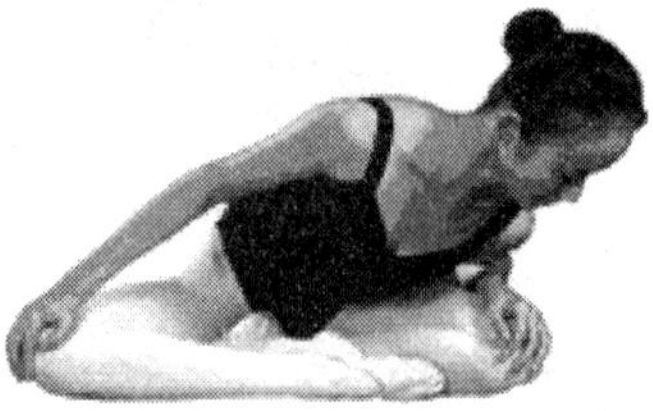

图 3-24

每边各反复做两遍。

注意事项：转身时，身体尽可能向每个方向的最远处伸展，并贴近地面，肩膀不能太僵硬，尤其是做上身动作时，活动要自然。

④ 腰和腹的练习二

准备位置：两踝骨交叉，平坐，后背直立，双手放在身体两侧，如图 3-25 所示。

动作过程：身体尽量向左侧斜，左臂同时从身体开始向旁滑出，右手掌朝上；臂抬过头，如图 3-26 所示；身体向右侧斜时，抬左臂过头，如图 3-27 所示。

每边各反复做 6 遍。

注意事项：为得到更好的效果，这个练习应该做得慢一些，当身体向一边伸展时，臀部保持不动（如向左倾斜时，右臀往下压）。

图 3-25

图 3-26

图 3-27

⑤ 胯和臀的练习一

准备位置：两踝骨交叉，平坐，后背直立，双手放在膝盖上，如图 3-28 所示。

动作过程：从腰开始向右转身，左下颏尽量碰到右膝盖，眼睛朝右肩方向看，如图 3-29 所示；然后慢慢地直起、再下去，共做 4 遍。然后再从腰开始向左转，做与上面同样的动作。

每边反复做 4 遍。

注意事项：在整个动作过程中，腹肌收紧，臀部稳坐。

图 3-28

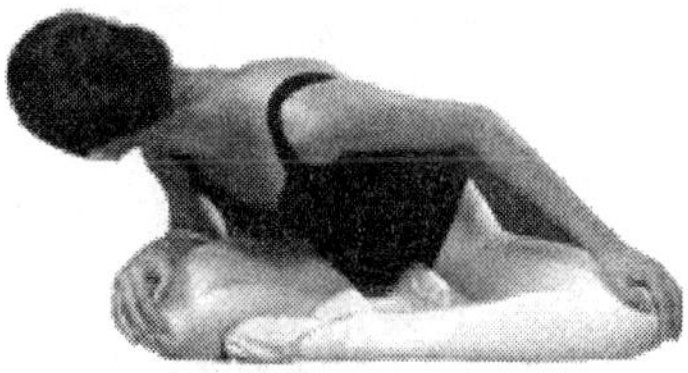

图 3-29

⑥ 胯和臂的练习二

准备位置：仰卧，平躺，绷脚，胳膊双抬，手心朝上，如图 3-30 所示。

动作过程：臀部收紧停三拍，膝盖向胸抬起，胳膊同时从身体两侧抬起，如图 3-33 所示；落下，手心朝上，如图 3-31 所示，停三拍。

全部反复做 11 遍。

注意事项：臀部的收紧是增强臀部肌肉控制的一种练习。站着、坐着的时候也可以做同样的练习。

图 3-30

图 3-31

图 3-32

⑦ 腿的练习一

准备位置：仰卧，绷脚，双手撑腰。

动作过程：在抬右腿的同时向左边交叉，回原位，再向右边抬，划一个“剪刀花”，如图 3-33 和图 3-34 所示。反复做 4 遍。然后左腿做同样动作。

全部反复做 3 遍。

注意事项：当腿向旁交叉时，伸拉了腿的外侧肌，而向另一边抬腿时，伸拉了腿的内侧肌。“剪刀花”打得越宽，作用就越大。另外，在整个动作过程中肩膀要保持固定。

图 3-33

图 3-34

⑧ 腿的练习二

准备动作：平坐，脚底并对，双手握住脚掌，如图 3-35 所示。

动作过程：后背直立，双膝抬起，如图 3-36 所示，做 12 次；含胸额头往脚尖靠，如图 3-37 所示，直立还原，做 6 次。

注意事项：做动作时要慢慢地从脊椎的底部开始直起到后背直立。

全部反复做 4 遍。

注意事项：平坐时，最大限度地把胯放平。

图 3-35

图 3-36

图 3-37

（2）形体训练——天天 15 分钟（第二套）

① 上身练习一

准备位置：两踝骨交叉，平坐，后背直立，双手放在膝盖两边，如图 3-38 所示。

动作过程：从腰开始身体向前屈，如图 3-39 所示，还原；再低头，含胸，如图 3-40 所示，收紧腹肌；最后从脊椎底部开始直起，后背拉平回到原位。

注意事项：动作要流畅、有节奏，身体前弯时吐气，直立时吸气。

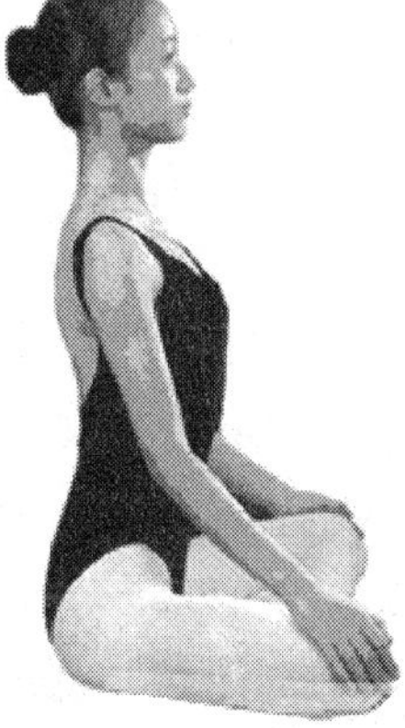

图 3-38

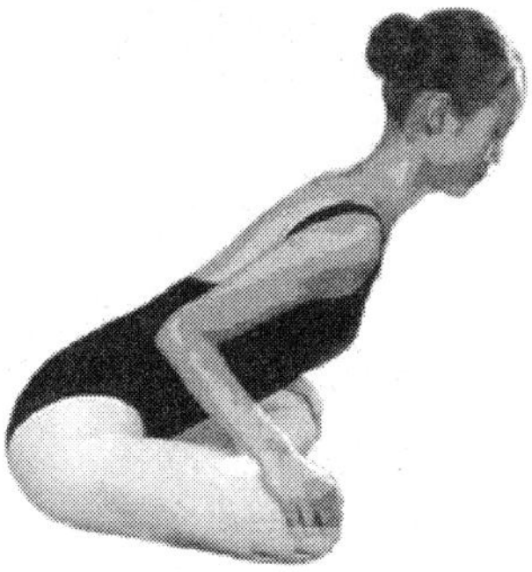

图 3-39

图 3-40

② 上身练习二

准备位置：横叉，绷脚，后背直立，双手在后背握住，如图 3-41 所示。

动作过程：身体向右腿弯下，胳膊同时抬起如图 3-42 和图 3-43 所示，身体直起，胳膊同时落下。然后再向左侧做同样的动作。

全部反复做 13 遍。

注意事项：在屈体时，尽量让臀部固定住。收紧腹部，腿最大限度地拉开。

图 3-41

图 3-42

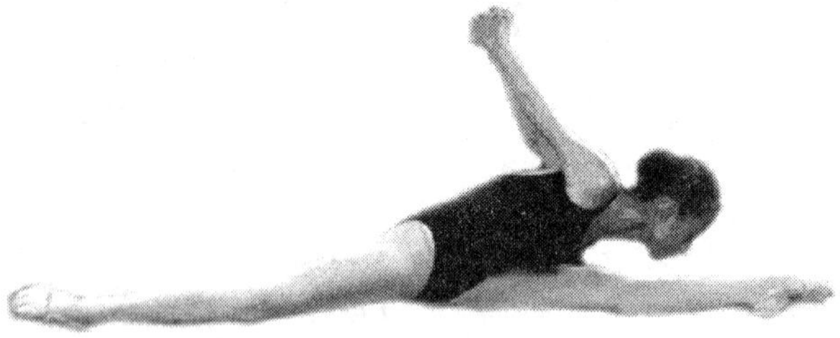

图 3-43

③ 腰和腹的练习一

准备位置：左腿向前伸直，外开，绷脚，如图 3-44 所示；右腿弯曲，靠住左大腿，手臂抬过头顶；后背直立，肩膀和胯的方向一致。

动作过程：身体下屈，前压腿，如图 3-45、图 3-46 和图 3-47 所示，做 10 次。

左腿、右腿各反复做两遍。

注意事项：前压腿时，最大限度地伸展双手。

图 3-44

图 3-45

图 3-46

图 3-47

④ 腰和腹的练习二

准备位置：仰卧，右腿前伸，左腿靠胸抬起，双手抱膝，抬头、抬脖子使肩离地，如图 3-48 所示。

动作过程：上身在已抬起的位置保持住，如图 3-49 所示，抬腿（见图 3-50）、落腿 4 遍；然后还原，抬双膝靠胸，停三拍。左腿反向行之。

左、右腿各反复做两遍。

注意事项：上身抬起时吸气，还原时吐气。

图 3-48

图 3-49

图 3-50

⑤ 胯和臀部的练习一

准备位置：仰卧，膝盖弯曲，两脚平行分开，胳膊放两侧，手掌向下，如图 3-51 所示。

动作过程：收紧臀部肌肉，慢慢地抬起上身（尽最大限度，见图 5-52），同时，双臂抬起经过头顶落下，手掌向下，如图 3-53 所示，在抬起的位置胯和臀部向两边慢慢地摆动 6 次；然后身体落下，双臂也同时落下（由后背上部开始），一直到原位。

注意事项：还原时，臀部要最后着地。

全部反复做 4 遍。

图 3-51

图 3-52

图 3-53

⑥ 胯和臀部的练习二

准备位置：正面卧地，下巴颏放在右手上，并双腿直伸、绷脚，如图 3-54 所示。

动作过程：抬右腿，向右旁拉开（见图 3-55），再回到中间（见图 3-56），落地还原位。然后抬左腿做同样的动作。

全部反复做 12 遍。

注意事项：当向旁拉开后腿时，应保持腿的高度和直度，在动作过程中要收紧臀部。

图 3-54

图 3-55

图 3-56

⑦ 腿的练习一

准备位置：侧卧，右胳膊肘支撑身体，左手在地上加强支撑，左腿旁吸腿，脚尖位于右腿上，如图 3-57 所示。

动作过程：迅速而有节奏地把腿伸直（见图 3-58），弯曲 12 次。右腿重复同样的动作。

左、右各反复做 3 遍。

注意事项：做动作时绷脚。

图 3-57

图 3-58

⑧ 腿的练习二

准备位置：仰卧，双腿吸起贴胸，双臂放在身体两侧（见图 3-59）。

动作过程：双手支撑住臀部和胯部（见图 3-60），双腿向上直伸（见图 3-61），慢慢地把双腿向头后压下（见图 3-62）。手臂放松落在身体两侧（见图 3-63），停 30 秒；然后后背平放，双腿在头上直伸；再吸腿回原位；放松 10 拍。

全部反复做两遍。

注意事项：做动作时双腿并拢、绷脚。

图 3-59

图 3-60

图 3-61

图 3-62

图 3-63

建议：以上两套舞蹈形体训练组合可隔一周反复练习。

学生训练

运用判断

1. “OK”手势在法国表示正确。

2. 社交注视的区域是以对方两眼为底线、以胸部为顶点的大倒三角区域。

3. 业务员小王一进门就在沙发上坐下来，跷起“二郎腿”，点起香烟。

4. 女士不能以跷“二郎腿”的姿势就座。

5. 一位客人在餐厅用餐，发现菜里面有一根头发，便叫来领班。领班微笑着向她道歉，微笑着处理了这一事件。

案例分析

【案例1】

塑造总统形象的专家

美国著名的老资格政治公关专家——罗杰·艾尔斯，为美国总统竞选人效力了20多个春秋，美国人称之为“利用媒介塑造形象的奇才”。

1968年，当尼克松同约翰逊竞争白宫宝座时，艾尔斯精心指导尼克松在一次电视竞选演讲中克服自卑心理，在赢得竞选方面取得了连尼克松也想不到的奇效。

1984年，里根参加总统的竞选。起初公众对他的印象不佳，觉得他年龄大，又当过演员，有轻浮、年迈之感。但他在政治公关顾问艾尔斯的协助下，在竞选讲演时，注意配合适当的服饰、发型与姿势，表现得庄重、经验丰富，样子看上去也非常健康，他的努力改变了公众对里根的不佳印象，结果取得了成功。

1988年8月以前，美国民主党总统候选人杜卡基斯猛烈攻击布什是里根的影子，嘲笑他没有独立的政见与主张。当时布什的形象是灰溜溜的，全美的舆论都称赞杜卡基斯，在民意测验中，布什落后杜卡基斯十多个百分点。于是布什请来了奇才罗杰·艾尔斯。艾尔斯从公共关系的角度指出了布什的两个毛病：一是讲演不能引人入胜，比较呆板；二是姿态动作不美，风格不佳，缺乏独立和新颖的魅力。

这些缺点导致公众觉得他摆脱不了里根的影子的印象。艾尔斯帮助布什着重纠正尖细的声音、生硬的手势和不够灵活的手臂摆的动作，并让布什讲话时要果断、自信，体现出强烈的自我表现意识，这样言谈举止才能成为千万人瞩目的中心。在1988年8月举行的共和党新奥尔良代表大会上，布什做了生动、有吸引力的接受提名讲演，这几乎成了同杜卡基斯较量的转折点。经过此后一系列的竞争，布什获得了胜利。

问题：

（1）为什么有时候一个很不经意的动作会引起很严重的后果？

（2）正式场合如何设计仪态礼仪？

【案例 2】

不雅的举止

风景秀丽的某海滨城市的朝阳大街上高耸着一座宏伟大厦，楼顶上“远东贸易公司”六个大字格外醒目。某照明器材厂的业务员金先生按计划，手拿企业新设计的照明器材样品，兴冲冲地登上六楼，脸上的汗珠未擦一下，便直接走进了业务部张经理的办公室，正在处理业务的张经理被吓了一跳。“对不起，这是我们企业设计的新产品，请您过目。”金先生说。张经理停下手中的工作，接过金先生递过的照明器，随口赞道：“好漂亮啊！”并请金先生坐下，倒上一杯茶递给他，然后拿起照明器仔细研究起来。金先生看到张经理对新产品如此感兴趣，如释重负，便往沙发上一靠，跷起“二郎腿”，一边吸烟一边悠闲地环视着张经理的办公室。当张经理问他电源开关为什么装在这个位置时，金先生习惯性地用手搔了搔头皮。好多年了，别人一问他问题，他就会不自觉地用手去搔头皮。虽然金先生做了较详尽的解释，张经理还是有点半信半疑。谈到价格时，张经理强调：“这个价格比我们预算高出较多，能否再降低一些？”金先生回答：“我们经理说了，这是最低价格，一分也不能降低了。”张经理沉默了半天没有开口。金先生却有点沉不住气，不由自主地拉松领带，眼睛盯着张经理，张经理皱了皱眉，“这种照明器材的性能先进在什么地方？”金先生又搔了搔头皮，反反复复地说：“造型新、寿命长、节电。”张经理托词离开了办公室，只剩下金先生一个人。金先生等了一会，感到无聊，便非常随便地抄起办公桌上的电话，同一个朋友闲谈起来。这时，门被推开，进来的却不是张经理，而是办公室秘书。

资料来源：杨眉．现代商务礼仪．大连：东北财经大学出版社，2005.

问题：

（1）请分析导致金先生生意失败的原因是什么？

（2）在商务活动中，我们该如何注意自己的举止行为？

演练考核

1. 站姿演练

（1）靠墙站立练习

靠墙站立，脚跟、小腿、臀、肩胛骨、头五点一条直线上，站立10分钟。可配合音乐进行，以减轻训练的疲劳感。

站姿训练

（2）顶书头部练习

将书本放置在头顶，颈部自然挺直，微收下颌，目视前方，头部保持正直。站立10分钟。

2. 坐姿演练

男、女同学分组，再按 10 人一组分成若干小组在实训室或教室内练习，每次不少于 15 分钟，可配以适当的音乐以减轻疲劳。

3. 走姿演练

（1）直线行走训练

在地面上画一条直线，行走时手部叉腰，上身挺直，双脚内侧踩在线上，行走时按要求走出相应的步位与步幅，可以纠正行走时摆胯、送臀、扭腰及“八字步态”、步幅过大过小的毛病。在训练时可配有音乐，并进行摄像，然后播放录像，使学生了解自己的步态，再按照标准来进行纠正。

（2）顶书行走训练

每位同学头顶放置一本书，顺着楼梯行进。行走时头正、颈直。

4. 蹲姿演练

掌握蹲姿的基本要领，然后进行蹲下拾物训练。

5. 眼神的训练

（1）定眼

眼睛盯着一个目标，分正定法和斜定法两种。

正定法：在前方 2~3 米远的明亮处选一个点，点的高度与眼睛或眉基本齐平，最好找一个不太显眼的标记。进行定眼训练，眼睛要自然睁大，但眼轮匝肌不宜收得太紧。双眼正视前方目标上的标记，目光要集中，不然就会散神。注视一定时间后可以双眼微闭休息，再猛然睁开眼，立刻盯住目标，进行反复练习。

斜定法：要求与正定法相同。只是所视目标与视者的眼睛成 25°角，训练要领同正定法。

（2）转眼

眼珠在眼眶里上、下、左、右来回转动，包括定向转、慢转、快转、左转、右转等。

定向转眼的训练有以下各项：

眼球由正前方开始，眼球移到左眼角，再回到正前方，然后再移到右眼角。反复练习。

眼球由正前方开始，眼球由左移到右，由右移到左。反复练习。

眼球由正前方开始，眼球移到上方（不许抬眉），回到正前方。移到右眼角，回到正前方。移到下方，回到正前方。移到左眼角，回到正前方。反复练习。

眼球由正前方开始，由上、右、下、左各做顺时针转动，每个角度都要定住，眼球转的路线要到位。然后再做逆时针转动。反复练习。

左转：眼球由正前方开始，由上向左按顺序快速转一圈后，眼球立即定在正前方。

右转：同左转，方向相反。

慢转：眼球按同一方向顺序慢转，在每个位置、角度上都不要停留，要连续转。

快转：方向同慢转，不同的是速度加快。

以上训练开始时，一拍一次，然后一拍两次，逐渐加快。但不要操之过急，正反都要练。

（3）扫眼

眼睛像扫把一样，视线经过路线上的东西都要全部看清。

慢扫眼：在离眼睛 2～3 米处，放一张画或其他物品。头不动眼睑抬起，由左向右，做放射状缓缓横扫，再由右向左，四拍一次，进行练习。视线扫过所有东西尽量一次全部看清。眼球转到两边位置时，眼睛一定要定住。逐渐扩大扫视长度，两边可增视斜 25°，头可随眼转动，但要平视。

快扫眼：要求同慢扫眼但速度加快。由两拍到位，加快至一拍到位。两边定眼。

还可结合上述各种眼神练习进行表演及小品练习。

初练时，眼睛稍有酸痛感。这些都是练习过程中的正常现象，其间可闭目休息两三分钟。眼睛肌肉适应了，这些现象也就消失了。

常言道："手之所至，腿随之；感情所至，心随之；心之所至，感情随之；感情所至，味随之。"在训练中要注意结合感情表现进行眼睛训练。

6. 微笑训练法

（1）对镜微笑训练法

这是一种常见、有效和最具形象趣味的训练方法。端坐镜前，衣装整洁，以轻松愉快的心情，调整呼吸自然顺畅；静心 3 秒钟，开始微笑：双唇轻闭，使嘴角微微翘起，面部肌肉舒展开来；同时注意眼神的配合，使之达到眉目舒展的微笑面容。如此反复多次。自我对镜微笑训练时间长度随意。为了使效果明显，可放背景音乐（较欢快的节奏）。

（2）模拟微笑训练法

① 轻合双唇。

② 两手食指伸出（其余四指自然并拢），指尖对接，放在嘴前 15～20 厘米处。

③ 让两食指尖以缓慢匀速分别向左右移动，使之拉开 5～10 厘米的距离，同时嘴唇随两食指移动速度而同步加大唇角的展开度，并在意念中形成美丽的微笑，并让微笑停留数秒钟。

④ 两食指再以缓慢匀速向中间靠拢，直至两食指法相接；同时，微笑的唇角开始以两指移动的速度同步缓缓收回。需要注意的是，训练微笑缓缓收住，这很重要；千万不能让微笑突然停止。

如此反复开合训练 20～30 次。

（3）情绪诱导法

情绪诱导就是设法寻求外界物的诱导、刺激，以求引起情绪的愉悦和兴奋，从而唤起微笑的方法。诸如，打开你喜欢的书页，翻看使你高兴的照片、画册，回想过去幸福生活的片断，放送你喜欢的乐曲，等等，以期在欣赏和回忆中引发快乐和微笑。最好用摄像机或手机把练习摄录下来。

（4）记忆提取法

据载这是演员在训练中常采用的一种方法，也被称为"情绪记忆法"，就是将自己过去那些最愉快、最令人喜悦的情景从记忆中唤醒，使这种情绪重新袭上心头，重享那惬意的微笑。

任务4　求职面试设计

知识树

任务驱动

1. 目标要求

◆ 掌握求职面试的基本准备；

◆ 熟悉求职面试的礼仪要求；

◆ 设计求职面试的得体问答。

2. 任务导入

刘子毓（男）和张睿（女）是刚毕业的大学生，他们将参加一场招聘面试会，职位是某著名外企的行政助理。为了能够面试成功，他们需要从哪些方面进行准备来展现自身的职业形象和职业潜质？请为他们进行求职面试设计。

知识掌握

“面试”在大学生求职及用人单位录用过程中作用不可忽视，应引起应聘者的高度重视。应聘者的一举一动、一言一行，都是招聘者打分的重要依据。因此，面试礼仪不可忽视。

4.1　求职面试的原则

4.1.1　举止得体，注意细节

从心理学的角度看，一个人的言谈举止能够反映他的内在修养。由于每个人的个性、价值取向、气质、专业不同，因此会表现出不一样的行为习惯。而不同公司、部门会在面试中通过观察应聘者的言谈举止来了解他们的内在修养和气质，并以此确定是否录用。许多人总以为细节无所谓，只要技术好就可以了，但在同等条件下，一个更注意细节的人可能会容易被聘用，例如面试不迟到、不要在和人说话时嚼口香糖。细节可以反映一个人的精神面貌、性格与气质，在面试时一定要注意，别因小失大。

4.1.2 耐心倾听，从容应对

许多求职者仗着聪明，往往不等招聘考官把话问完，就中途插嘴，因此常发生错误，这种急躁的态度很容易造成失误，中途打断对方也有失礼貌。因此，要耐心听完主考官的问题，弄清楚他要你回答的究竟是什么。有些人在别人说话时唯唯诺诺，仿佛都听进去了，等别人说完却又问道："很抱歉，您刚才说了些什么?"对说话的人来说，这是件很失礼的事。所以应聘者在参加面试时一定要集中精神，细心地听完对方讲话。注意对方说话的神情也很重要，听主考官说话时，眼睛望着地下，或嘴巴微张，呆呆地听，甚至重复发问好几次，都会给人不好的印象。你宁可聪明一点地表示："据我听到的，您的意思是不是……"即便你真的没听懂，或听漏了一两句，也千万别在对方说话途中突然提出问题，必须等到他把话说完。

4.1.3 注重沟通，展示才华

我们想得到一份工作，而招聘的企业则想得到一位能创造价值的员工。出色的员工是企业的财富，因此只要你具备企业需要的某一方面的才能，面试成功的概率就较大。如果你有才华，就应该表现出来让别人知道，否则没有人会花时间和精力去专门研究你。面试的过程其实就是你展示自己的过程，你需要在有限的时间内，展示所申请职位要求的各方面的素质，并令面试者信服。

4.1.4 讲究诚信，展现职业精神

诚信不仅是为人的一条基本原则，也是面试时应谨记的原则之一。要让面试者感到你是一个可信赖的、诚实的人。没有一家公司愿意招收一名不讲诚信、喜欢说谎、没有职业道德的人。在面试中，应该做到起码的诚实，懂就是懂，不懂就老老实实承认。承认自己不懂并没有什么可丢人的，但如果被面试者发现你在欺骗，那么大概你进入这个公司的机会就永远丧失了。一名求职者这样回答就不应算作欺骗：面试官问："对 db2 数据库你熟吗?"这名求职者老老实实地说："我们一直用的是 oracle 和 sql server 数据库，db2 只是看过书，没实际用过。"这种回答就很好，虽然他可能连 db2 的书也没有看过，但基本上是诚实的，没有像有些求职者那样，虽然听都没听说过，但却敢于夸夸其谈。

礼仪小博士

面试攻略：做真实的自己才最重要

"面试时让面试官先发话""始终保持微笑""临别握手时要坚定有力，以感染对方"……相信对面试做过功课的同学，都曾搜集过这些技巧。在我看来，技巧虽有一定辅助作用，但展现一个真实的自己更重要。

求职之初，我搜集了大量的面试技巧，有段时间，我把能记住的一些技巧应用到了

面试中，明明有些紧张却仍然要摆出一张近乎僵硬的笑脸，根本没有很好地把自己表现出来。在一家信息公司面试时，考官突然问我："你觉得自己面试中存在的最大困难是什么？"原来，考官觉得我谈吐有些放不开。我很坦白地表示："面试中总是回忆各种技巧，生怕自己有疏漏。"面试官说："我做人力资源工作很长时间了，经常会碰到这种现象，同一个问题，在不同面试者回答中竟然有完全一致的答案，或者十分类似。我们一听就知道面试者可能都背了些答题套路，而这样的面试显然是不能过关的。"

虽然这次面试失败了，但我终于搞明白了到底什么是面试。我们和面试官面对面的过程，其实是互相了解的过程。将一个精心包装、又完全走样的自己呈现在对方面前，或许会侥幸成功，但是，日后用人单位会失望地发现，你并不是他们需要的人，而你也可能对自己的工作感到不甚理想。被想去的单位拒绝并不是件坏事，这说明你不适合他们的岗位，而你也有机会做重新的思考和选择。所以，奉劝各位同学，在内外兼修的礼仪基础上展现出真实的自己才是最重要的。

资料来源：班库猎头．http://www.intebankhr.com.

4.2 求职面试准备

面试的成功与否并不完全取决于现场的表现，前期的准备是否充足、是否有针对性，才是确保面试成功的关键。

4.2.1 充分了解对方

求职面试准备

这项工作非常重要。面试之前，应该广泛搜集有关这家公司的一切资料，抓住他们的职位描述和企业文化。可以登录该公司的网站，对该公司的文化、产品和发展历程进行深入了解，也不妨通过其他渠道，去做更加确切的认识。对于面试官来说，了解本公司的应聘者起码说明了他的用心，而不是那种泛泛求职、没有重点的人。

4.2.2 准备相关资料

面试需要准备的相关资料包括求职信、个人简历、相关职业资格证书、荣誉证书，邀请面试的信函、公司的资料（自己收集到的或以前公司给的）、公司的地址、电话号码以及关于面试的联系人等。只带一个手提包或公事包，尽量把化妆品、笔、零碎的小东西有条理地收好。手里又提又拿，容易给人凌乱急躁的感觉。面试时可将公文包放置于座位下右脚边，小型皮包则放置在椅侧或背后，不可放置于考官办公桌上。

4.2.3 出行的准备

不管是乘公交车、出租车还是乘火车，都要预留出充足的时间。如果是电话通知面试，一定要问清楚怎么到达方便，特别是问清楚到了公司之后怎么找到面试场所。很多人接到面试电话，只会说"好""好的"，然后还得自己想办法怎么走，往往耽误了面试。事先问清楚，事半功倍，同时又说明你考虑周到。

4.2.4 形象的准备

应聘是很严肃的事情，着装和发式要与所应聘的职位相匹配。不同企业、行业有不同的文化，不可能都要求着正装。一般来说，除与美术、音乐等艺术相关的要求个性的职业外，应聘者应着正装。如应聘银行职员、公务员、文秘等，应穿着正规职业服装，展现精明、干练的气质；应聘公关、时尚杂志等休闲职业，则可适当在服装上加些流行元素，显示自己对时尚信息的敏感度。应届毕业生允许有一些学生气的装扮，可以穿休闲类套装。仪表修饰最重要的是干净整洁，包括头发、指甲、配件等细节都应干净清爽。女性还要化些淡妆，特别是女性的头发要盘起来或梳成前不挡眉、后不过肩的短发，以显干练。配饰要简单高雅，不要佩戴造型过于夸张、会叮当作响的饰品。

4.2.5 心理的准备

关于面试有很多种类型，有很正式的、气氛紧张的，也有很匆忙的，或者很亲切的。在你面试之前，你都无法预料会面对哪一种风格的面试官，但不管碰到哪一种情况，首先要克服紧张心理。很多人紧张的原因是多方面的，最关键的因素就在于不自信，在于顾虑重重。确实，对于刚接到面试通知的你来说，一切都是未知的。但是，记住一点，把自己所能够掌控的准备到最充足，那么和其他的面试者相比，就有了更多的胜算，也就会更自信；要顺其自然，不要强调志在必得，给自己造成不必要的紧张，从而影响正常发挥。

4.2.6 精心准备自我介绍

自我介绍是面试成功非常关键的一步，受“首因效应”的影响，2~3 分钟的自我介绍，将是自己所有工作成绩与为人处世的总结，也是接下来面试的基调。招聘人员将基于你的材料与介绍进行提问。自我介绍需要把握以下几个要点。

（1）突出个人的优点和特长，要有相当的可信度。最好能介绍自己做过的具体项目。

（2）要展示个性，形象鲜明。可以适当引用别人的言论，如老师、朋友等的评论来印证自己的描述。

（3）坚持以事实说话，少用虚词、感叹词。语言要简洁、有力、不要拖泥带水。

（4）要注意语言逻辑，介绍时应层次分明、重点突出，使自己的优势很自然地逐步显露。

（5）尽量不要用简称、方言、土语和口头语，以免对方难以听懂。

礼仪小故事

自我介绍（应聘服务管理岗位）

各位领导：

大家好！

我叫张××，2003 年 9 月出生于美丽的海滨城市烟台。

我从小在海边长大，“海纳百川，有容乃大”，大海陶冶了我开朗、随和的性格；我成长在普通家庭，从小热爱劳动、体谅父母，和谐的家庭氛围塑造了我阳光、平和的心态；我生活在文明的校园里，关心同学、友善待人，温馨的集体生活培养了我团结协作的能力。

对待工作，我秉承“敏于事而讷于言”，告诫自己要做事勤快、说话谨慎；对待挫折，我坚信办法总比困难多，勉励自己要脚踏实地、不懈努力；对待未来，我充满信心，因为我深信：机遇总是青睐于有准备的人！

谢谢大家！

点评：

自我介绍作为“开场白”，能够给考官留下深刻的第一印象。写自我介绍是我们重新认识自己的开始，要避免泛泛而谈，挖掘个人特点，注意语言简洁、层次分明、重点突出，较为自然地展示自己的优势、能力、素养和价值追求。

4.2.7　预先演练面试问题

总体来说，主考官问什么问题，没有固定程序化的东西，应聘者应沉着、镇定、自信地面对，总的原则是：要给人有责任感、诚实、忠诚、勤奋、认真的印象，显示出聪明。如，考官提问说：“我想请你担任某个差班的班主任，在你之前已有5个班主任离任了。请问你该如何做?”应聘者们大多滔滔不绝地讲述着自己的授课方式和带班经验，只有一位回答说：“我会和前5位班主任沟通，将他们的经验和教训一一总结。”

面谈时避免五种不利于求职成功的语言：言过其实、自卑、自负、请求和恭维。“我从原单位辞职，决定破釜沉舟，干一番大事业”，这样自负的话会吓到面试官；“我父母下岗，家里全靠我支撑，请给我一次机会”，这样请求的话也不可取，因为企业挑选人是为了创造价值而不是施舍。过分谦虚自卑，会给人没有主张、懦弱胆怯的印象，相反，谦虚、诚恳、自然、亲和、自信的谈话态度会让你在任何场合都受到欢迎。语言能力不是一蹴而就的，平时要注重积累，不断培养自己的倾听能力、思维能力、记忆能力和联想能力。

礼仪小博士

成功面试的小贴士

（1）要摸清交通线路。这是很多人都会忽略的一个问题，往往随便看地图，大致了解一下路线，面试的时候就匆匆上路了。这样往往会出现预估失误，导致迟到。而面试中迟到是一件非常不礼貌的事情，会给招聘单位留下不好的印象，还会打乱他们原定的招聘安排。在面试时提前一个小时出门，这样既可以避免迟到，也可以给自己留下充足的时间。在到达公司后，应平静一下自己的心情，缓解路途中的劳累，以更好的状态在面试中充分展示自己的能力。

（2）服装准备不可忽视。正装，这是永远不变的主题，不管是去严谨的德国公司，还是随意的广告公司，正装永远都是对别人的一种尊重。不论是新衣还是旧装，最好提前几天在家装扮完毕，先在镜子中看一下效果。万一出现问题，还可以有时间做调整，以防面试当天发现问题，影响情绪和面试效果。

(3) 在面试中，除了你的外表和语言外，肢体和语音语调都在面试的成败中起着非常重要的作用。要知道，面谈中肢体语言和语音语调最能令人印象深刻。

(4) 现场面试结束并不代表整个面试的结束。结束以后的感谢信和必要的电话询问都是面试的后续动作。同时，也不要患得患失。只有做了充分的准备，了解了公司需求和自身发展的契合度，并使自己成为他们不可或缺的人，才是职业成功的关键。

资料来源：班库猎头 . http://www. intebankhr. com.

4.3 求职面试着装要求

4.3.1 男士面试着装

1. 西装颜色

男性面试的西装颜色最好是深蓝、黑色、灰色，褐色和米色也可以考虑。

2. 衬衫

要穿白色或淡蓝色的长袖衬衫，尤其是单一色的白色衬衫，能够传递诚实、聪明和稳重的信息，是面试时的首要选择。

3. 领带

纯真丝的领带或者 50% 的羊毛和 50% 的真丝混合织成的领带视觉效果最好。

4. 手帕

手帕或面巾纸是每位求职者必备的物品，纯白是最佳颜色，有它们在手，求职者可以避免手心出汗时握手的尴尬。

5. 搭配技巧

蓝色、黑色或灰色西装搭配黑色腰带和黑色皮鞋，而棕色、棕褐色或者米色西装应配棕色的腰带和皮鞋。腰带的质地应是皮质的。

6. 首饰

男子面试时尽量不要戴首饰，包括结婚戒指。

7. 大衣

如果天气寒冷需要穿大衣的话，最安全的颜色是米色和蓝色。

4.3.2 女士面试着装

1. 选择安全色系服装

从服装调色盘中挑出安全色系的服装，如黑、白、灰等颜色、质地较好的外套，以示庄重。不要搭配有花边的衬衫，花边会使人看起来稚气未脱、不够庄重。服装要能与外套、裙子搭配，并有简洁的衬衫。另外，在春末、夏初，初入社会的大学生可以穿七分袖西装外套，这样既能显示青春活力，又不失端庄。

2. 裙子要优雅、大方

不论是否穿套装，坐下时的裙子绝对不可以短于大腿的一半。如果女性在求职时需常常将裙子往下拉，以防“走光”，这说明裙子太紧或太短。

3. 简单的配饰

女性可以佩戴一些首饰，但一定要少而精。例如，小巧的耳钉比较适合年轻的女性，含蓄而不张扬；佩戴手表，表明你的时间观念很强，很受招聘单位重视，但不要戴太夸张的手表。

4. 适当的妆容

长发者需要将发束在脑后或高高梳起。化妆是必需的，即使你从未化过妆。肌肤良好的女性，只要准备腮红、睫毛膏及唇膏即可。肌肤稍有瑕疵者，则可打层薄薄的粉底。若擦香水，要用气味清新的，而不要用香气过于浓烈或奇特的。

不管男士还是女士，在应聘时注意一些修饰自己的细节。女士一定要穿丝袜，并随时检查是否有脱线或破损的情形。应试出门前要从头到脚仔细检查一遍自己的仪容，要使自己看上去干净整洁、光鲜靓丽。清新自然的形象有助于取得应试成功。

礼仪小博士

求职整形知识

“我脸上有雀斑，会不会影响找工作?”“我脸上有个明显的疤痕，会影响求职吗?”很多求职者，在外形上有着各种各样的顾虑，甚至产生了整形的想法。

随着整形技术日趋成熟，越来越多的职场人有了用整形来为面试和工作加分的想法。专家建议，求职整形要认清以下两点。

第一，美是多样的，整形并不是求职成功的必由之路。根据自己的专业与特长寻找适合的工作，才是理性明智的选择。脸上的小雀斑、小疤、小痂以及小腿和手臂上的汗毛，这些“小缺陷”在招聘者看来并无大碍，不会影响求职形象。

第二，整形技术日趋成熟，若身体确实存在影响求职成功的重大缺陷，也不妨通过整形来提高形象分。但首先要正确评估自己，很多求职者认为自己相貌不好，其实这些瑕疵并没有他们想象的那么严重。切忌随意在脸上“大动干戈”。假如一定要整形，必须选择正规医院。

4.4　求职面试礼仪

4.4.1　面试时的礼仪

礼仪是个人素质的一种外在表现形式，是求职面试制胜的法宝。求职面试礼仪这个环节又由许多小环节构成，细节决定成败。下面详细介绍在求职面试时要特别注意的一些细节。

1. 准时到达

准时到达对应聘者非常重要。如果面试地点比较远且交通线路比较复杂，应该事先过去熟悉交通线路、地形，甚至事先了解洗手间的位置，这样就可以做到心中有数。如果路程较远，要提前出发，宁早勿晚。但早到后不宜提早进入办公室，最好不要提前10分钟以上出现在面谈地点，否则聘用者很可能因为手头的事情没处理完而觉得很不方便。外企招聘面试的时间往往很准时，很少提前。当然，如果事先通知许多人来面试，早到者可提早面试或在空闲的会议室等候。

2. 注意第一形象

到了面试单位，若有前台，则要开门见山说明来意，经指导后到指定区域落座；若无前台，则求助于工作人员。要注意文明用语，如“你好”“谢谢”等词语。一些小企业没有等候室，就应在面试办公室的门外等候；当办公室门打开时应有礼貌地说声“打扰了”，然后向室内招聘人员表明自己是来面试的，切不可贸然闯入。

3. 耐心等待面试

等待面试时的表现不容忽视。到达面试单位后，应在等候室耐心等候，并保持安静及正确的坐姿。有的单位为加快面试速度，往往略过单位情况介绍步骤，很快进入实质性阶段。所以应聘者应该仔细阅读招聘单位事先提供的公司介绍材料，以先期了解其情况，也可自带一些与面试有关的试题独自思考，做到面试时心中有数。有时，招聘人员会故意晚到以测试应聘者的素养。因此，应聘者等待时不要来回走动，显得浮躁不安，也不要与其他应聘者聊天。

礼仪小故事

考场有形，考察无形

面试当天，小陈早早地来到了公司，可是在等待的过程中他还是控制不住紧张的情绪。快轮到他了，为了缓解自己紧张的心情，他就跑到洗手间整理仪表来放松自己。这时，洗手间里还有一人，看起来是公司的职员，于是二人就聊了起来。“今天是不是有什么重大的事情啊，这么多年轻人突然来到公司？”老职员问。“哦，今天贵公司招聘大学生，我是来应聘的。”“是吗？一大早就跑过来够辛苦的。”“没什么，我想获得这份工作，辛苦一些也值得。”“好啊，你可要多努力啊，年轻人，祝你成功！”“谢谢，我会努力的，也祝你工作愉快！”简单聊过几句后，二人就走出了洗手间，到门口时小陈很自然地为老职工打开了门，请他先行。老职工微笑着表示了感谢。当小陈走进面试室时，发现刚才的那位老职工竟然是面试考官——人力资源部部长。小陈在面试过程中沉着冷静，回答问题考虑全面，条理分明，顺利通过了面试。离开面试室前，人力资源部部长对小陈说：“我们录用你，一方面是你的业务素质好，还有很重要的一方面就是年轻人像你这么有礼貌，这很难得啊。”

同去面试的小杜可就没有那么幸运了。由于等待的时间比较长，几位应聘者就闲聊了起来，借此消磨时间，缓和一下紧张的气氛。小杜可能是由于紧张，显得有些焦躁。

“去他的，什么破单位，面试搞得这么慢！要不是同学叫我一起来，我才不稀罕呢！”小杜随口说了一句，不巧这句话却被出来倒茶的一位面试考官听到了。小杜走进面试室后那位面试考官就首先发难了：“刚才听说你不稀罕我们这样的公司，为什么你还会等这么长时间参加我们的面试呢？”小杜本来就不够自信，在紧要关头又被提出了这样让人难堪的问题，一下子就蒙了，仓促应付了几句后便败下了阵来。就是因为这样一句冒失而幼稚的闲话，小杜失去了一次极好的就业机会。

点评：

参加面试时，考生的一言一行都是自身综合素质的外在表现，有时候面试场外定输赢的情况也会出现。建议广大毕业生同学面试前应保持谦虚谨慎、不骄不躁的心态，把遇到的任何人都当成考察自己言行的考官。见面时要亲切地打招呼，表现出对他们的尊敬；即使对方和面试毫无关系，也应如此。千万不能藐视他人，出言不逊，这样才能证明你是一个真诚、有涵养的人。

4. 面试表现得体

（1）注意站姿、坐姿

进入面试室后，先站好鞠躬并问好。在没有听到“请坐”之前，不可以坐下，等招聘人员示意“请坐”后才坐下，同时道声“谢谢”。坐椅子时，最好坐满 2/3，上身挺直，这样显得精神抖擞；保持轻松自如的姿势，身体要略向前倾。女性要并拢双膝，把手自然地放在上面。有两种坐姿要避免：一是紧贴着椅背坐，显得太放松；二是只坐在椅边，显得太紧张。

神情自然，忌小动作。切忌跷“二郎腿”并不停地抖动，两臂不要交叉在胸前，更不能把手放在邻座椅背上，或有玩笔、摸头、伸舌头等小动作，这样容易给别人一种轻浮、幼稚的印象。

（2）注意眼神交流

恰当的眼神能体现出智慧、自信及对应聘单位的向往和热情。得体的眼神表达应该是：礼貌地正视对方，注视的部位最好是招聘人员的鼻眼三角区（社交区）；目光平和而有神，专注而不呆板；如果有几名招聘人员在场，说话的时候要适当用目光扫视一下其他人，以示尊重；回答问题前，可把视线投在对方背面墙上，思考两三秒钟，不宜过长；开口回答问题时，应把视线收回来。

（3）用微笑表现亲和力

微笑是自信的第一步，也能使应聘者消除紧张。面试时要面带微笑、亲切和蔼、谦虚虔诚、有问必答。面带微笑会增进应聘者与招聘人员的沟通，大大提高应聘的成功率。面试时切忌板着面孔，当然也不宜笑得太僵硬，一切都要顺其自然，同时注意以点头等肢体语言来配合招聘人员。

（4）手势少而精

在面试时尤其需要注意这一点。特别是到外企应聘需要讲英文的时候，一定不要两个手不停地上下晃，或者单手比画。因为中西方比画的方式迥然不同，用错方式可能造成对方误解。

（5）使用专业化的握手

面试时，握手是很重要的一种身体语言。很多面试单位通过握手来了解应聘者的特点，并判断其是否适合这个职业。在招聘人员的手伸过来之后就握住他，要保证自己的整个手臂呈 L 形，有力地上下抖动两下，然后把手自然地放下。握手应该坚实有力，有“感染力”。双眼要直视对方，面带微笑，自信地说出自己的名字。即使你是位女士，也要表示出大方、坚定的态度，在招聘人员面前应表现出自己是个能干的、善于与人相处的求职者。

礼仪小博士

面试要把握“首因效应”

应聘者进门的头两三秒亮相是非常重要的，招聘人员据此已经给你打分了，并决定是否录用你。因此，下面的细节一定不可忽视。

（1）如果没有人通知，即使前面一个人已经面试结束，也应该在门外耐心等待，不要擅自走进面试房间。

（2）自己的名字被喊到，就有力地答一声“是”，然后敲门进入；敲门时声音要适中，以敲两三下为标准。听到里面说“请进”后方可进入。

（3）进门后首先向招聘人员点头微笑示意，并应转过身去正对着门，用手轻轻将门合上。然后回过身将上半身前倾 30°左右，向招聘人员鞠躬行礼，面带微笑向招聘人员打招呼，如“各位考官好”，这样显得你彬彬有礼而大方得体。

（4）在招聘人员举手示意坐下时方可坐下。当对方请你坐下时，说声“谢谢”，再坐下。若对方未请你坐下，应礼貌地询问：“我可以坐下吗？”然后待主考官示意坐下方可就座。

（5）坐姿要端正，两手自然轻放在膝上，千万不要两手下垂，或抱在胸前，或背后交叉。仔细聆听问题，从容回答，不可打断对方讲话。

（6）要简明扼要地回答问题，言谈必须有礼貌，提到公司要称“贵公司”。

（7）面带微笑，不要紧张。

（8）面谈结束后，行握手礼后再离开。离开时要先面向主考官后退两步，再转身离开。

礼仪是一个长时间的积累，是内强素质、外树形象的过程。在面试过程中，应聘者都比较紧张，很多平时该注意的事情可能会忘记，而呈现出最原始的状态，一个简单的问候、鞠躬，在面试的时候都有可能做不好，所以应聘者们应该在平时就加强这方面的训练，做一个有素质、有修养的人。

礼仪小故事

小李和小龚同时应聘某职位。向考官递上名片之后，小李很有信心地一再表示，这个岗位非他莫属，还有意无意地透露自己的父亲担任着某公司的总经理等。同时，小李不断询问“是不是经常加班”“提供什么样的福利待遇”“上下班是不是有班车”等。而小龚的求职目的看来不太明确，她表示愿意服从安排，还谦虚地问：“您看我适合干什么?”

点评：

假如说外部形象是面试的第一张名片，那么语言就是第二张名片，它客观地反映了一个人的文化素质和内涵修养。求职者在考官面前经常由于胆怯和紧张发挥失常。心态决定状态，只有驾驭心态，才能让自己的行为表现积极起来。

面试语言要做到有明确的职业规划。面试中经常会碰到这几个问题：你如何看待这个职位？怎么理解工作内容？你的职业目标是什么？这些表明一个了解工作内容、有明确职业目标、有清晰职业规划的应聘者是受企业欢迎的。切忌“你看我适合干什么”或者“这几个职位我都可胜任”这样的回答。你可以询问公司的培训制度、晋升制度、员工规则等，来代替直接询问“薪酬福利”“是否加班”这些略带功利性的问题，以显示自己的长远眼光。

4.4.2 面试后续礼仪

很多求职者只留意面试时的礼仪，而忽视了面试后的礼仪。实际上，面试结束并不意味着求职过程的完结，求职者还要注意面试的后续相关礼仪。

1. 致谢主招聘人员

面试后的两三天内，最好给主招聘人员打个电话或写封信表示感谢。这可以加深招聘人员对你的印象，帮助其决定录用何人时想到你，增大求职成功的可能性。

（1）打电话。可以在面试后的一两天内，选择合适时间给主招聘人员打电话表示感谢。电话感谢要简短，最好不要超过 3 分钟。如果主考官曾告知有问题可以打电话询问的话，就可以打电话询问是否还有面试以及自己是否能被录用的问题。

（2）写面试感谢信。主招聘人员对应聘者的记忆是短暂的，感谢信是你最后的机会，它能使你显得与其他应聘者有所不同。不要在感谢信中提及能否被录用的问题，因为感谢信用意是感谢主考官在你的面试上花费了时间，而非增加对方的困扰。如果平时是通过电子邮件和公司联系，那么发一封电子感谢信，既方便又得体；如果面试公司比较传统，不妨写封书面感谢信，内容要简洁，一般不要超过一页纸。如果你字写得漂亮，手写一封信则是展示你才华的好方式。

感谢信必须是写给某个具体负责人的，感谢信的开头应提你的姓名及简单情况以及面试的时间，并对主招聘人员表示感谢。中间部分要重申你对该公司、该职位的兴趣，或增加一些对求职成功有用的新内容。结尾可以表示你对能得到这份工作的迫切心情以及为公司的发展壮大等做贡献的决心。

2. 适时打电话询问

面试结束后的两周左右，如果还没任何回音，可以给负责招聘的相关人员打电话，询问面试结果。打电话时必须注意两个礼仪细节：打电话的时间及方式。

（1）打电话的时间。询问面试结果是公事，应该是在正常工作日的时间段内打电话。要尽量避开周一上午、周五下午及每天刚上班后的 1 小时内和下班前的 1 小时内这几个时间段，因为这几个时间段很多单位都有开例会的习惯。

（2）打电话的方式。通话中，自始至终都要尊重自己的通话对象，表现得有礼貌。在接通电话后，首先说一声“您好！”接下来要自报家门：自己的全名、何时去面试的、面试什么职位，以便对方及时知道你的信息，便于查找。如果碰上要找的人不在，需要接听电话的人代找，态度同样要文明礼貌，可以打听要找的人何时在，约好时间再打。

如果知道自己没被录用，要冷静、热情地请教原因，可以说“对不起，我想请教一下我没有被录用的原因，我好再努力”。谦虚的态度可能赢得对方的好感，也会使你获得下一次的面试机会。打电话询问面试结果，最多打 3 次就可以了。如果用人单位想聘用你，会直接告诉你或及时和你联系，再多的电话会适得其反。

礼仪小博士

电话自荐礼仪

毕业生小徐前几天在学校“大学生就业网”上看到了一则某单位的招聘信息，觉得该单位的基本条件不错，为了获得更大的录取机会，小徐决定直接与该单位人事部门通一次电话，进行一次电话自荐。小徐在下午 5 点多向该单位打去了电话，接电话的工作人员告诉他主管领导不在。小徐为了稳妥，第二天 8 点就又往该单位打去了电话，不巧的是主管领导正在开会，他便向接电话的工作人员介绍了自己的情况。15 分钟的谈话，小徐觉得自己还没能完整地向单位展示自己，可接电话的工作人员却打断他，表示自己已经清楚了，会向主管领导汇报情况。

点评：

电话自荐过程需要注意以下几点：

第一，电话自荐的时机应把握准。一般来说，电话自荐应该在对单位较为了解的情况下使用，比如自己曾经实习过的单位、曾经发送过求职简历的单位或曾经有过联系的单位。这样的单位自己比较了解，容易掌握更多的信息，尤其是人事部门的信息，也能够找到更多的话题沟通。

第二，打电话的时间应恰当。电话自荐一般选在上午 9 点至 10 点比较合适，最好不要刚上班就打电话，要给对方一个安排工作的时间。一般情况，下午 4 点以后也不宜再打电话。

第三，通话的时间不宜过长。电话自荐要注意控制双方的通话时间，尤其是要控制自我介绍的时间，力争在两分钟内将自己的情况向用人单位介绍清楚。

第四，打电话之前要做好准备工作。要尽量收集、了解用人单位的基本情况，对自己要有客观的认识，还要根据用人单位的需求情况，结合自己的特点对谈话内容进行全面考虑。

第五，要学会使用尊称和礼貌用语。电话接通后第一件事就是礼貌地问候“老师您好”。“老师”被当作一个广泛的称谓，不一定特指学校里的老师。此称呼适用于初次打电话，在不了解受话人的身份的情况下，用“老师”的称谓表示对对方的尊重。但当得知对方的职务、身份、姓氏以后，则应该改称对方的职务，如某某主任等。

第六，要学会拉近与用人单位的距离。如“我是××学校××专业的应届毕业生，听说咱们单位需要一个××专业的毕业生”这句话很有代表性，一个小小的“咱”字拉近了彼此的距离，当然类似的技巧一定要根据实际情况灵活运用。

3. 正式报到前的准备

如果应聘成功，在正式报到前，要先对该单位有所了解，这样在开展工作的时候就会顺畅很多。了解该单位的方法有很多种，包括在面试时带回的企业简介、刊物或企业形象方面的资料，查阅企业网站等，有条件或可能的话最好进行实地全面考察。对企业的整体情况和运营有所掌握，会给自己适应新工作、新环境带来很大帮助。

礼仪小故事

侯杰跳槽后，投了几十份简历才拿到面试机会，这家公司是人力资源咨询公司，面试方法也与众不同，除了回答问题还有在电脑上做大约3个小时的测评题，面试结束后，让他们在两天之内等通知。因侯杰做过一年多的人力资源工作，公司人力资源部门负责人将他的名字列在了录取名单中，等待与老板研究后定下来。第二天下午，心情急切的侯杰打电话给公司说：“公司录不录取我们没关系，能否把测评结果给我们?”接电话的负责人愣了一下，和蔼地告诉他：“测评结果只是公司用来选拔人才用，不给个人。”侯杰又补充一句：“录不录取我们没关系，我只想要测评结果，因为我测评了3个多小时呢!”放下电话，负责人将录取名单取出，划掉了侯杰的名字。

点评：

在这里，侯杰犯了三个毛病，一是面试之后急于打电话追问，没有给人家一个商量研究的时间；二是电话中首先宣布：录不录取没关系，显示了自己对公司的不在乎，一个不在乎公司的人，公司当然也不会在乎你；三是测评题就是公司笔试的一种形式，没有给面试者发回试卷的先例。

面试后的一举一动、一言一行也能反映一个人的礼仪、素养，可不是只在面试的时候现演戏、装出来的，而礼仪、素养是潜移默化修炼出来的，要在日常生活中注意提高。

4.5 求职面试禁忌

4.5.1 求职时需克服的不健康心理

1. 羞怯心理

在求职现场丢了自荐书就跑，面对招聘者结结巴巴、面红耳赤，这样的人自然难以得到用人单位的赏识。

2. 仕途心理

“学而优则仕”，觉得当官才是正途，削尖脑袋往“衙门”钻，哪知这些地方是要实力大比拼的，远非常人所能进入，结果大都碰得头破血流。

3. 攀比心理

一些学生讲“级别”，觉得在校园期间我成绩比你好、荣誉比你多、“官职”比你大，理所当然工作也应比你好，却不知用人单位并非以此作为评判人才的唯一标准。

4. 依赖心理

一些大学生缺乏独立意识，出外求职总要父母、同学相伴或一帮学友共同应聘同一单位，希冀日后相互照应，这种无主见和无魄力的毕业生只会被用人单位嫌弃。

5. 乡土心理

有些大学生不愿出远门，只愿在眼前的“一亩三分地”范围内就业；另一些人早早登上爱情方舟，毕业后为与另一半留守同一战壕而死守一方。

6. 低就心理

与保守心理相反，这些人总觉得竞争激烈，自己技不如人，遂甘拜下风，不敢对自己“明码标价”，找个买家草草卖出。对于一些单位开出的不平等协议也闭着眼睛签订，给日后工作带来了严重隐患。

7. 造假心理

假学历、假证书、假荣誉等并非敲开就业大门的救命稻草，假的终究长不了，反而只会误了自己名声，毁了自己前程。

4.5.2 求职面试时需注意的禁忌

（1）面试迟到，找借口说是因为别人指错了方向或堵车。

（2）面试前喝酒、吃葱、蒜等，口中有刺激性气味。面试时不修边幅或者着装不当、坐姿懒散、抽烟、嚼口香糖。

（3）面试时带陪伴，没有信心。

（4）回答问题没有逻辑性，思路不集中。没有将自己的能力与雇主的需求联系起来，没有列举出相应的能力证明。

（5）随意评价其他同类型公司。

（6）手势过多，使用方言，与主考官争辩。

（7）对所应聘的工作没有表现出热情。对大多数提问都用简短的“是”或“不是”来回答，或者明显看出是在背诵答案。

（8）对招聘人员有抵触情绪。直呼招聘人员的名字或将他的名字记错。

（9）当招聘人员问“你有任何问题吗”的时候，回答“没有”。

（10）在面试中对薪酬讨价还价。

礼仪小故事

某高职院校招聘一批专任教师，吸引了上百人前来报考。在资格审查现场，突然传来一阵喧哗。原来是考生阿芳看到排队的人太多，怕耽误时间，直接走到前面插队，与别人产生了争执。陪同而来的阿芳朋友劝其到后面排一下队，却遭到了阿芳训斥：“你懂什么，闭嘴吧，我自己安排！”

负责招聘的组织人事处处长看到这一幕，默默地抽出考生报名信息表，在核对了阿芳照片后，在其信息表上打了一个“?”。

点评：

面试不仅能考察考生的业务能力，更能考察其礼仪修养和综合素质。阿芳的插队、训斥朋友行为暴露了其为人处世的短板，不符合为人师表的职业素养要求。考场有形，考察无形，做事先做人，方可行稳致远。

技能操作

操作内容：现场面试问答

1. 操作标准

将学生按每组4~6人分组。每组设计面试场景，现场演示。在面试问答的过程中，要充分体现面试的语言礼仪，注意语言机智得体，切合面试岗位需要，在面试中要伴随恰当的身体姿态和面部表情。用摄像机、数码相机记录学生的面试过程并回放，学生进行相互评价，教师最后总结点评操作中的共性、个性问题。

2. 操作示范

如今的面试问题已不再局限于工作内容的阐述和专业性问答，更多的是考核求职者的综合素质及能力。

（1）语言表达能力。谈话是否思路清晰、主题明确、前后一致，是否有说服力。

（2）思考判断能力。能否准确理解对方意图，迅速应变找到答案，回答和提问是否紧紧相扣。

（3）交际沟通能力。能否听取并尊重别人的意见，有不同意见时能否恰当表达自己的意见。

（4）合作相处精神。与他人能否和谐相处，能否团结协作，是否具有健康的竞争精神。

（5）诚信精神和责任感。与人交往时是否讲诚信，是否有奉献精神，为人是否谦虚，是否勇于承担责任。

（6）职业形象和素质。仪容仪表是否得体，举止是否文明大方，回答问题是否诚实、认真等。

所以，主考官无论是提问还是观察，都是围绕上述方面来进行的。应聘者在回答问题时要言简意赅，抓住主考官感兴趣的内容——就是你是否适合这份工作。无论回答对方什么问题，都要将自己的特长与对方的需要相结合，无论成功还是失败的经历，都要导出积极向上的一面。

下面就一些就应聘者的学历、个性、能力、价值观和过去的成绩等一些常规问题，给出了相应的回答思路。学习者要从这些分析中“悟”出面试的规律及答题的思维方式，达到“活学活用”。

问题一：请你自我介绍一下？

目的：

这是招聘单位常问的题目。一般人回答这个问题过于平常，只说姓名、年龄、爱好、工作经验，这在简历上都有。其实，招聘单位最希望知道求职者能否胜任工作，包括最强的技能、最深入研究的知识领域、个性中最积极的部分、做过的最成功的事、主要的成就等。这些都可能和学习无关，也可能和学习有关，但要突出积极的个性和做事的能力，说得合情合理，招聘单位才会相信。

思路：

（1）介绍内容要与个人简历相一致；（2）表述方式上尽量口语化；（3）要切中要害，不谈无关、无用的内容；（4）条理要清晰，层次要分明；（5）事先最好以文字的形式写好背熟；（6）回答完后说一句“谢谢”。

问题二：谈谈你的家庭情况。

目的：

家庭情况对于应聘者的性格、观念、心态等是否有塑造和影响作用，这是招聘单位问该问题的主要原因。所以，要传递给主考官的一定要是积极的一面。

思路：

（1）简单地罗列家庭人口；（2）宜强调温馨和睦的家庭氛围；（3）宜强调父母对自己教育的重视；（4）宜强调家庭成员良好品质对自己的积极影响；（5）宜强调家庭成员对自己工作的支持；（6）宜强调自己对家庭的责任感。

问题三：你有什么业余爱好？

目的：

有的应聘者误认为，这是主考官想招聘有多项专长的人才。其实，业余爱好能在一定程度上反映应聘者的性格、观念、心态，主考官的目的正是想借此判断你的性格、涵养、为人及品德。

思路：

（1）最好不要说自己没有业余爱好；（2）不要说自己有哪些庸俗的、令人感觉不好的爱好；（3）最好不要说自己仅限于读书、听音乐、上网，否则可能令面试官怀疑应聘者性格孤僻；（4）最好能有一些户外的业余爱好来“点缀”你的形象。

问题四：你最崇拜谁？

目的：

最崇拜的人能在一定程度上反映应聘者的性格、观念、心态，这是主考官问该问题的主要原因。

思路：

（1）不宜说自己谁都不崇拜；（2）不宜说崇拜自己；（3）不宜说崇拜一个虚幻的或是不知名的人；（4）不宜说崇拜一个明显具有负面形象的人；（5）所崇拜的人最好与自己所应聘的工作能“搭”上关系；（6）最好说出自己所崇拜的人的哪些品质、哪些思想感染着、鼓舞着自己。

问题五：你的座右铭是什么？

目的：

主考官问这个问题的主要原因是想通过座右铭来考察应聘者的性格、观念、心态、价值取向等。

思路：

（1）不宜说那些易引起不好联想的座右铭；（2）不宜说太抽象的座右铭；（3）不宜说太长的座右铭；（4）座右铭最好能反映自己某种优秀品质；（5）参考答案——“只为成功找方法，不为失败找借口”。

问题六：谈谈你的优缺点。

目的：

有许多面试官都喜欢问这个问题，目的是在于检视人才是否适用、求职者的诚恳度等。在这之前应该好好分析自己，将自己的优点与缺点列张单子。在回答问题时用人单位欣赏聪明的求职者，喜欢求职者从自己的优点说起，中间加一些小缺点，最后再把问题转回到优点上，突出优点的部分。

思路：

（1）不宜说自己没缺点；（2）以优点作为主要诉求，强调可以为公司带来利益的优点，而缺点部分则建议选择一些无伤大雅的小缺点；（3）不宜说严重影响所应聘工作的缺点；（4）不宜说出令人不放心、不舒服的缺点；（5）可以说一些对于所应聘工作“无关紧要”的缺点，甚至是一些表面上看是缺点，从工作的角度看却是优点的缺点。

问题七：谈谈你的一次失败经历。

目的：

主考官是想通过这个问题了解应聘者可能表现在工作中的主要缺点以及对工作压力、挫折的承受、应对能力。

思路：

（1）不宜说自己没有失败的经历；（2）不宜把那些明显的成功说成是失败；（3）不宜说严重影响所应聘工作的失败经历；（4）宜说明失败之前自己曾尽心尽力；（5）所谈经历的结果是失败的，但有承受失败的正确态度；（6）说明仅仅是由于外在客观原因导致失败；（7）失败后自己很快振作起来，以更加饱满的热情面对以后的工作。

问题八：你认为你在学校属于好学生吗？

目的：

招聘者很精明，问这个问题可以试探出很多问题，招聘单位喜欢诚实的求职者。

思路：

（1）如果求职者学习成绩好，会说："是的，我的成绩很好，所有的成绩都很优异。当然，判断一个学生是不是好学生有很多标准，在学校期间我认为成绩是重要的，其他方面包括思想道德、实践经验、团队精神、沟通能力也都是很重要的，我在这些方面也做得很好，应该说我是一个全面发展的学生。"（2）如果求职者成绩不尽理想，会说："我认为是不是一个好学生的标准是多元化的，我的学习成绩还可以，在其他方面我的表现也很突出，比如我去很多地方实习过，我很喜欢在快节奏和压力下工作，我在学生会组织过××活动，锻炼了我的团队合作精神和组织能力。"

问题九：你为什么选择我们公司？

目的：

这是面试官用来测试应聘者对工作理解度的问题——从中了解你求职的动机、愿望以及对此项工作的态度。

思路：

（1）回答一定要积极正面，应以个人的兴趣配合工作内容特质来回答；（2）建议从行业、企业和岗位这三个角度来回答；（3）表现出高度的诚意；（4）参考答案——"我十分看好贵公司所在的行业，我认为贵公司十分重视人才，而且这项工作很适合我，我相信自己一定能做好"。

同一个面试问题并非只有一个答案，而同一个答案并不是在任何面试场合都有效，关键在于应聘者要掌握回答问题的思路。

问题十：你希望的薪酬待遇为多少？

目的：

这是一个非常敏感的问题，既是应聘者最希望听到的问题，又是最怕的问题。回答这个问题要小心，既不要让主考官觉得你功利性太强，也不要装出一副完全不计较金钱的样子，因为薪酬也是衡量一个人社会价值的重要标准。在待遇上的要求要适当，要符合主客观条件。无论你有多大能耐，要求招聘单位给予你超标准待遇是不明智的。

思路：

（1）不可仓促地说出一个数目，数目太高会脱离行情，数目太低会有失公平；（2）求职前预先了解该岗位的薪酬行情，配合个人的价值观、经验、能力等条件，做出最基本的薪资底线；（3）无工作经验者应采取保守态度，以客观资料作为主要考量重点；（4）"依公司规定"的回答不被建议，这样不但表示自信度不高，在薪资无法符合个人要求时更会造成许多困扰；（5）如果必须先开价，而自己又没有把握，可以给出一个大一些的范围；（6）参考答案——"我想请教，以我现在的经历、学历和您对我面试的了解，在贵公司的薪酬体系中大约能达到怎样的水平？"或"自己最看重的是职业发展空间，薪酬希望能符合贵公司的标准及与自己的付出相平衡"即可。

学生训练

运用判断

1. 面试从面试者接到面试通知的那一刻就已经开始了。
2. 面试前应收集招聘公司的相关材料。
3. 可以将重要的信息浓缩到简历的前两页上。
4. 在面试的时候，不一定要穿得很好，但一定要得体、大方。
5. 面试前，不要喝酒，不要吃葱、蒜等，口中不能有刺激性气味。
6. 面试时可以带同伴一同前往，充当参谋，了解情况。
7. 面试就座时，男士可以微分双脚，给人以自信、豁达的感觉，双手可以随意放置；女士一般要并拢双膝，或小腿交叉端坐，给以端庄、优雅的感觉，双手一般放在膝盖上。
8. 面试时不要与主考官争辩，即使考官所提问题非常不礼貌，身为求职者，也不能表现出不礼貌的言辞。
9. 可以在面试时就自己关心的薪酬问题主动进行商讨。
10. 除了休息时间、用餐时间外，周一上午、周五下午以及每天刚上班后的第一个小时和下班前一个小时，都不适合打电话询问面试结果。

案例分析

面试可以全面考察应聘者。这种考察是在正式面试时进行的。此外，面试官可能以各种方式给你来一道最后的加试题进行考察。

【案例1】

毕业生小宋前往某高校参加教师岗位面试，当天她身着自己日常喜欢的一件粉色连帽衫，搭配蓝色牛仔裤，青春靓丽，活泼可爱。然而，主考官老师的眼中却闪过一丝疑惑。

问题：小宋的着装是否适合面试？有哪些需要改进之处？

【案例2】

一家合资企业招聘行政主管，100多名求职者很早就排起“长龙”等候应聘。一位应聘的女士环佩叮当、浓妆艳抹、昂首来到招聘者面前；一位20多岁的小伙子，据说会两门外语，进门后屁股落座，“二郎腿”一抬，悠然自得地颠起来；一位中年男子，好像“自来熟”，不停地与接待人员聊天……

问题：请你分析一下，这三位求职者的服饰、举止各有何不妥之处？

【案例 3】

大学毕业生王刚到某外企应聘，事先与人力资源部谭经理约好了上午 9 点钟到公司面试，结果迟到了 20 分钟，王刚给出的原因是路上堵车。面试过程很顺利，双方用英语交谈了 30 多分钟。告别了谭经理，王刚轻松地骑上自行车离去，而他的背影恰巧被站在窗前的谭经理看到。

问题：请你判断王刚是否会被录取，并给出充分理由。

【案例 4】

安丽是个销售干将，年轻时做事风风火火、雷厉风行，人也厉害，干脆利索。可是，今年 31 岁的她，已渐渐没有了当年的魄力，事业开始走下坡路，甚至有点力不从心，看到老板总也不给加薪，就辞职了。在后续的求职过程中她发现了之前老板不给她加薪的理由。经过 3 个月东奔西跑，其他老板见了她这年龄，给出的工资偏低。安丽这才感觉到自己在销售场上真的“人老珠黄”了，于是也只好给自己“估价”在 5 000 元以下。一天，她应聘到了一个小公司，双方谈得很好，但是，没有谈到工资问题，原来老板很欣赏安丽的销售能力和口才，但也担心她的脾气；安丽也很想加入这家公司，面试之后，忍耐不住，当晚就用 QQ 与老板谈起了工资问题。老板问她：“你准备接受多少的工资?”“起码 4 800 元吧!”老板心中认可，但说：“我现在还不完全了解你的能力，需要 1 个月的试用，这 1 个月，基础工资 2 800 元，加上提成也可达到你的标准。”安丽一听火冒三丈，当时就关闭了 QQ，不再搭理老板，当然，老板也就不用再搭理她了。

问题：请你分析安丽求职失败的原因及今后她应如何根据自身特点改进面试方法。

演练考核

1. 模拟企业求职面试

每两位同学一组，分别模拟求职毕业生和单位主考官，请预先设计好求职岗位，针对岗位，准备 5 个面试问题进行现场问答。

在学生分组自主训练的基础上，视时间选出典型的 3～5 组进行课堂演练。其他同学给予点评，分析其能否被录用?

2. 模拟面试后电话询问

林彬到上海九发服装有限公司应聘跟单管理人员，人力资源部刘云经理负责面试，两周后，林彬还是没有得到任何答复。现在请两位同学分别模拟林彬和刘云，现场进行电话询问。

3. 模拟面试后书面致谢

商务英语专业毕业的刘子毓幸运地被学校推荐到一家著名外资公司参加面试。总经理 John 和蔼可亲，同刘子毓亲切交谈后，留给他一张自己的名片。经过一天、两天……一周、两周的漫长等待，刘子毓逐渐失去了希望。无奈中，他翻阅起其他招聘广告，这才发现原来他还是最在意那份工作。于是他找出 John 的名片，按照上面的地址写了一封感谢信。三天后，总经理 John 打来了电话："祝贺你被录用了！"上班后，John 告诉刘子毓："在 30 名求职者中，你是唯一写了感谢信的人，虽然有些迟，但让我看到了你是一个有感恩心的人。"

假如你就是幸运的刘子毓，你的感谢信是怎样写的呢？

4. 职场性格测试

下面是目前很多大公司人事部门实际采用的职场性格测试题。请从下面 10 个问题的答案中，选择一个与你最相符或最相近的答案：

（1）你何时感觉最好？

A. 早晨（2）

B. 下午及傍晚（4）

C. 夜里（6）

（2）你走路时是________

A. 大步快走（5）

B. 小步快走（4）

C. 不快，仰着头面对着世界（7）

D. 不快，低着头（2）

E. 很慢（1）

（3）和人说话时，你________

A. 手臂交叠地站着（4）

B. 双手紧握着（2）

C. 一只手或两手放在臀部（5）

D. 碰着或推着与你说话的人（7）

E. 玩着你的耳朵、摸着你的下巴或用手整理头发（6）

（4）坐着休息时，你的 ________

A. 两膝盖并拢（4）

B. 两腿交叉（6）

C. 两腿伸直（2）

D. 一腿蜷缩在身下（1）

（5）碰到你感到发笑的事时，你的反应是________

A. 欣赏的大笑（6）

B. 笑着，但不大声（4）

C. 轻声咯咯地笑（3）

D. 羞怯地微笑（5）

（6）当你去一个派对或社交场合时，你________

A. 很大声地入场以引起注意（6）

B. 安静地入场，找你认识的人（4）

C. 非常安静地入场，尽量保持不被注意（2）

（7）当你非常专心工作时，有人打断你，你会 ________

A. 欢迎他（6）

B. 感到非常恼怒（2）

C. 在以上两极端之间（4）

（8）你最喜欢下列哪一种颜色？

A. 红色或橘色（6）

B. 黑色（7）

C. 黄色或浅蓝色（5）

D. 绿色（4）

E. 深蓝色或紫色（3）

F. 白色（2）

G. 棕色或灰色（1）

（9）临入睡的前几分钟，你在床上的姿势是________

A. 仰躺，伸直（7）

B. 俯躺，伸直（6）

C. 侧躺，微卷（4）

D. 头枕在一手臂上（2）

E. 被子盖过头（1）

（10）你经常梦到你在________

A. 落下（4）

B. 打架或挣扎（2）

C. 找东西或人（3）

D. 飞或漂浮（5）

E. 你平常不做梦（6）

F. 你的梦都是愉快的（1）

现在请按照每题答案的分值标准（各选项后括号内的数字）将所有分数相加，再对照后面的分析。

【低于 21 分：内向的悲观者】

人们认为你是一个害羞的、神经质的、优柔寡断的人，需要人照顾，永远要别人为你做决定，不想与任何事或任何人有关。他们认为你是一个杞人忧天者，一个永远能看到不存在的问题的人。有些人认为你令人乏味，只有那些深知你的人知道你不是这样的人。

【21~30 分：缺乏信心的挑剔者】

你的朋友认为你勤勉刻苦、很挑剔。他们认为你是一个谨慎的人，一个缓慢而稳定辛勤工作的人。如果你做任何冲动的事或无准备的事，会令他们大吃一惊。他们认为你会从各个角度仔细地检查一切之后仍经常决定不做，认为对你的这种反应一部分是因为你的小心的天性所致。

【31~40分：以牙还牙的自我保护者】

别人认为你是一个明智、谨慎、注重实效的人，也是一个伶俐、有天赋、有才干且谦虚的人。你不会很快、很容易和人成为朋友，但是一个对朋友非常忠诚的人，同时要求朋友对你也有忠诚的回报。那些真正有机会了解你的人，会知道要动摇你对朋友的信任是很难的，但同样，一旦这种信任被破坏，会让你很难受。

【41~50分：能平衡左右的人】

别人认为你是一个新鲜的、有活力的、有魅力的、好玩的、讲究实际的、有趣的人，经常是群众注意力的焦点，但是你是一个足够自省的人，不至于因此而昏了头。他们也认为你亲切、和蔼、体贴、能理解人，是一个永远会使人高兴起来并会帮助别人的人。

【51~60分：吸引人的冒险家】

别人认为你是一个令人兴奋的、非常活泼的、相当易冲动的人。你是一个天生的领袖、一个会很快做决定的人，虽然你的决定不总是对的。他们认为你是：大胆的和冒险的，会愿意试做任何尝试。

【60分以上：傲慢的孤独者】

别人认为与你必须小心相处。在别人的眼中，你是自负的、自我中心的、有极端支配欲和统治欲的人。别人可能钦佩你，希望能多像你一点，但永远不会相信你，不会与你有更深入的交往。

任务5　职场办公礼仪

知识树

任务驱动

1. 目标要求
- ◆ 了解职场中的个人形象和言谈举止要求，掌握职场的工作规范；
- ◆ 熟悉办公环境礼仪，掌握办公会议、座次安排的有关礼仪要求；
- ◆ 掌握电话、手机、传真、电子邮件等通信办公手段的使用礼仪；
- ◆ 熟悉职场交际中同事相处、上下级相处的礼仪。

2. 任务导入

张睿是刚通过面试、被某著名外企录用的毕业生，在办公室当秘书。作为职场新人的她，该从哪些方面加以注意，从而迅速融入新单位，成为受大家欢迎的团队成员呢？

知识掌握

在复杂多变的职场中，无论你从事什么工作，无论你职位高低，与别人打交道都离不开职场交际礼仪。职场交际礼仪已成为能否处理好职场间人际关系、能否推动工作顺利开展的关键因素。

5.1　树立职业形象

5.1.1　办公场所里的个人形象

办公场所里的个人形象和言谈举止，既要得体恰当，又要讲究分寸，与办公场所的气氛、环境以及所从事的工作性质相协调。

1. 仪表要端庄、得体、大方

办公室既是工作场所也是公共场合，工作人员要注意个人的清洁卫生，仪表要保持整洁、大方。如果单位有统一服装，那么无论男女，上班时间应尽量穿着工作服。如果没有统一着装，在办公室的工作人员宜选较为保守的服装。男士以西装为主，夏天时要注意不能穿拖鞋、短裤、背心，更不能赤膊出现在办公室。女士着装要端庄、大方，不要过于夺目和暴露，也不要浓妆艳抹，可化职业淡妆。上班期间把自己打扮得分外妖娆、魅力四射的女性是会产生很多负面效应的。休闲装、运动装、旅游鞋适合于郊游、室外活动，不适合办公室工作。

2. 举止要庄重、文雅

注意保持良好的站姿和坐姿，不要斜身倚靠办公桌，更不能坐在办公桌上面。不要在办公室里吃东西，尤其不要吃瓜子等有响声的食品。不要大声嚷嚷、指手画脚，谈话时注意身体距离1米左右为宜，过近（尤其异性）会令对方不自在，也不要过分亲昵地拍肩搂臂。

3. 说话要文明、谨慎、有分寸

（1）不议论是非。在办公场合不议论领导、同事，也不议论公司里的是非短长。不要总是闲聊，不要谈论格调不高的话题，尤其是小道消息。对于需要保密或暂不公开的消息，更不能猜测传播。办公室里聊天，说起来只图痛快，不看对象，事后往往懊悔不迭。把同事当知己的害处很多，职场是竞技场，每个人都可能成为你的对手，即便是合作很好的搭档，也可能突然变脸，以你曾经的话来攻击你。

（2）不聊私人生活。在办公场合不谈及私人问题，更不能把同事当知己，无话不谈。心理学家调查发现，只有1%的人能严守秘密。所以，当你生活上出现危机，如失恋、婚变之类，最好不要在办公室随便找人倾诉；当你工作上出现危机，对老板、同事有意见看法时，也不要在办公室抱怨、发牢骚。把自己的私域圈起来当成办公室话题的禁区，轻易不让人涉足，其实是非常明智的自我保护。

（3）不谈论薪水问题。同工不同酬是老板常用的手段，但如果用不好，就容易引发员工之间的矛盾，而且最终会把矛头直指老板，这当然是他所不想见的，所以发薪时不公开数额，并叮嘱不让他人知道。如果你碰上喜欢打听薪水的同事，当他把话题往工资上引时，你要尽早打断他，说公司有纪律不谈薪水；如果不幸他语速很快，没等你拦住就把话都说了，也不要紧，用外交辞令冷处理："对不起，我不想谈这个问题。"有来无回一次，就不会有下次了。

（4）不讲野心勃勃的话。你公开自己的进取心，就等于公开向公司里的同事挑战，或被认为年少轻狂，或被同事及上司看成威胁。你的价值体现在做多少事上，在该表现时表现，不该表现时就要低调一点，能人能在做大事上，而不在说大话上。

（5）不要当众炫耀。不要谈涉及家庭财产之类的话题，无论露富还是哭穷，在办公室里都显得做作，与其讨人嫌，不如知趣一点，不该说的话不说。就算你刚刚加薪，或是新买了别墅，或利用假期去欧洲玩了一趟，也没必要拿到办公室来炫耀，有些快乐，分享的圈子越小越好。被人妒忌的滋味并不好，因为容易招人算计。

（6）不要好辩逞强。与人相处要友善，有话好好说，说话态度和气，让人觉得亲切；即使有了一定级别，也不要命令别人、指手画脚，更不能恶语伤人。虽然有时会意见不统一，但对于原则性不强的问题，可以不去计较；牵涉到工作原则的问题，可以摆事实、讲道理，以理服人。如果一味好辩逞强，只会让人敬而远之，时间长了，你就成了不受欢迎的人。

（7）不要情绪激动。在办公室里要保持情绪平稳，不把各种不良情绪带到办公室来，尤其是不带着情绪处理公事，否则，极有可能在接电话、接待客户时缺乏耐心、理智，与别人发生冲突，影响到办事效果和职业形象。

5.1.2 职场工作规范

1. 熟悉企业文化，执行企业制度

每家企业都有自己的企业文化，每家公司都有自己成文或不成文的制度和规则，要想顺利开展工作，首先就要了解熟悉这些文化和制度，知道做什么，哪些可以做，哪些不可以做，要做到什么标准，这样工作起来才有目标、有规范。在此基础上，还要增强对企业文化的认同感和责任感，自觉地在工作中遵守、执行。

2. 严格遵守上、下班时间

要严格按照工作守则和与公司签订的劳动合同，遵守工作时间和制度。

（1）上班不迟到，至少提前5分钟到岗。上班迟到的习惯会使你显得缺乏敬业精神。即使上司对你的迟到没有多说，那也不表示他对此毫不在乎。作为一个尽职的下属，你最好能比你的上司至少提前15分钟到达办公室。

（2）工作时要坚守岗位，不随意空岗、串岗。

（3）按时下班。到了下班时间，如果已经做完工作，可以向周围同事打个招呼，然后离开；如果同事还在忙，问他是否需要帮忙。下班前，应将办公桌整理干净，椅子放回原处。

（4）上班时间临时离开，要和同事、领导打招呼，告诉去向，确保有事时可以随时找到你。

（5）迟到要说明、缺勤要请假。迟到应直率地道歉并说明原因；事前知道要缺勤，应在前一天当面请假，并安排好工作；突然因事、因病缺勤，也要通过电话亲自向上司说明原因，并将急事安排好或委托给别人。除非病重才可让别人代为请假。假满上班后，要跟上司汇报，进行销假。

3. 工作热情主动，提高效率

每个上司都希望下属能干事、干成事，而工作业绩是一个人能力最好的证明。不管是职场新人，还是有工作经历的人，都要始终注意：工作态度要积极主动，接受工作要乐观、热情，不抱怨，不推诿；工作能力要不断培养提高，虚心请教、善于学习；工作作风要踏实认真、仔细严谨，不做表面文章，不粗疏马虎，不出差错；工作要高效、务实，按照时间要求，保质保量完成任务，不找借口，不拖拉。

4. 团队合作，透明竞争

现在许多行业看重团队合作，需要凝聚力，大家都讨厌玩弄阴谋、搬弄是非的人，愿意与有才气、有素质、志趣相投的人合作共事。所以，到一个单位工作之前，要调整好自己的观念，不要抱着同事是“敌人”的狭隘观念。应与同事融洽相处，树立“团队精神”和“合作精神”，既各司其职，又团结协作；不要插手他人分管的工作，但要配合别人的工作，乐于帮助别人，工作中公平竞争，坦荡做事，遇有强手，只需提升自己，施展才华，在良性竞争中共同发展。

5. 请示上司，不得越级

每个单位都有自己的工作程序，处理公事应按照级别和程序请示。如果遇到需要请示的事时，首先要找直接主管的上司，切勿越级请示。即使对你的上司有意见，也要先获得他的同意，才可以向更高级领导请示。

6. 公私分明，遵守公德

在办公场合要公私分明，私人之事私人场所处理，不要把私事带到办公室来。不在办公室打私人电话；不在办公期间化妆、打扮；不在办公时间玩游戏、上网聊天；报销外勤、出差费用时要严守规定，不能弄虚作假、虚报金额；不要无限制地使用办公用品。办公室中的传真机、公函信封、信纸、纸杯和其他办公用品等只是用于办公和接待，不可用于家庭和个人。使用时还要注意节约，如复印纸要正、反面使用，电灯、水龙头随手开关，杜绝长明灯、长流水。

礼仪小故事

曾经有个小国的人到中国来，进贡了三个一模一样的金人，金碧辉煌的，把皇帝高兴坏了。可是这小国的人同时出了一道题目：这三个金人哪个最有价值？皇帝想了许多的办法，请来珠宝匠检查，称重量，看做工，都是一模一样的。最后，有一位退位的老大臣说他有办法。老大臣胸有成竹地拿着三根稻草，插入第一个金人的耳朵里，这稻草从另一边耳朵出来了；第二个金人的稻草从嘴巴里直接掉出来；而第三个金人，稻草进去后掉进了肚子，什么响动也没有。老大臣说："第三个金人最有价值！"使者默默无语，答案正确。

点评：

这个故事告诉我们，最有价值的人不一定是最能说的人。老天给我们两只耳朵、一张嘴巴，本来就是让我们多听少说的。善于倾听、用心思考、管住嘴巴，才是成熟的人最基本的素质。

5.2 办公环境礼仪

5.2.1 办公场所的整洁

我们往往有这样的感觉，如果走进某个办公室，办公室里杂乱无章，办公桌椅随意摆放，桌面上文件成堆，报纸胡乱地摆在沙发上等，这样的办公室让人望而生畏，对办公室里的工作人员的素质和专业程度也会深表怀疑。所以办公场所的整洁十分重要。

1. 保持办公桌整洁

办公桌是办公用的地方，也是进入办公室办理公务的人员注意力最为集中的地方，办公桌摆放好了，办公环境就确立了一半。办公桌要向阳摆放，让光线从左方过来，以合乎用眼卫生；案头不能摆放太多的东西，只摆放需要当天或当时处理的公文，其他书籍、报纸不能放在桌上，应归入书架或报架；除特殊情况，办公桌上不放水杯或茶具。

招待客人的水杯、茶具应放到专门饮水的地方；不要将小件物品，如信笺、信封、胶水、笔、软盘等摊放在桌面上。笔应放进笔筒而不是散落在桌上。

2. 合理摆放书架、沙发

书架应靠墙摆放，这样比较安全。如果办公室里有沙发，最好远离办公桌，以免谈话时干扰别人办公。茶几上可以适当摆放装饰物，如盆花等。临时的谈话可在这一区域进行，较长时间的谈话或谈判应在专门的会议室进行。

3. 保持办公环境窗明几净

办公室办公人员比较多，不需特别进行修饰，但要做到窗明几净。窗玻璃应该经常擦，书架的玻璃门要保持洁净、透明，窗户要经常打开换气。办公室的地面要保持清洁，地面要常清扫，地毯要定期吸尘。办公室的门不应该紧闭，以免来访者误以为没人在，也不能用布帘遮挡。

4. 讲究电话清洁

电话是办公室的必备用品，但同时也是办公室的饰物。办公电话一般摆放在专用电话桌上；无电话专用摆放桌的，也可以摆放在办公桌的角上。电话机要经常清理，用消毒液进行擦洗，不能粘满尘土和污垢。一间办公室是否清洁，电话机的清洁度是一个重要指标。

5. 定期整理杂物

办公室中不宜堆放积压物品，堆积物会影响观瞻，给来访人脏、乱、差印象，要经常清理办公室里的废弃物。办公室的墙切忌乱刻乱画，不在办公室的墙上记录电话号码或张贴记事的纸张，不摆放私人相片及悬挂明星海报。墙面可悬挂地图或与公司有关的图片。

6. 适当进行绿化

宽敞的办公室可以放置盆花或绿色植物，但要经过仔细选择，一般不用盛开的鲜花装点办公室，会影响来访者的注意力；可选用以绿色为主的植物，绿色植物可以给人舒适感，调节情绪。对绿色植物要经常浇灌和整理，不能让其枯萎而出现黄叶。可以在绿叶上喷水，使其保持葱绿之色。花盆的泥土不能有异味，肥料要经过精选，避免引来苍蝇或滋生寄生虫，这样反而会给办公室带来污染。

7. 注意吸烟事项

不要在室内禁烟区吸烟；不要在不吸烟的同事面前吸烟；吸烟时切不可把烟雾喷向他人；不要乱弹烟灰、乱扔烟头或烟盒，烟头应完全熄灭，以防火灾。

8. 注意用餐卫生

在办公室吃饭，时间不要太长。吃起来乱溅以及声音很响的、有强烈味道的食品最好不吃。食物掉在地上最好马上捡起扔掉。餐后将桌面和地面打扫干净是必须做的事情。使用一次性餐具，吃完立刻扔掉，不要长时间摆在桌子或茶几上；如果突然有事情了，要礼貌地请同事代劳。容易被忽略的是饮料罐，只要是开了口的，长时间摆在桌上总有损办公室雅观。

总之，办公场所一定要整洁，才能体现效率与专业性。

5.2.2 开关门的礼仪

开关门礼仪演示

一般情况下，无论是进出办公大楼或办公室的房门，都应用手轻推、轻拉、轻关，态度谦和讲究顺序。进出房门时，开关门的声音一定要轻，开关门声音过大是十分失礼的。进他人的房间一定要先敲门，敲门时一般用食指有节奏地敲两三下即可。如果与同级、同辈者进入，要互相谦让一下。走在前边的人打开门后要为后面的人拉着门。假如是不用拉的门，最后进来者应主动关门。如果与尊长、客人进入，应当视门的具体情况随机应变，这里介绍通常的几种方法（见图 5-1）。

1. 朝里开的门

如果门是朝里开的，引领者应先入内拉住门，侧身再请尊长或客人进入。

2. 朝外开的门

如果门是朝外开的，引领者应打开门，请尊长、客人先进。

3. 旋转式大门

如果陪同上级或客人走的是旋转式大门，应自己先迅速过去，在另一边等候。

(a) (b) (c)

图 5-1 开关门的礼仪

无论进出哪一类的门，在接待引领时一定要“口”“手”并用且到位，即运用手势要规范，同时要说诸如“您请”“请走这边”“请各位小心”等提示语。

5.2.3 电梯礼仪

1. 注意安全

（1）当电梯开、关门时，不要抢时间扒门或是强行挤进、挤出。

（2）电梯人数超载时不要心存侥幸、非进不可。

（3）电梯在升降途中因故暂停，按紧急呼叫铃后等待救援，不要冒险攀缘。

2. 注重次序

（1）与不认识的人同乘电梯，谁较接近电梯门口谁先上下电梯，依次出入，以免挡路。搭乘较为拥挤的电梯时，电梯门一开启，即使不是你到的楼层，如果你站在最外面，也要主动先出去，方便后面的人有空间走出来。

（2）与熟人或客人同乘电梯，应视电梯类别而定。进入有人管理的电梯，应让尊长、女士、客人先进先出，以示尊重；进入无人管理的电梯，本人应先进去、后出来，便于服务、控制电梯开关。

3. 注意文明

（1）不在电梯内吸烟。

（2）不在电梯内大声喧哗、打闹。

（3）不故意凝视他人。

（4）不小心踩到别人，要立即道歉。

电梯礼仪演示

礼仪小博士

排序的规则

1. 遵守惯例

（1）排列会议顺序——按照英语字母顺序排列。

（2）体育比赛——按照字母顺序排列。

事实上，历届奥运会都是以举办国家的字母表顺序确定开幕式入场顺序的。1988年汉城（现称首尔）奥运会，就是依照韩语字母表顺序安排各代表团的入场顺序，作为奥运会的发源地希腊的代表团第一个入场，随后是加纳和加蓬。

2008年4月，在国际奥委会联合会全会上，北京奥组委提出“将按照汉字笔画顺序制定入场顺序”，按照这一原则，如果代表团第一个字的笔画相同，就按第2个字的笔画来确定排序，依此类推。第一个是希腊（因其为奥运会发源地），第二个是几内亚，第三个是几内亚比绍。

（3）中国各级党组织民主选举选票上的候选人名单——按照姓氏笔画排列。

2. 内外有别

（1）礼仪规矩更多用于招呼客人和正式场合。

（2）家庭成员、熟人间则不必太过严格。

3. 中外有别

公务礼仪、政府礼仪讲的是中国传统习俗，有中国特色的做法。中国传统习俗是左高右低，中文讲前后、左右，说明左比右高、前比后高。

国际惯例排座次的做法跟中国传统排法正好相反，国际惯例是右高左低，英文里左右的标准化说法是 right and left（右左），以右为上是国际惯例，而以左为上是我国传统。

4. 掌握技巧——当事人之间左和右

面门为上（良好视野为上）；

居中为上（中央高于两侧）；

以右为上（遵循国际惯例）；

前排为上（适用所有场合）；

以远为上（远离房门为上）。

5.3 办公会议礼仪

5.3.1 会议准备

会议准备工作是保证会议顺利召开并圆满结束的前提和基础。会议要想达到预期效果，首先取决于准备工作做得如何。对会前准备工作的要求是“丝丝入扣，万无一失”。

1. 确定会议主题与议题

举行任何会议，需先确定其主题（包括会议名称）。会议主题要有切实的依据，必须结合本单位的实际，要有明确的目的。

2. 确定会议名称

会议名称一般由“单位+内容+类型”构成，应根据会议的议题或主题来确定。

3. 确定会议规模与规格

会议的规模有大型、中型、小型，规格有高档次、中档次和低档次。确定会议规模与规格要本着精简而有效能的原则。

4. 确定会议时间、会期

会议的最佳时间要考虑主要领导是否能出席；确定会期的长短应与会议内容紧密联系。

5. 确定会议所需用品和设备

（1）必备用品。各类会议都需要的用品和设备，包括文具、桌椅、茶具、扩音设备、照明设备、空调设备、投影和音像设备等。

（2）特殊用品。一些特殊类型的会议，如谈判会议、庆典会议、展览会议等所需的特殊用品和设备。

6. 建立会议组织机构

成立会务组、宣传组、秘书组、文件组、接待组及保卫组。

7. 确定与会人员名单

与会人员名单主要包括出席会议和列席会议的有关人员。应根据会议的性质、议题、任务来确定与会人员。

8. 确定会议地点

要根据会议的规模、规格和内容等要求来确定。要考虑交通便利、设施齐全、环境安静、停车方便、大小适中、费用合理等因素，使与会者能够方便到会，安心开会；有时也考虑政治、经济、环境等因素。

9. 安排会议议程与日程

会议日程是指会议在一定时间内的具体安排，对会议所要通过的文件、所要解决的问题的概略安排，并冠以序号将其清晰地表达出来。

10. 制发会议通知

会议通知的内容包括名称、时间、地点、与会人员、议题及要求等。可以用四个

"W"来概括，即When（会议时间）、Where（会议地点）、Who（与会人员）、What（会议名称和议题）。会议通知的方式有书面通知、口头通知、电话通知、邮件通知。邮寄时最好在信封上写明"会议通知，收到急转"的字样，以免中途耽搁。一般来说，重要的会议最好以书面形式进行通知，必要时采取多种方式进行，以保证每个参会人员提前收到通知。对距离远的会议参加者，有关住宿和差旅费报销等问题应一并写明。

11. 制作会议证件

会议证件主要包括会议正式证件（代表证、出席证、列席证、来宾证）、会议工作证件（工作证、记者证、出入证）、旁听证。会议证件的内容有会议名称、与会者单位、姓名、职务、证件号码等。有些重要证件还需贴上本人照片，并加盖印章。

12. 准备会议文件资料

会议文件资料主要有议程表和日程表、会场座位分区表和主席台及会场座次表、主题报告、领导讲话稿、其他发言材料、开幕词和闭幕词、其他会议材料。

5.3.2 会场环境礼仪

1. 会场布置

对于一般小型会议，会议室只要清洁、明亮并有足够的座椅让与会者方便看文件、做记录、讨论发言即可。大型会议的会场准备比较复杂，需要体现会议的主题，应注意会场内座位的布局、主席台的布置及其他可以渲染和烘托气氛所做的装饰等，一定要讲究科学性、合理性和艺术性。

（1）会标。会标即会议全称标题化。应将会议全称用大字书写后挂在主席台正上方，一般用红底白字，也可以用红底金字。

（2）会徽。会徽是体现或象征会议精神的图案性标志。要选择具有强烈感染和激励作用的图案，重大会议的会徽可向社会征集，也可在单位组织内部征集。会徽图案要简练、易懂、寓意丰富。有些会议可用本组织的徽志做会徽，如党徽、国徽、团徽、警徽等。

（3）标语。标语是会议主题的体现，在准备会议文件时就应拟就。会议标语要集中体现会议精神，使其简洁、上口、易记，具有宣传性和号召力。

（4）旗帜。会议的旗帜包括主席台上悬挂的旗帜和会场内悬挂的旗帜。主席台上的旗帜应围挂在会徽两边，显得庄严隆重；主席台的两侧插上对应的红旗或彩旗，可增添喜庆气氛。会场门口和与会者入场的路旁插上红旗或彩旗，可使会议的热烈气氛洋溢在会场内外。

（5）花卉。选用花卉应突出中华民族的文化特色，以梅花、牡丹、菊花、兰花、月季、杜鹃、山茶、荷花、桂花、水仙十大名花为代表的中国原产花卉，早已被赋予浓重的文化色彩，以这些花为主构成的花卉艺术品如插花、盆景等都以无声的语言向人们传播中华民族文化，表现民族精神。因此，越是重要的会议，越应选取有代表性的中国原产花卉作为摆放的主题花卉，并将中国传统艺术花卉的插放造型作为会议花卉的礼仪形式。

（6）灯光。会议场所的灯光应该明亮、柔和，既给人适宜的照明，也可减缓因会议时间过长而带来身体或精神上的疲劳。大型会议的会场灯光应设计几套，以便于会议颁奖、照相、演出等多种需要。

2. 会场排座

（1）会场座位布局。会场内座位的布局要根据会议的不同规模、主题选择合适的摆放形式。"而"字形布局格式比较正规，有一个绝对的中心，因此容易形成严肃的会议气氛。一些小型的、日常的办公会议以及座谈会等通常在会议室、会议厅进行，可以根据需要将座位摆放成椭圆形、圆形、"回"字形、"T"形、马蹄形和长方形等，这些形式可以使参加会议的人坐得比较紧凑，彼此面对面，容易消除拘束感。座谈会、小型茶话会、联谊会等多选择六角形、八角形或者半圆形等布局形式。

①"而"字形。"而"字形是指面向房间前方摆放一排排座椅，中间留有过道，如图 5-2 所示。

图 5-2 "而"字形

② 椭圆形。椭圆形布置是指房间内放置一椭圆形桌子，椅子围绕桌子四周，如图 5-3 所示。

图 5-3 椭圆形

③"回"字形。"回"字形布置是指桌子摆成方形中空，不留缺口。椅子摆在桌子外围，如图 5-4 所示。

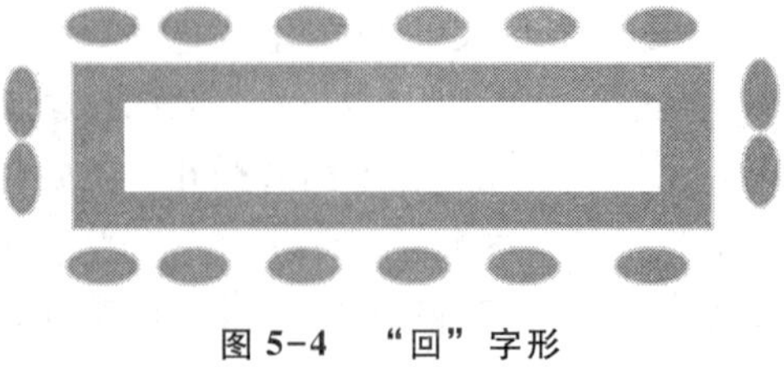

图 5-4 "回"字形

④ 马蹄形或U形。马蹄形或U形布置是指将桌子连接着摆放成长方形，但空出一个短边，椅子摆在桌子外围，也可以内外都摆放，如图5-5所示。

图5-5　马蹄形

（2）座次安排。排列座次的几种方法具体介绍如下：

① 横排法，即按照公布名单或以姓氏笔画为序从左至右依次排列座次。

② 竖排法，即按照会议人员的既定次序或姓氏笔画沿一条直线从前至后依次排列座次。排列次序按固有顺序从左至右排列，或以会场中心座位为基点，向两边交错扩展。

③ 左右排列法，即按照公布名单或以姓氏笔画为序，以会场或主席台中心为基点，向左右两边交错扩展排列座次。中国传统习惯以左为上，排在第一位的居中而坐。以此为基点，其余的以居中者的左手方为第一顺序，一左一右，依次排列。如果人数正好成双，则最高领导在中间左侧，第二领导在中间右侧，依此类推。但目前国际上流行右高左低，因此安排涉外会议时，也要灵活依据有关规矩排列。时下一般处理方式为：会议以左为尊，宴请以右为尊。

（3）主席台布置。主席台是会议的中心，也是会场礼仪的主要表现位置。主席台布置应与整个会场布置相协调，并强调突出。

① 讲台。主席台的讲台应设于主席台前排右侧台口，讲台不能放在台中央，使主席团成员视线受妨碍。主席台上主要放话筒，也可适当放上平铺的花卉。讲台桌面要便于发言者打开讲话稿或摆放相关材料。整个主席台的台口可围放一圈花卉，但要选低矮的绿色品种。

② 话筒。发言席和主席台前排座位都应设有话筒，以便于发言者演讲和会议主持人或领导讲话。一般发言席和主持人话筒专用，其他主席台前排就座者合用两三个话筒，并且一般置放于主要领导面前。

③ 后台。一般在主席台的台侧或台后设有在主席台就座领导和与会者的休息室，以便于安排他们候会，并尽可能在此排好上台入座次序，以免造成混乱。有时会议也许会发生一些小意外，这里还可以供有关人员做商量对策、排除困难之用，主席团成员开会也可利用。所以，秘书人员切不可忽视后台休息室的作用。

5.3.3　会场服务礼仪

负责会议具体工作的人员要一丝不苟地做好下列工作。

1. 例行服务

会议举行期间，一般应安排专人在会场内外负责迎送、引导、陪同与会人员。对与会的贵宾以及老、弱、病、残、孕者、少数民族人士、宗教界人士、港澳台同胞、海外华人和外国人，往往还需进行重点照顾。对于与会者的正当要求，应有求必应。

2. 会议签到

为掌握到会人数，严肃会议纪律，凡大型会议或重要会议，通常要求与会者在入场时签名报到。会议签到的通行方式有三：一是签名报到，二是交券报到，三是刷卡报到。负责此项工作的人员应及时向会议的负责人通报情况。

3. 餐饮安排

举行较长时间的会议，一般会为与会者安排会间的工作餐。与此同时，还应为与会者提供卫生可口的饮料。会上所提供的饮料，最好便于与会者自助饮用，不提倡为其频频斟茶续水。那样做往往既不卫生、不安全，又有可能妨碍对方。如果必要，还应为外来与会者在住宿、交通方面提供力所能及、符合规定的方便条件。

4. 现场记录

凡重要的会议均应进行现场记录，其具体方式有笔记、打印、录入、录音、录像等。可单用某一种，也可交叉使用。负责手写笔记会议记录时，对会议名称、出席人数、时间地点、发言内容、讨论事项、临时决议、表决选举等基本内容要力求做到完整、准确、清晰。

5. 编写简报

有些重要会议，往往在会议期间要编写会议简报。编写会议简报的基本要求是快、准、简。快，是要求其讲究时效；准，是要求其准确无误；简，则是要求文字精练。

6. 做好后续性工作

会议结束后，应做好必要的后续性工作，以便使之有始有终。后续性工作大致包括三项：（1）形成文件。这些文件包括会议决议、会议纪要等。一般要求尽快形成，会议一结束就要下发或公布。（2）处理材料。根据工作需要与有关保密制度的规定，在会议结束后应对与其有关的一切图文、声像材料进行细致的收集、整理工作。收集、整理会议材料时应遵守规定与惯例，应该汇总的材料一定要认真汇总；应该存档的材料要一律归档；应该回收的材料一定要如数收回；应该销毁的材料则一定要仔细销毁。（3）协助返程。大型会议结束后，其主办单位一般应为外来与会者提供一切返程的便利。若有必要，应主动为对方联络、提供交通工具，或是替对方订购、确认返程的机票、船票、车票。当团队与会者或与会的特殊人士离开本地时，还可安排专人为其送行，并帮助其托运行李。

礼仪小故事

梅汝璈争座次

1946年，远东国际军事法庭审判日本战犯，由庭长韦伯与10个盟国的各一名法官组成审判庭。商讨法官座次时，中国法官梅汝璈建议，按接受日本投降签字国顺序排列最为合理，中国应是第二。庭长有意使亲近的美国、英国排在第一位和第二位，中国的位次排在第三。梅汝璈拒绝这样的安排，认为中国为第二次世界大战牺牲之惨烈、贡献之卓越世界有目共睹，理应排在美国之后、英国之前。经过反复力争，法官座次以美国、中国、英国、苏联、法国……的顺序排列，中国坐在第二位，梅汝璈最终坐在韦伯的左手边。虽仅仅是一个座位，梅汝璈不惜以辞职为抗议，换来的是国家的地位与民族的尊严。

点评：

中国古代向来以左为尊。如何为宾客安排座位是一门大学问。我们在商务活动请客人入座之前，一定要认真考虑这个位子是否合适。

资料来源：梅晓璈，范忠信．梅汝璈法学文集．北京：中国政法大学出版社，2007.

5.3.4 参加会议礼仪

1. 会议发言人礼仪

会议发言有正式发言和自由发言两种，前者一般是领导报告，后者一般是讨论发言。正式发言者应衣冠整齐，走上主席台应步态自然、刚劲有力，体现一种成竹在胸、自信自强的风度与气质；发言时应口齿清晰，讲究逻辑，简明扼要。如果是书面发言，发言者要时常抬头扫视一下会场，不能低头读稿，旁若无人；发言完毕，应对听众的倾听表示谢意。

自由发言则较随意，但要注意，发言应讲究顺序和秩序，不能争抢发言；发言应简短，观点应明确；与他人有分歧，应以理服人、态度平和，听从主持人的指挥，不能只顾自己。

如果有会议参加者对发言人提问，应礼貌回答；对不能回答的问题，应机智而礼貌地说明理由；对提问人的批评和意见应认真听取，即使提问者的批评是错误的，也不应失态。

2. 会议参加者礼仪

会议参加者应衣着整洁、仪表大方、准时入场、进出有序，依会议安排落座。对有关禁止录音、录像、拍照、吸烟以及使用移动电话等具体规定的，应认真予以遵守。开会前应将手机调到振动或关机状态。开会时应认真听讲，不要私下小声说话或交头接耳；听取他人发言时，除适当地进行记录外，应注视对方，必要时以点头、微笑或掌声表达对对方的支持之意。发言人发言结束时应鼓掌致意。一般不要中途退场，若实在有事中途离开时应轻手轻脚，不影响他人。

3. 主持人礼仪

各种会议的主持人一般由具有一定职位的人来担任，其礼仪表现对会议能否圆满成功有着重要的影响。

（1）主持人应衣着整洁，大方庄重，精神饱满；切忌不修边幅，邋里邋遢。

（2）走上主席台应步伐稳健有力，行走的速度因会议的性质而定。

（3）入席后，如果是站立主持，应双腿并拢，腰背挺直。持稿时，右手持稿的底中部，左手五指并拢自然下垂；双手持稿时，应与胸齐高；坐姿主持时，应身体挺直，双臂前伸，两手轻按于桌沿。主持中，切忌出现搔头、揉眼、抖腿等不雅动作。

（4）主持人言谈应口齿清楚，思维敏捷，简明扼要。

（5）主持人应根据会议性质调节会议气氛，庄重、幽默、沉稳、活泼。

（6）主持人对会场上的熟人不能打招呼，更不能寒暄闲谈。可在会议开始前点头、微笑致意。

5.4 办公通信礼仪

5.4.1 收发传真

1. 用传真机收发传真

（1）接收传真的三种方式

① 自动接收。当你希望传真机在没有任何人为干预的情况下自动接收传真时，请选用自动接收。在这种模式下，传真机自动接收来自传真机的呼叫。

② 录音电话接收。将传真/电话线与录音电话机相连，在无人在场的情况下就可用这一模式。当录音电话机设置为录音时，这个模式接收传真呼叫，并按规定路线将电话呼叫发送给录音电话机。

③ 人工接收。当你希望亲自应答每一次呼叫时请用人工接收方式。用传真机的这个模式时，凡是打进来的每次呼叫都会振铃，不论是从传真机来的还是从电话机来的。使用子电话机也可以用这个模式。

（2）接收或发送传真的礼仪

① 接收或发送传真时，如需先人工呼叫，在接通电话时首先应口齿清晰地说“你好”，然后报出自己的公司名称以及详细的部门名称等，说明传真发送给何人，请对方给予传真信息指令，当听到“嘀嘀”长鸣音后，按键接收或发送。通话时，交流语气要热诚、口音要清晰、语速平缓为佳。电话语言要简洁、得体、准确，音调适中，态度自然。

② 发送传真时应先仔细查阅相关资料，传真内容应当包括发件人的信息以及所传真文档日期和页数，并且应写清接收人的全名。

③ 发完传真后，记得用电话确认是否收到，效果是否清晰，并真诚致谢；收到传真后，如果对方未来电话，也可主动回电，确认已收到。

④ 未经事先允许，不应传送保密性的文件，因为公共传真保密性不高，任何刚好走到传真机旁边的人，都可以看见传真纸上的内容。所以，若是较私密的事，最好不用传真机传达。

⑤ 不应用传真机传送太长的文件，由于传真机所用的纸张是特定的传真纸，印出的字迹不太清楚，也不适合长期保存，需将其复印才能长期保存。如果接收人需要原件备案，则应在传真后将原件用商业信函的方式寄出。

2. 用电脑（Windows 10 系统）收发传真

要使用调制解调器发送传真，请按以下顺序完成。

（1）检查系统是否装有传真调制解调器。发送传真需要在系统上安装传真调制解调器（也就是常说的“猫”）。按照以下步骤操作来检查电脑是否装有传真调制解调器：单击“开始”，然后在“搜索”字段中键入“设备管理器”，单击“设备管理器”，弹出“设备管理器”窗口，双击列表项中的“调制解调器”，查看是否包含传真调制解调器。如果列出了具体的传真调制解调器，则可以使用调制解调器发送传真。如果没有调制解调器或者没有列出传真调制解调器，要买来安装后再发。需要补充说明的是，有些调制解调器可能不具备传真功能，如果电脑中有“猫”，设置也正确，却不能发传真，请和供应商联系确认。

（2）设置电脑以便发送传真。在发送传真前，必须将电话线连接到调制解调器并设置 Windows 传真和扫描。将电话线连接到调制解调器的 RJ11 端口（比网卡 RJ45 端口略小）。依次单击“开始”“Windows 附件”，然后单击“Windows 传真和扫描”，单击菜单“工具”选择“传真设置”，在“传真设置”页面上，选择用来收发传真的调制解调器。如果电脑提示需键入管理员密码或者进行确认，请按照提示操作。如果显示 Windows 安全警告，请选中“专用网络”旁边的框，然后单击“允许访问”按钮。

（3）编辑传真。单击“新传真”，弹出编辑窗口。单击“收件人”，从通讯录中选择接收传真的联系人，如果该联系人还不存在，可按提示进行创建，注意，不要忘了填写正确的传真号码。多个联系人，请用分号分隔。要填写传真主题，并在下面的编辑区域中填写传真内容。为美观起见，可以通过 Word 编辑并拷贝公司标志（logo）、联系信息等，还可以将这些内容保存为封面，以便下次直接调用。若要插入图片、附件等，可单击“插入”菜单进行操作。如果电脑提示需键入管理员密码或者进行确认，请按照提示操作。

（4）发送传真。选择合适的封面。如果需要，添加拨号规则。做好发送传真的准备后，单击“发送”。如果出现提示，请按提示输入电话的区域代码。电脑将显示传真状态窗口。如果无法成功发送传真，请单击“查看详细信息”，解决问题并重试。成功发送传真后，通知区域将显示一条提示消息“发送传真成功”。

5.4.2 收发商务电子邮件

1. 电子邮件撰写

在商务往来中，使用电子邮件进行联络时应当遵守一定的礼仪规范，主要包括以下几个方面。

（1）按照商务文本要求，认真撰写邮件

① 邮件的主题要明确。一封电子邮件大都只有一个主题，并且往往需要在前注明。若是将其归纳得当，收件人见到它便对整封电子邮件一目了然了。

② 邮件的语言要流畅。电子邮件要便于阅读，就要以语言流畅为要。尽量别写生僻字、异体字。引用数据、资料时则最好标明出处，以便收件人核对。

③ 邮件的内容要简洁。人们的时间极为宝贵，所以电子邮件的内容应当简明扼要。

（2）电子邮件应当避免滥用

在现代信息社会中，任何人的时间都是无比珍贵的。对商界人士来讲，这一点就显得更加重要了。所以在商务交往中要尊重一个人，首先就要懂得替他节省时间。有鉴于此，若非必要，轻易不要向他人乱发电子邮件，尤其是不要以之与他人谈天说地或是只为了检验一下自己的电子邮件能否成功发出而发送邮件。不过一般而言，收到他人的重要电子邮件后，即刻回复是必不可少的。

（3）电子邮件应当注意编码问题

中国和世界上其他国家目前使用着不同的中文编码系统，因此，当一位商界人士向其他国家或地区的华人发电子邮件时，可能由于双方所采用的中文编码系统不同而出现收到乱字符的情况，由此，商界人士在使用中文向与自己所使用的中文编码系统不同的人发电子邮件时，必须同时用英文注明自己所使用的中文编码系统，以保证对方可以收到自己的邮件。

（4）电子邮件应当慎选花哨功能

现在市场上所提供的先进电子邮件软件可有多种字体备用，这固然可以强化电子邮件的个人特色，但是此类功能商界人士是必须慎用的。一方面，对电子邮件修饰过多，难免会使其容量增大，收发时间增长，既浪费时间又浪费金钱，往往会给人华而不实之感；另一方面，电子邮件的收件人所拥有的软件不一定能支持上述功能，这样一来，发件人对邮件过多修饰就有可能背离了发件的初衷。

（5）注意商务邮件的修辞、主题、结构和日期

① 修辞是撰写商务电子邮件最困难的部分。如果用平常说话的语气，很容易被视为无礼，因此，撰写商务电邮前，不妨设想此时是面对着对方，而不是面对键盘与屏幕，这样可以让语气温暖一点。但要记得，书写时要比口语对话再稍微正式一点。要设想对方看了你的信之后可能有的观点；了解对方和你一样都忙，讲重点即可；多一点体贴，想办法让你的电邮看起来简短扼要，有亲和力但不失礼。

② 邮件主题。如果一次要和对方讨论的事情是不同的主题，建议分别以不同的电邮传送，每封信的主题最好只有一个，这样对方会针对单纯的主题加以回信。

③ 邮件结构。电子邮件的撰写应该掌握由上而下的重点，也就是说，重点在最前面的第一段。如果信件很长，最好在结尾的部分再度强调第一段的重点。

④ 日期。邮件的日期与时间要明确、具体。如说“下周三”或是“下个月”，不如改成“下周三（如 3 月 7 日）”“下个月（如 8 月）”。时间也要明确，如是上午还是下午、是以自己还是以对方的时区为准，都要明确约定，以免双方认知不同而产生误会。

（6）准确回复邮件

回复对方的来信时，要使用对方的主旨回复，让对方知道这是来自你的回复。此外，如果想要在主旨点出回复的重点，可以在邮件文本内容里写上“回复主旨：××××”让对方知道这是回复哪一封信。

另需注意的是，当你使用职场的电子邮件对外沟通时，不要撰写或传送与职场毫无关系的内容，因为在某些你不知情的状况之下，电邮会被保存在企业的公用硬盘或备份档案中。

2. 群发邮件

在日常办公中，我们常常会遇到需要将同一内容的邮件群发给很多收件人的情况，

这就需要使用到邮件的群发功能。在邮件发送操作中有下面几个概念。

（1）收件人。收件人是你所发送邮件的接收者，你可以直接填写他的邮件地址，或者单击写信页右侧的通讯录中的联系人来添加。收件人可以并列多个。

（2）抄送地址。单击“添加抄送地址”，打开抄送地址输入框，抄送地址也是你所发送邮件的接收者，你可以直接填写对方的邮件地址，或者单击写信页右侧的通讯录中的联系人来添加。

（3）暗送地址。单击“添加暗送地址”，打开地址输入框，暗送地址也是你所发送邮件的接收者，你可以直接填写他的邮件地址，或者单击写信页右侧的通讯录中的联系人来添加。对方收到邮件时，收件人和抄送人的邮箱中不会显示暗送人地址。

（4）群发邮件时，可以采用“并列收件人”“抄送”和“密送”三种形式。

如果你给某人和其他人一起发邮件时，不介意大家知道你在同时发给其他人，则可以使用“并列收件人”和“抄送”。所有收件人都能看到其他收件人以及你指定为“抄送”的收件人地址，但看不到“密送”中所列的地址。假如你给很多客户一起发邮件，此时就不应当使用“并列收件人”和“抄送”，否则原本不认识的客户之间，可能通过你的邮件得到了其他不认识的客户的邮件地址，泄露了客户信息，此时使用“密送”更为妥当。但是，即使是“密送”也要慎重使用，因为对方的邮箱可能还有超级厉害的“全部回复”功能，如果回复人粗心，随便点了“全部回复”而没有注意“收件人”输入框中自动跳出了那么多地址，那么他给你一个人回复的邮件，有可能同时发给了一群不相干的人。

（5）需谨记的事项是：给重要人物的重要邮件一定要一对一单独发送；群发操作之前一定要慎重考虑所采用的操作方式是否妥当，一旦发出就“覆水难收”；通告式非保密邮件，可以在特定地址非保密组群里以三种形式群发，但要根据对方邮箱特性，慎重选择使用“并列收件人”“抄送”和“暗送（密送）”功能；回复他人邮件时，一定要再次检查收件人地址是否正确。

5.4.3 使用微信和 QQ

随着移动网络的不断发展，人们的交流渠道也在不断丰富，其中微信和 QQ 因其便捷、高效正越来越成为人们重要的沟通方式之一。

1. 使用公务微信、QQ 的基本要求

（1）称谓恰当礼貌。称谓要表达清楚接收方的身份，并体现礼貌原则。

（2）首句反映主题。在首句中即反映主题，旨在帮助接收方及时高效地读取信息。

（3）内容简洁，条理清晰。发送消息尽可能一次性说明事情，不要一句一句地发。尤其是在群里发送时，把要说的事情在一个对话框内说清楚，否则群里其他人发消息，会把你的消息打断。如果需要传递的信息有多项，宜分点阐述。

（4）尾语按需设置。如果是比较重要的事情，可在结尾处注明“收到请回复，谢谢!”。如果没有收到回复，有必要打个电话确认对方是否收到信息。特殊的公务微信或 QQ，比如通知，应使用专用尾语“特此通知”，以示规范和严谨。

（5）署名明确勿漏。公务微信或 QQ 较为正式、规范，结尾处署名要正规。

（6）内容及用语原则。内容应与公务有关，简明扼要，突出要点。用语礼貌、规范、温和，避免过于口语化。

2. 公务微信、QQ 的使用规则

（1）发送时间恰当。最好在工作时间发送，以保证接收方及时处理。早上 8:00 以前、晚上 10:00 以后最好不要发，因为微信或 QQ 提醒的响声或震动声会打扰对方休息。

（2）区分朋友圈和工作圈。朋友圈是每个人的一张网络面孔。若工作和生活共用一号，一定要注意对朋友圈分组。你发了一条在亲戚朋友们看来逗趣的内容，同事老板看到了可能是另一种感受，或许会不知不觉间造成一些误会和偏见。社交工具的使用一定要因人而异，这一条是常识。

（3）群里也要讲规矩。单位群的感情交流功能相对弱一些，主要是为了工作。所以在工作群里聊天，如果不是工作必要，一定要适可而止。同时，不要随便拉陌生人进群，以免泄露工作秘密。

（4）不要滥用截屏。截屏功能与职场大多数礼仪背道而驰。两个人的聊天内容是非常私密的，发送出去与暴露他人和自己的隐私没有区别。在职场上使用微信或 QQ 截图要格外谨慎，不要随意截屏为证，更不可随意把截屏发送给第三者。

（5）慎用语音。虽然微信、QQ 交流方式很丰富，有文字、语音、表情等，但交流时对方性格、身处环境、职位高低等都是必须考虑的。对于那些职位比自己高很多的人，最好的方法是直接打电话，除非是私下关系极好，一般不要使用语音。为了工作方便和准确无误，在大多数情况下不要使用语音。

（6）注意沟通效率。使用微信或 QQ 沟通时，一定要考虑对方处境。比如对方身处领导岗位，事务极其繁忙，这时候切勿使用“看到请回复”“在吗”这些词，要直接切入主题。如果稍微感到沟通效率低下，可马上致电询问。设想沟通对象处境，随时调整沟通节奏，工作会更加顺畅。

（7）不要处理太复杂的问题。微信、QQ 的即时性提高了工作效率，但在严谨程度上却是短板。对于复杂问题，使用 QQ 或微信交流都很容易出现误解和误判，还是电话或面谈更好。

（8）养成回复习惯。及时回复他人信息是一种美德。当你接收到了通知类的工作信息，应当及时回复“收到”，如果有什么问题，也要及时说清楚原因。如果是告知类的，比如你安排给其他人的工作，他向你报告完成进度，你应该回复“知道了”或者“好的”。不管是什么样的工作通知，如果你想显得更客气一些，也可以在最后加上“谢谢”。

3. 使用公务微信、QQ 的禁忌

商务人员在使用公务微信或 QQ 时，首先必须明确其底线，即必须对其相关的“有所不为”一清二楚，主要包括下述禁忌：

第一，不要妄议党和国家的大政方针。

第二，不要涉及国家秘密、商业秘密或本单位的内部事务。哪怕一对一发也不妥，信息网络时代都有被记录和泄密的可能。

第三，不要随意将本人、家人、友人、同事、同行、竞争对手或其他人的个人隐私以及彼此之间的内部纷争公之于众。

第四，不要戏说、讥讽、辱骂先烈、先贤、英雄、模范、长辈、老师以及其他尊长。

第五，不要传播与暴力、恐怖、邪教相关的信息。

第六，不要直接或间接地涉黄、涉赌、涉毒。

第七，不要散布传播谣言，尤其是不要发送、转发未经证实的负面信息。

第八，不要经常性地“晒”本人、“晒”家人、“晒”娃娃的照片或行踪。即便偶尔对其进行展示，亦应优先考虑安全与否。

第九，不要将音频、视频信息或相关链接发送给非关系密切者。

第十，不要轻信通过公务微信、QQ 结识的陌生人，使用微信转账要电话亲自核实。

总之，商务人员要善于使用各种社交媒体，做到“网上”与“网下”的所作所为同样严谨，使之为自己的工作与生活服务。

5.5　职场交际礼仪

职场交际礼仪是处理职场间人际关系的行为规范。在办公场所，工作人员对上级既要尊重、支持、理解，同时又要保持应有的距离，对同事要真诚合作、公平竞争、宽以待人。

5.5.1　协调同事关系

与同事相处得如何，直接关系到自己的工作、事业的进步与发展。如果同事之间关系融洽、和谐，人们就会感到心情愉快，有利于工作的顺利进行；反之，同事关系紧张、相互拆台，经常发生摩擦，就会阻碍事业的正常发展。处理好同事关系，在礼仪方面应注意以下几点。

1. 尊重同事

相互尊重是处理好任何一种人际关系的基础，同事关系也不例外。同事关系不同于亲友关系，亲友之间一时失礼，可以用亲情来弥补，而同事之间的关系是以工作为纽带的，一旦失礼，创伤难以愈合。所以，处理好同事之间的关系，最重要的是尊重对方，包括尊重同事的人格及工作。如见面时，应主动打招呼，最简单的方式就是微笑点头，同时道声“早”“你好”之类的问候语等；如同事不在，或未经允许，不能翻动同事桌上的文件资料、电脑以及传真机上与自己无关的材料。

2. 帮同事解决困难

同事遇到困难时，通常首先会选择亲朋帮助，但作为同事，应主动问询，对力所能及的事应尽力帮忙，这样会增进双方之间的感情，使关系更加融洽。

3. 与同事物质往来要一清二楚

同事之间可能有相互借钱、借物或馈赠礼品等物质上的往来，但切忌马虎，每一项都应记得清楚明白，即使是小的款项，也应记在备忘录上，以提醒自己及时归还。向同事借钱、借物，应主动给对方打张借条，以增进同事对自己的信任。如果所借钱物不能及时归还，应每隔一段时间向对方说明一下情况。在物质利益方面，无论有意或无意占对方便宜，都会在对方的心理上引起不快，从而降低自己在对方心目中的人格。

4. 不在背后议论同事的隐私

每个人都有隐私，隐私与个人的名誉密切相关，背后议论他人的隐私会损害他人的名誉，引起双方关系的紧张甚至恶化，因而是一种不光彩的、有害的行为。

5. 宽容理解，以和为贵

同事之间相处，要树立“容纳意识”，就是要有宽容的美德，一个懂得宽容的人是会赢得他人的理解和好感的。例如，当你的同事取得成功、获奖或升迁时，应给予衷心的祝贺；而当与同事出现合作问题时，应敢于面对自己的错误，不要一味地把责任推给他人；自己做错时，应主动向对方道歉，以求得对方谅解；当双方有误会时，应主动向对方说明，不可小肚鸡肠，耿耿于怀。

礼仪小故事

A 对 B 说：“我要离开这个公司。我恨这个公司！”B 建议道：“我举双手赞成你报复！破公司一定要给它点颜色看看。不过你现在离开，还不是最好的时机。”A 问：“为什么？”B 说：“如果你现在走，公司的损失并不大。你应该趁着在公司的机会，拼命去为自己拉一些客户，成为公司独当一面的人物，然后带着这些客户突然离开公司，公司才会受到重大损失，非常被动。”A 觉得 B 说得非常在理，于是努力工作，事遂所愿，半年多的努力工作后，他有了许多的忠实客户。再见面时 B 问 A：“现在是时机了，要跳赶快行动哦！”A 淡然笑道：“老总跟我长谈过，准备升我做总经理助理，我暂时没有离开的打算了。”

点评：

一分耕耘，一分收获。一个人的工作是为自己做简历。只有付出大于得到，让老板真正看到你的能力大于位置，才会给你更多的机会替他创造更多利润。

5.5.2 处理与上级的关系

与上司相处，要高质量履行自己职责，完成工作任务是赢得与上司建立良好关系的前提。对于那些工作业绩无法量化的工作来说，了解上司的管理风格十分必要，因为这会影响你决定与之沟通的方式是直截了当还是委婉措辞，当事时说还是事后再说。上司的所为并非全部完美，唯上司是从也无必要，要让上司接纳你的观点和方案，应在尊重的氛围里，有礼有节、有分寸地磨合。

1. 如何向上司汇报工作

（1）遵守时间，不可失约。应树立极强的恪守时间的观念，不要过早抵达，使上司准备未毕而难堪；也不要迟到，让上司等候过久。

（2）轻轻敲门，经允许后才能进门。不可大大咧咧，破门穿堂，即使门开着，也要用适当的方式告诉上司有人来了，以便其及时调整体态、心理。汇报时，要注意仪表、姿态，站有站相，坐有坐相，文雅大方，彬彬有礼。

（3）注意不要在上司办公室吸烟。

（4）汇报内容要实事求是，汇报时吐字清晰，语调、声音大小恰当。有喜报喜，有忧报忧，语言精练，条理清楚，不可“察言观色”、投其所好、歪曲或隐瞒事实真相。

（5）工作时如果上司不注意礼仪，不可冲动，仍然要坚持以礼相待，也可以身示范来暗示上司纠正错误，或者直言相陈，但得注意言辞的艺术性。

（6）汇报结束后，上司如果谈兴犹在，不可有不耐烦的体态语产生，应等到上司表示结束时才告辞。告辞时要整理好自己的材料、衣着与茶具、座椅，当上司送别时要主动说“谢谢”或“请留步”。

2. 如何给上司提建议

下属给上司提意见或建议的目的是能让上司采纳或接受，推动工作顺利开展，但下属给上司提意见或建议时也要注意方法。

（1）以请教的方式提建议。这样可让上司消除疑虑和戒心，增强上司对下属的信任感。

（2）以提醒的方式提建议。最好能运用上司的言行作为依据，再加以引申，陈述自己建议的内容和实质，从而取得上司的心理认同。

（3）选择适当的时机提建议。最好在上司心情愉快时提建议，这样可以增加上司对建议的接受程度。

（4）考虑不成熟的建议不可轻易提出。要做到深思熟虑，一定要拿出详细的、足以说服对方的资料，必要时准备多套方案。

3. 如何对待上司的批评

在与上司相处的过程中，下属有时难免要受上司的批评。在大多数情况下，这种批评是对的，但也不排除上司有时也会做出错误的批评。在这种情况下，下属应采取的态度是：

（1）要事后解释，不要当面解释。为了单位的团结和今后的工作，下属应该忍耐和克制，不要一触即跳，给上司“火上浇油”。

（2）要间接解释，不要直接解释。这种间接的解释，可通过第三者进行，也可以通过电话、文字等中间媒介进行。

（3）要有选择地解释，不要面面俱到。无论是当面向上司解释，还是通过其他途径向上司解释，都要本着“宜粗不宜细”的原则。

（4）要真诚解释，不要宣泄委屈、不满和不快。

礼仪小故事

年轻的部门经理张力是员工小娜的上司，张力经常当面斥责小娜。为了缓和这种不协调的上下级关系，一次，借周末休闲之机，小娜邀请张力与自己共进晚餐。美酒佳肴下肚之后，小娜开始对张力掏出肺腑之言："你对我经常加以指责，使我常常在同事面前下不了台，又生气又难堪，心情很不好，其实，有什么话可以好好说，效果可能更好，也更能体现你作为领导的涵养和风度。"这番话让张力很感动，也从另一个侧面反映了自己的工作方式问题，自己以后还想高升呢，应该改一改。小娜这番话可谓一箭双雕，既提醒了张力，又解脱了自己，而且架设了两人的友谊之桥。从此，小娜不但再也听不到张力的斥责声，而且还受到了张力的重用。

点评：

如何处理与上级的关系是一项不容回避的职场考验。有时上级并非你想象中的那般强硬。只要本着真诚、尊重的原则，有礼有节，讲究方式方法，就会变被动为主动，赢得职场发展机遇。

资料来源：吕维霞，刘彦波．现代商务礼仪．北京：对外经济贸易大学出版社，2003.

技能操作

操作内容：接听电话和手机

1. 操作标准

（1）准备实训物品

电话座机、手机。

（2）训练方法

将学生分成若干训练小组。每组设计办公场景和商务情境，现场演示接听电话、接听手机的礼仪。操作过程中，要充分体现办公通信的语言礼仪，并注意伴随恰当的身体姿态和面部表情。学生进行相互评价，教师最后总结点评操作中的共性、个性问题。

2. 操作示范

现代社会，各种高科技的手段拉近了人与人之间的距离，即使远隔天涯，也可以通过现代通信技术近若比邻。事实上，我们在日常的沟通活动中，借用最多的工具就是电话。电话使人们的联系更为方便快捷。

一个人接听拨打电话的沟通技巧是否高明，常常会影响到他是否能顺利达成本次沟通的目标，甚至也会直接影响到公司或单位的对外形象。因此，应多动脑筋，千方百计地让对方从声音中感受到你的热情友好。要想给对方留下诚实可信的良好印象，学习和掌握基本的电话沟通技巧和办公室电话礼仪是很有必要的。

【自检】

在学习本讲内容之前，对照一些常见的电话沟通习惯，请先回想一下自己通常是如何进行电话沟通的？

问题情境	不良表现	你的实际表现
接听电话时	1. 电话铃响得令人不耐烦了才拿起听筒	
	2. 对着话筒大声地说：“喂，找谁啊？”	
	3. 一边接电话，一边嚼口香糖	
	4. 一边和同事说笑，一边接电话	
	5. 遇到需要记录某些重要数据时，总是在手忙脚乱地找纸和笔	
拨打电话时	1. 抓起话筒却不知从何说起，语无伦次	
	2. 使用“超级简略语”，如“我是三院的××。”	
	3. 挂完电话才发现还有问题没说	
	4. 抓起电话粗声粗气地对对方说：“喂，找一下刘经理。”	
转达电话时	1. 抓起话筒向着整个办公室吆喝：“小王，你的电话！”	
	2. 态度冷淡地说：“陈科长不在！”就顺手挂断电话	
	3. 让对方稍等，就自此不再过问他（她）	
	4. 答应替对方转达某事却未告诉对方你的姓名	
遇到突发事件时	1. 对对方说“这事儿不归我管”后就挂断电话	
	2. 接到客户索赔电话，态度冷淡或千方百计为公司产品辩解	
	3. 接到打错了的电话很不高兴地说：“打错了！”，然后就粗暴地挂断电话	
	4. 电话受噪声干扰时大声地说：“喂，喂，喂……”，然后挂断电话	

（1）拨打/接听电话的基本技巧

为了提高通话效果、正确表达思想，请注意下述六点。

① 电话机旁应备记事本和笔。

小知识

即使是人们用心去记住的事，经过 9 小时，遗忘率也会高达 70%，日常琐事遗忘得更快。

接听商务电话要养成随时做记录的习惯。电话记录既要简洁又要完备，重点记清：When（何时）、Who（何人）、Where（何地）、What（何事）、Why（为什么）、How（如何进行）。在工作中这些资料都是十分重要的。若在电话机旁准备好记录本、笔，当他人打来电话时就可立刻记录主要事项。如不预先备妥纸笔，到时候措手不及，不仅耽误时间，而且会搞得自己狼狈不堪。

② 先整理电话内容，后拨打电话。给别人打电话时，如果想到什么就讲什么，往往会丢三落四，忘记了主要事项还毫无觉察，等对方挂断了电话才恍然大悟。因此，应事先把想讲的事逐条逐项地整理记录下来，然后再拨电话，边讲边看记录，随时检查是否有遗漏。另外，还要尽可能在 3 分钟之内结束。实际上，3 分钟可讲 1 000 个字，相当于两页半稿纸上的内容，按理是完全够用的。如果一次电话用了 5 分钟甚至 10 分钟，那么一定是措辞不当，未抓住要领，未突出重点。

③ 态度友好。有人认为，电波只是传播声音，打电话时完全可以不注意姿势、表情，这种看法其实不然。双方的诚实恳切都饱含于说话声中，面部表情会影响声音的变化，所以即使在电话中也要抱着“对方看着我”的心态去应对，不能吸烟、喝茶、吃零食，即使是懒散的姿势对方也能够“听”出来。讲话时必须抬头挺胸，伸直脊背，保持良好心情，这样即使对方看不见你，也会被你欢快的语调感染，给对方留下极佳的印象。

小知识

女性在对着镜子说话时会很自然地微笑。人在微笑时的声音更加悦耳、亲切。

根据这一原理，在一些大公司的总机或者前台，管理者有意在接线员的桌上放置一面镜子，以促使她们在接听电话的时候自然地微笑，然后通过语言把友好的讯息传递出去。

④ 注意自己的语速和语调。急性子的人听慢话，会觉得断断续续、有气无力，颇为难受；慢吞吞的人听快话，会感到焦躁心烦；年龄高的长者，听快言快语，难以充分理解其意。因此，讲话应视对方情况，灵活掌握语速，随机应变。音量不要太大或太小，咬字要清楚，说话速度要比平时速度略微缓慢，必要时把重要的话重复两次，提到时间、地点、数字等，一定要交代得非常仔细。讲话时，适当地提高声调显得富有朝气、明快清脆、悦耳优美，就像乐谱中“5”的音域。

⑤ 不要使用简略语、专用语。将“行销三科”简称“三科”这种企业内部习惯用

语，第三者往往无法理解。同样，专用语也仅限于行业内使用，普通顾客不一定知道。有的人毫不在意，乱用简称、术语，给对方留下了不友善的印象。有的人认为外来语高雅、体面，往往自作聪明地乱用一通，可是意义不明的外来语，并不能正确表达自己的思想，不但毫无意义，有时甚至会发生误会，这无疑是自找麻烦。

⑥ 养成复述习惯。为了防止听错电话内容，一定要当场复述。特别是同音不同义的词语及日期、时间、电话号码等数字内容，务必养成听后立刻复述、予以确认的良好习惯。文字不同，一看便知，但读音相同或极其相近的词语，通电话时却常常容易搞错，因此，对容易混淆、难于分辨的这些词语要加倍注意，放慢速度，逐字清晰地发音。如 1 和 7、11 和 17 等，为了避免发生音同字不同或义不同的错误，听到与数字有关的内容后，请务必马上复述，予以确认。当说到日期时，不妨加上星期几，以保证准确无误。

⑦ 注意选择恰当的时间。没有特殊情况，最好不要在他人的休息时间打电话，如每日上午 8 点前、节假日上午 9 点前、晚上 10 点之后以及午休的时间；也不要在用餐之时打电话。打公务电话，不要占用他人的私人时间，尤其是节假日时间。

（2）拨打/接听电话的程序

① 注意要点。

- 电话铃响两次后，取下听筒。

电话铃声响 1 秒，停 2 秒。如果过了 10 秒钟仍无人接电话，一般情况下人们就会感到急躁：“糟糕！人不在。”因此，铃响 3 次之内应接听电话。那么，是不是铃声一响，就应立刻接听，而且越快越好呢？也不是，那样反而会让对方感到惊慌。较理想的是，电话铃响完第二次时取下听筒。

- 自报姓名的技巧。

要重视“第一声”的印象，如果第一声优美动听，会令打或接电话的对方感到身心愉快，从而放心地讲话，故电话中的第一声印象十分重要，应有“我代表单位形象”的意识。接电话时，第一声应说：“你好。这是××公司。”打电话时则首先要说：“我是××公司××处的×××。”双方都应将第一句话的声调、措辞调整到最佳状态。

- 轻轻挂断电话。

通话结束前，应该说礼貌语，譬如“好，就这样吧，再见。”或者“还有什么事吗？”，通常是打电话一方先放电话，但对于职员来说，如果对方是领导、长辈或顾客，就应让对方先放电话。待对方说完“再见！”后，等待 2～3 秒钟再轻轻挂断电话。

无论通话多么完美得体，如果最后毛毛躁躁地挂断电话，都会令对方不愉快。因此，要留神轻放听筒，不能发出动静颇大的响声。

② 接听电话的程序，如图 5-6 所示。

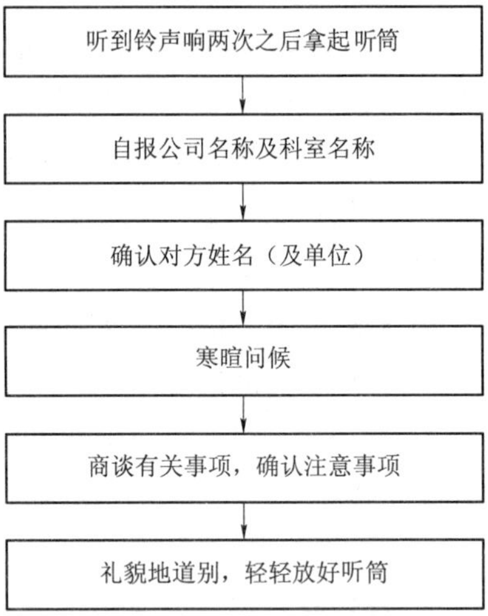

图 5-6　接听电话程序

③ 拨打电话的程序，如图 5-7 所示。

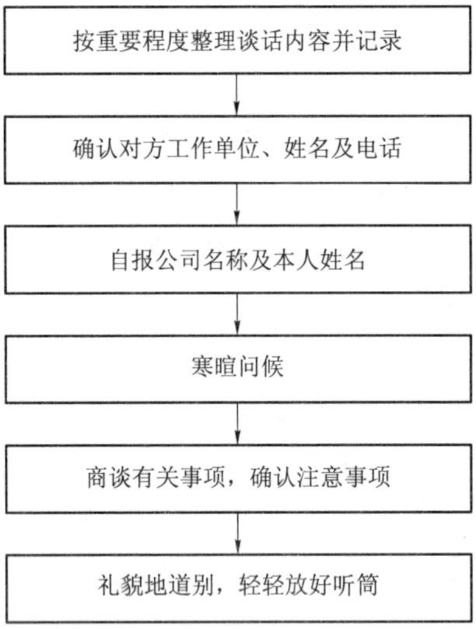

图 5-7　拨打电话的程序

电话礼仪介绍

【自检】

检查拨打、接听电话的要点，找出自己目前的不足之处后制订改进计划。

需要注意的要点	要点明细	具体改进计划
要点 1　电话机旁应备有记事本和笔	◇ 是否把记事本和笔放在触手可及的地方 ◇ 是否养成随时记录的习惯	

续表

需要注意的要点	要点明细	具体改进计划
要点2　先整理电话内容，后拨电话	◇ 时间是否恰当 ◇ 情绪是否稳定 ◇ 条理是否清楚 ◇ 语言能否简练	
要点3　态度友好	◇ 是否微笑着说话 ◇ 是否真诚面对通话者 ◇ 是否使用平实的语言	
要点4　注意自己的语速和语调	◇ 谁是你的信息接收对象 ◇ 先获得接收者的注意 ◇ 发出清晰悦耳的“5”音	
要点5　不要使用简略语、专用语	◇ 用语是否规范准确 ◇ 对方是否熟悉公司的内部情况 ◇ 是否对专业术语加以必要解释	
要点6　养成复述习惯	◇ 是否及时对关键性字句加以确认 ◇ 善于分辨关键性字句	

（3）转达电话的技巧

① 关键字句是否听清楚了。常有这种情况：顾客打电话找科长，科长却不在办公室。这时，代接电话者态度一定要热情，你可用下面的方法明确告诉对方科长不在：

据你所知，告诉对方科长回公司的时间，并询问对方：“要我转达什么吗?”对方可能会说出下列几种愿望：

稍后，再打电话；

想尽快与科长通话；

请转告科长……

如果科长暂时不能回公司，则可告诉对方：“科长出差在外，暂时无法联系，如有要紧事，由我负责与科长联系行吗?”当不便告知具体事项时，要留下他的姓名、电话、公司的名称。若受顾客委托转告，则应边听顾客讲边复述，并认真记录。通话结束应道别：“我是××，如果科长回来，定会立刻转告。”自报姓名的目的是让对方感到自己很有责任感，办事踏实可靠，使对方放心。

给科长打电话联系时，应告诉科长：顾客的姓名、公司名称、电话号码、打来电话的时间，并与科长一一确认。

此外，还要尊重隐私。代接电话时，不要询问对方与其所找之人的关系。当对方有求于己，希望转达某事给某人时，要守口如瓶，千万不要随便扩散。别人通话时，不要旁听，更不要插嘴。

② 慎重选择理由。通常，被指定接电话的人不在时，原因很多，如因病休息、出差在外、上厕所等。这时，代接电话的你应学会应对各种情况：

告诉对方××不在办公室时应注意不要让对方产生不必要的联想，特别不能告诉对方××的出差地点，因其出差所办事情或许正是不能让对方觉察知晓的商业秘密。

另外，如果我们遇到领导正在参加重要会议，突然接到客户的紧急电话时应正确判断，妥当处理：

如果领导有约在先，要求开会期间不得打扰，那转告之类的事当然不能例外。

要想谋求一个两全其美的办法，既不中断会议，又不打扰领导，那么，就活用纸条吧。如在纸条上写："××先生电话找您，接电话（　　），不接（　　），请画钩。"然后悄悄走进会议室，将纸条递给领导，领导一目了然，瞬间即画好钩。如此这般，既不影响会议，领导又能当场决定，是一种很好的方法。

【自检】

你在转接电话时是否注意了以下要点：

转接电话的要点	是√　否×	改进计划
听清楚关键字句		
选择恰当的理由		
选择恰当的时机		

（4）应对特殊事件的技巧

① 听不清对方的话语。当对方讲话听不清楚时，要进行反问并不失礼，方法必须得当。如果惊奇地反问："咦？"或怀疑地回答："哦？"对方定会觉得无端地招人怀疑、不被信任，从而非常愤怒，连带对你印象不佳。但如果客客气气地反问："对不起，刚才没有听清楚，请再说一遍好吗？"对方定会耐心地重复一遍，丝毫不会责怪。

② 接到打错了的电话。有一些职员接到打错了的电话时常常冷冰冰地说："打错了。"最好能这样告诉对方："这是××公司，你找哪儿？"如果自己知道对方所找公司的电话号码，不妨告诉他，也许对方正是本公司潜在的顾客。即使不是，你热情友好地处理打错的电话，也可使对方对公司抱有初步好感，有可能就会成为本公司的客户，甚至成为公司的忠诚支持者。

③ 遇到自己不知道的事。有时候，对方在电话中一个劲儿地谈自己不知道的事，而且像竹筒倒豆子一样没完没了。职员碰到这种情况，常常会感到很恐慌，虽然一心企盼着有人能尽快来接电话，将自己救出困境，但往往迷失在对方喋喋不休的陈述中，好长时间都不知对方到底找谁，待电话讲到最后才醒悟过来："关于××事呀！很抱歉，我不清楚，负责人才知道，请稍等，我让他来接电话。"碰到这种情况，应尽快理清头绪，了解对方的真实意图，避免被动。

④ 接到领导亲友的电话。领导对部下的评价常常会受到其亲友印象的影响。打到公司来的电话，并不局限于工作关系。领导及前辈的亲朋好友常打来与工作无直接关系的电话，他们对接电话的你的印象会在很大的程度上左右领导对你的评价。

例如，当接到领导夫人找领导的电话时，由于你忙着赶制文件，时间十分紧迫，根本顾不上寒暄问候，而是直接将电话转给领导就完了。当晚，领导夫人就会对领导说："今天接电话的人不懂礼貌，真差劲。"简单一句话，便会使领导对你的印象一落千丈。可见，领导及前辈的亲朋好友对下属职员的一言一行非常敏感，期望值很高，请切记时刻严格要求自己。

⑤ 接到顾客的索赔电话。索赔的客户也许会牢骚满腹，甚至暴跳如雷，如果作为被索赔方的你缺少理智，像对方一样感情用事，以唇枪舌剑回击客户，不但于事无补，反而会使矛盾升级。正确的做法是：

你处之泰然，洗耳恭听，让客户诉说不满，并耐心等待客户心静气消。其间切勿说："但是""话虽如此，不过……"之类的话进行申辩，应一边肯定顾客话中的合理成分，一边认真琢磨对方发火的根由，找到正确的解决方法，用肺腑之言感动顾客，从而化干戈为玉帛，取得顾客谅解。

面对顾客提出的索赔事宜，自己不能解决时，应将索赔内容准确及时地告诉负责人，请他出面处理。闻听索赔事宜，绝不是件愉快的事，而要求索赔的一方，心情同样不舒畅。也许要求索赔的顾客还会在电话中说出过激难听的话，但即使这样，到最后道别时，你仍应加上一句："谢谢您打电话来。今后我们一定加倍注意，那样的事绝不会再发生。"这样，不仅能稳定对方情绪，而且还能让其对公司产生好感。正所谓"精诚所至，金石为开"。对待索赔客户一定要诚恳，用一颗诚挚的心感动客户，以化解怨恨，使之从这次处理得当、令人满意的索赔互动中，理解与支持本公司，甚至成为公司产品的支持者。通过对索赔事件的处理，你也能了解公司的不足之处，并以此为突破口进行攻关。当你经过不懈努力，终于排除障碍、解决问题，甚至使产品质量更上一层楼，使企业走出困境，不断繁荣昌盛，这时，谁又能说索赔不是一件好事呢？

总之，当外界人士利用电话跟我们联系时，他们是通过对话体察到我们公司或单位的形象。我们应提倡"电话文化"，注意和学习接打电话的礼仪，培养良好的工作态度与作风，树立公司或单位的良好公众形象。

【自检】

电话沟通活动中你曾遇到过什么样的突发事件？你是如何应对的？有何改进的心得？

突发事件	以前如何应对	改进计划
1. 听不清对方的话语		
2. 接到打错了的电话		

续表

突发事件	以前如何应对	改进计划
3. 遇到自己不知道的事		
4. 接到领导亲友的电话		
5. 接到顾客的索赔电话		
补充：		

（5）使用手机礼仪

① 尊重对方。给对方手机打电话时，尤其当知道对方是身居要职的忙人时，首先应考虑对方此时是否方便接听。注意从听筒听到的回音，来鉴别对方所处的环境。如果很静，有可能在会场上；如果很吵，有可能在路上或车上。有了初步判断，对能否顺利通话就有了准备。但无论在何种情况下，能否通话还是由对方决定为好。所以“现在通话方便吗?”通常是拨打手机的第一句问话。如果需要长时间通话，应主动询问对方，是否需要拨打其座机电话。

② 遵守公德。手机使用不能影响公共秩序，包括：在会议中、出席重要活动或和别人洽谈时，最好关掉手机或将其调到静音、振动状态；在楼梯、电梯、路口等公共场合，不要旁若无人地大声接打电话，需要与别人通话时，应寻找无人之处，切勿当众自说自话；在剧院、图书馆、体育比赛馆、医院或是观看各类展览时，可把手机调到静音，用短信进行联系；此外，不恰当的铃声设置和彩铃也会令你失礼于人。商务人员，尤其是公司管理人员，由于岗位性质，应该以稳重的形象示人，在工作场合中如果响起“爸爸，接电话”“汪、汪”这样的手机铃声不仅会显得很不严肃，而且与身份不符。同样，在工作期间，如果有人拨打手机联系公事时，却听到“我就不接电话呀，我就不接电话，别人的电话我都接，我就不接你电话”这样的搞笑彩铃，也是会令人反感的。

③ 置放规范。手机是通信工具，不可当作炫耀的装饰品，不可将其握在手中，或别在衣服外面，或有意当众进行摆弄。商务礼仪规定，手机的使用者应将其放在适当位置。外出随身携带手机的最佳位置是放入公文包里，再者是上衣口袋内。穿套装、套裙时，切勿将其挂在衣内腰带上，也不要放在裤子后兜，否则来电话时屡屡撩衣，很不雅观。女士则要注意，手机就算再好看和小巧，也别把它挂在脖子上。

④ 保证畅通。使用手机主要目的是保证自己与外界的联络畅通无阻。因此，若自己的手机号码改动，应及时通报给重要的交往对象；接到未接电话后应及时回电话联络；拨打他人手机占线或未接时，应保持耐心等候对方 10 分钟左右，在此期间，不宜再同其他人联络，以防手机占线；因故暂时不方便使用手机时，可在语音信箱上留言，说明原因，告知联系方式。还可采用呼叫转移的方式与外界保持联系。

⑤ 重视私密性。由于手机话费相对较高，而且通信属于个人秘密，因此不可把手

机号码随意告之于人，联系不熟悉的人时可先拨打其办公室座机，有急事需拨打手机时则应注意讲话言简意赅。手机泄密现象时有发生，因此，牵涉到公司技术保密、汇款等重要事情最好采用座机。出于自我保护和防止他人盗机、盗码等考虑，手机不宜相互借用，也不能到不正规的维修点进行检修。

⑥ 注意安全。使用手机时必须牢记“安全至上”，要特别注意：不要在驾驶汽车时使用手机，以防止发生车祸；乘坐飞机时，必须自觉关闭随身携带的手机，因为手机发出的电子信号会干扰飞机导航系统；在加油站或是在医院做核磁等检查期间也不要使用手机，否则极有可能引发火灾或影响医疗仪器设备的正常使用。此外，在一切标有文字或图示禁用手机的地方均要遵守规定。

礼仪小博士

使工作顺利的电话术

（1）迟到说明情况、请假由自己打电话；（2）外出办事，随时与单位联系；（3）外出办事应告知去处及电话；（4）延误拜访时间应事先与对方联络；（5）用传真机传送文件后，以电话联络；（6）同事家中的电话号码不要轻易告诉别人；（7）借用别家单位电话使用，一般不要超过10分钟；遇特殊情况，需长时间接打电话时应先征求对方的同意和谅解。

资料来源：中国温州商会网，http://www.88088.com.

学生训练

运用判断

1. 刚参加工作的彬彬，早晨为了赶单位班车，经常把饭带到办公室来吃。

2. 彬彬的笔用不了几天就找不到了，他经常到王姐桌上拿笔用。

3. 小王的上司脾气固执，提了几次建议不被采纳后，小王索性不再提了。

4. 小王桌前两台电话同时响起，小王一会儿拿起这部电话，一会儿拿起那部电话。

5. 秘书晓红是个热心直率的人，对于领导讨论的人事变动、奖金分配等问题，经常等不到办公会研究，就先告诉了当事人。

6. 在一次商务洽谈中，刘部长的手机突然出现了孩子的哭声，原来这是女儿刚给他下载的最新彩铃。

7. 技术研发部李清一次用手机与导师沟通新产品数据信息。

8. 单位下午要召开各部门负责人会议，总经理强调此会议很重要，让小张负责下达会议通知，小张采取在网上给每个人发邮件的方式下达通知。

9. 王伟参加会议时，觉得会议内容与自己关系不大，就与身边人小声聊起天来。

10. 为了提高效率，小张发给几个重要客户新产品订货信息时采用电子邮件群发，并同时使用“并列收件人”和“抄送”。

案例分析

【案例1】

办公室秘书小孙周一上班接到了四个电话，第一个电话是找于经理的，小孙把这个电话给于经理转接过去；第二个电话是找市场部娄部长的；第三个电话还是找于经理的，但此时于经理不在；第四个电话是顾客投诉的。

问题： 假如你是小孙，你应该怎样接这些电话？

【案例2】

研究生小王毕业6年却换了4家单位，他经常感叹：“知音难觅，英雄无用武之地。”

小王刚到第一家单位工作时，公司总经理非常赏识他的才华，不久把他调到身边当助手。随着与总经理接触的增多，小王开始随便起来，经常当着众人的面与总经理争论，让总经理下不来台。后来，小王提出的计划便常常遭到否决。

小王到第二家单位后参加一个同事的宴会，事后一直跟别人抱怨宴会的布置如何俗气、食物如何乏味、主人如何怠慢。知情人清楚，宴会并没有如此糟糕，只不过主人无意中疏忽了小王，没有将他安排到主要位置。

小王在第三家单位的时候，负责一个工程项目，设计图纸时，原来和他配合很默契的员工提出修改建议，小王反唇相讥：“你懂什么？我开始搞图纸设计的时候，你还穿开裆裤呢。”事后小王虽然后悔，但也没勇气去解释道歉。

在第四家单位时，小王去仓库领料，保管员态度不好，发料时又将数字搞错，小王得理不饶人和保管员发生了争吵。有个同事暗示他保管员袖子上别了一道黑纱，可是小王仍不罢休，直到领导表示扣保管员当月奖金才了事。

问题：

（1）为什么小王每到一家单位，人际关系总是处理不好？

（2）小王应该从哪些方面加以改进？

【案例3】

秘书晓红外出进修，小王临时接替工作，有一天小王接听了一个重要的商务电话后，没来得及记录，就被家人叫走处理急事，等到小王回到公司后，商机已经错过，公司损失了重要订单。

问题： 从小王身上，我们应该吸取怎样的教训？

演练考核

1. 办公室礼仪测试

尊重同事包括：见到同事要打招呼；记住同事的名字及基本资料；发表意见时要顾虑到他人；不要忘记说“请”“谢谢”“对不起”。然而工作忙起来或压力大不顺心时，却容易忽略待人接物的道理。你一不小心，就会变成一个连你自己都不喜欢的人。无论成功或失意你都需经常问自己这样的问题：

- 你见到认识的人会微笑打招呼吗？
- 别人在说话时你会专心听吗？
- 你对别人有意见时会三思之后或私底下再说吗？
- 你会诚恳地公开赞美别人吗？
- 你有克制自己不要提高嗓门、乱发脾气吗？
- 该说“谢谢”时你都说了吗？
- 你叫得出每一个同事的姓名吗？
- 你会随时注意自己的仪容整洁吗？

2. 小测试：你适合做行政文秘吗？

序号	自测内容	好	中	差
1	文字处理能力，书写水平			
2	口头表达能力，如得体地应对电话			
3	与人沟通			
4	随机应变能力			
5	严守秘密，谨慎处理保密文件			
6	准确理解上司的意图			
7	沉着处理紧急事件			
8	代表经理出席员工大会并讲话时准确恰当地表达经理的意见			
9	及时将企业内外部信息传递给经理			
10	经理外出时能主动主持办公室工作			
11	职业道德和强烈的进取心			
12	精力充沛度			
13	安排时间的能力（如出差计划与安排）			
14	记忆力，尤其对人名、地名、电话号码反应迅速			

续表

序号	自测内容	好	中	差
15	组织观念和团队精神			
16	与同事及上司相处，并从中起协调作用			
17	参与企业具体项目的开展			
18	积极主动而非被动工作			
19	懂办公室内财务管理			
20	知错并及时纠正			
21	知道何时征求上司的意见和给上司建议			
22	管理文件（归档、保存、查找）			
23	有一定的数学头脑			
24	会多种语言并且适应多国文化环境			
25	求知欲			
26	先进计算机软件的应用			
27	代替上司处理日常事务			
28	独立工作能力			

3. 安排、组织会议

张林是某公司总经理秘书，公司要召开年终总结表彰大会，负责人把会议准备组织工作交给张林。假如你是张林，请安排组织本次会议，并书面列出要点。

4. 模拟接打电话

自主设定商务情境和内容，两人一组模拟接听电话，现场点评电话礼仪是否符合规范。

5. 实地练习接收和发送传真

6. 处理职场关系演练

（1）假如你正在兴致勃勃地和同事谈论上司的缺点，上司出现了，而且他是一个业务能力比你强很多的领导，你该怎么做？

（2）你被提拔后：① 同事对你十分热情，言听计从；② 同事反应冷漠，不言不语；③ 同事冷言冷语。你如何处理与这三种人的关系？

（3）“刺猬理论”认为，冬天刺猬彼此将身上的针状刺靠拢防寒，刺与刺之间保持一定的距离，距离太小就会伤对方，距离太大就起不到防寒作用，这形象地说明了上下级之间的交往必须把握好一定的“度”。你认为应如何把握这个“度”？

任务6　商务往来礼仪

知识树

任务驱动

1. 目标要求

◆ 掌握在商务往来中会面涉及的称呼和介绍技巧；

◆ 熟悉并能正确使用名片，能得体地使用握手礼；

◆ 熟悉方位礼仪，能按照礼仪标准做好商务迎送。

2. 任务导入

陈丹（女）大学毕业后供职于某外贸公司担任办公室秘书。一次陪同上司刘经理去机场迎接前来考察洽谈的重要客户王总经理等一行3人。如果你是陈丹，要做好这次机场接待，应该注意哪些方面呢？

知识掌握

6.1　称　　呼

称呼指的是人们在日常交往应酬之中所采用的彼此之间的称谓语。在人际交往中，选择正确、适当的称呼，不仅反映出自身的教养、对对方尊敬的程度，还体现出双方关系所达到的程度和社会风尚，因此称呼的使用一定要规范恰当。

6.1.1　称呼的方式

由于各国、各民族语言不同、风俗习惯各异、社会制度不一，因而在称呼上差别很大，如果称呼错了、姓名不对，不但会使对方不高兴，引起反感，甚至还会闹出笑话，出现误会。

在国际交往中，一般对男子称“先生”，对女子称“夫人”“女士”“小姐”。已婚女子称夫人，未婚女子统称小姐；不了解婚姻情况的女子可称小姐；对戴结婚戒指的年纪稍大的可称夫人。这些称呼可冠以姓名、职称、衔称等，如“布莱克先生”“议员先生”“市长先生”“上校先生”“玛丽小姐”“秘书小姐”“护士小姐”“怀特夫人”等。

对地位高的官方人士，一般为部长以上的官员，按国家情况称“阁下”、职衔或“先生”，如“部长阁下”“总统阁下”“主席先生阁下”“总理阁下”“总理先生阁下”“大使先生阁下”等。但美国、墨西哥、德国等国没有称“阁下”的习惯，因此在这些国家可称“先生”。对已婚有地位的女士可称“夫人”，对有高级官衔的女士也可称“阁下”。

君主制国家，按习惯称国王、皇后为“陛下”，称王子、公主、亲王等为“殿下”。对有公、侯、伯、子、男等爵位的人士既可称爵位，也可称“阁下”，一般也称“先生”。

对医生、教授、法官、律师以及有博士等学位的人士，均可单独称“医生”“教授”“法官”“律师”“博士”等；同时可以加上姓氏，也可加“先生”；如“本杰明教授”“法官先生”“律师先生”“博士先生”“马丁博士先生”等。

对军人一般称军衔，或军衔加“先生”，知道姓名的可冠以姓与名，如“上校先生”“马布里少校”“维尔斯中尉先生”等。有的国家对将军、元帅等高级军官称“阁下”。

对服务人员一般可称“服务员”，如知道姓名的可单独称名字。但现在很多国家越来越多地称服务员为“先生”“夫人”“小姐”。

对教会中的神职人员一般可称教会的职称，或姓名加职称，或职称加“先生”。如“拉里神父”“传教士先生”“牧师先生”等。有时主教以上的神职人员也可称“阁下”。

对以“同志”相称的国家，对各种人员均可称“同志”，有职衔的可加职衔，如“主席同志”“议长同志”“大使同志”“秘书同志”“上校同志”“司机同志”“服务员同志”等，或姓名加“同志”。有的国家还有习惯称呼，如称“公民”等。

选择称呼要合乎常规，要照顾被称呼者的个人习惯，入乡随俗。在工作岗位上，人们彼此之间的称呼是有其特殊性的，要庄重、正式、规范。

（1）职务性称呼。以交往对象的职务相称，以示身份有别、敬意有加，这是一种最常见的称呼。有三种情况：只称职务、在职务前加上姓氏、在职务前加上姓名（适用于极其正式的场合）。

（2）职称性称呼。对于具有职称者，尤其是具有高级、中级职称者，在工作中直接以其职称相称。称职称时可以只称职称、在职称前加上姓氏、在职称前加上姓名（适用于十分正式的场合）。

（3）行业性称呼。在工作中，有时可按行业进行称呼。对于从事某些特定行业的人，可直接称呼对方的职业，如老师、医生、会计、律师等，也可以在职业前加上姓氏、姓名。

（4）性别性称呼。对于从事商界、服务性行业的人，一般约定俗成地按性别的不同分别称呼“小姐”“女士”或“先生”。

（5）姓名性称呼。在工作岗位上称呼姓名，一般限于同事、熟人之间。有三种情况：直呼其名；只呼其姓，要在姓前加上“老”“大”“小”等前缀；只称其名，不呼其姓，通常限于同性之间，尤其是上司称呼下级、长辈称呼晚辈，在亲友、同学、邻里之间也可使用这种称呼。

礼仪小博士

新人必知的职场称呼礼仪

1. 新人称呼同事 要“勤”要“甜”

可锐咨询顾问有限公司的首席咨询师吕东鸣说，刚进单位，全是生人面孔，如何迅速融合到这个团队中？怎样给别人留下好印象？其实都是从一声简单的称呼开始的。新人报到后，首先应该对自己所在部门的所有同事有一个大致了解。介绍自己后，其他同事会一一自我介绍，这个时候，如果职位清楚的人，可以直接称呼他们“张经理”“王经理”等，对于其他同事，可以先一律称“老师”，这一方面符合自己刚毕业的学生身份；另一方面，表明自己是初来乍到，很多地方还要向诸位前辈学习。等稍微熟悉之后，再按年龄区分和自己平级的同事，对于比自己大许多的人，可以继续称“老师”，或者跟随其他同事称呼；对于与自己年龄相差不远甚至同龄的同事，如果是关系很好，就可以直呼其名。需要注意的是，在称呼的时候，一定要面带微笑，眼睛平视（但不是死盯）对方，表现要有礼貌。

2. “老”人更不可小视称呼

在职场上不注意称呼的有两大人群：一是新人，二是年龄大、资格老的普通员工。各单位都会有这样一些员工，年龄近中年但职位却仍处一般，他们的年纪有时与经理相同，甚至还要大于经理等管理者，他们中的某些人对职场称呼会不大注意，甚至有所忽略；有些人甚至凭借自己的资历对领导也“小张”“小王”地称呼，或者即使在称呼上加入了“张总”“李总”，也总让人感觉他们是在说反话，有点黑色幽默的讽刺意味，这会让领导非常不舒服。不是所有的领导都对此不在意，大部分领导都希望自己的下属能对自己尊敬，倚老卖老、忽略职场称呼的做法要不得，这绝对是搬起石头砸自己的脚。

3. 民营企业“哥俩好”能少则少

“十几个人的小团队如果分得一是一、二是二，兵是兵、将是将，是不是反而就没意思了？”在一家小型公司工作的庞海如是说。他说，他周围很多朋友都是在小公司工作的，有的公司里不过才七八个人，根本就没那么多的层级概念。大家统称领导为“头儿”，或者“张哥”“李姐”地称呼，同事之间更是以“哥”“姐”这样叫的居多。大家的私人关系也都很密切。

但专家提醒，这种亲热的“哥俩好”还是能少则少，不要太过，尤其是需要注意自己和老板之间的关系，如果太过亲热，少不了让人说闲话，而且如果在工作中太过随意和亲热地称呼容易让工作伙伴觉得你不够成熟。毕竟是在工作环境中，最好不要把私人关系和同事关系混为一谈。

4. 当局者说：外企称呼也需“看人下菜碟”

外企公司可能较国内企业更注重人性化的工作氛围，尤其是一些知名的大公司更是追求一种和谐的工作环境，无论是外方主管还是中方主管，称呼员工时也大多叫其英文名字。但不是所有外资企业的老板或主管都喜欢别人称呼自己英文名的，这也需要“看人下菜碟”。因为现在各企业的人事情况都越来越复杂，很多国内知名企业的管理者都会跳槽到一些外企任职，对于他们不要理所当然地沿袭以往的称呼习惯，要先观察一下他们的喜好和性格，然后再决定如何称呼。如果领导有明确“指示”让你叫什么，那最好，如果没有，就需要自己多个心眼了。

资料来源：北京娱乐信报，2010-02-02.

6.1.2 称呼的禁忌

我们在使用称呼时一定要避免下面几种失敬的做法。

1. 错误的称呼

常见的错误称呼有误读或是误会。

误读，也就是念错姓名。为了避免这种情况发生，对于不认识的字，事先要有所准备；如果是临时遇到，就要谦虚请教。

误会，主要是对被称呼者的年纪、辈分、婚否以及与其他人的关系做出了错误判断。比如，将未婚妇女称为“夫人”，就属于误会。相对年轻的女性，都可以称为“女士”或“小姐”，这样对方也乐意听。

2. 使用不通行的称呼

有些称呼具有一定的地域性。比如，山东人喜欢称呼“伙计”，但南方人听来“伙计”肯定是“打工仔”；中国人把配偶经常称为“爱人”，在外国人的意识里，“爱人”是“第三者”的意思，而把配偶称为“对象”也容易被误会为恋人关系而非夫妻关系。

3. 使用不当的称呼

工人可以称呼为“师傅”，道士、和尚、尼姑可以称为“出家人”。但如果用这些来称呼其他人，没准会让对方产生自己被贬低的感觉。

4. 使用庸俗的称呼

有些称呼在正式场合不适合使用。例如，“兄弟”“哥们儿”等一类的称呼，虽然听起来亲切，但显得档次不高。

5. 称呼外号

对于关系一般的，不要自作主张给对方起外号，更不能用道听途说来的外号去称呼对方。也不能随便拿别人的姓名乱开玩笑。

6. 避免语音禁忌

在官场，应注意上司的姓氏与职务的语音搭配，如赶上姓傅、姓戴的一把手，您叫“傅厅长”“戴局长”，对方肯定不高兴，因为外人一听，误以为他是副职或临时代办呢。应略去其姓氏，直称官衔“厅长”“局长”则可。如某处长姓贾，最好不要随便张口就“贾处长”“贾处”的，以直呼“处长”为宜，否则难避调侃之嫌。还有近年来，中国官场流行简称，按照一般原则，正职以姓氏加职务称谓的第一个字，如“赵厅”“钱局”，这种称呼习惯也未尝不可，但遇上类似如“范局”（饭局）等，那就应略作变通，改用全称。

在社会交往中，人们初次见面、相互自我介绍，“您贵姓”“免贵姓李”很正常，但都是朋友，则应略做变通，回答时免去“我姓”两字，直接道姓为妥。

礼仪小故事

几个青年人到避暑山庄游玩，想抄近路去外八庙，于是向一位姑娘问路：“小师傅，请问去外八庙的路怎么走?”“回家叫你娘师傅!”姑娘怒目圆睁，愤愤而去，几个年轻人莫名其妙，找不出哪里得罪了姑娘。

点评：

当地人称尼姑、和尚为师傅，一个姑娘对这样的称呼能不发怒吗？所以说，在交际过程中怎样称呼别人是很讲究的。得体的称呼使人感到亲切，交往就有了一定的基础；称呼不得体，往往引起对方的愤怒，使双方陷入尴尬的境地。

资料来源：陈美秋．交往礼仪指南．北京：语文出版社，1994.

6.2　介　　绍

在商务往来中，总会有双方互不认识的情况，此时需要互相进行自我介绍或者经过第三方介绍。在这个过程中，需要掌握好自我介绍和第三方介绍的礼仪。

6.2.1　自我介绍礼仪

1. 自我介绍的时机与场合

（1）在交往中与不相识者相处时；

（2）有不相识者表现出对自己感兴趣时；

（3）有不相识者要求自己做自我介绍时，有求于人、而对方对自己不甚了解或一无所知时；

（4）旅行途中，与他人不期而遇，并且有必要与之建立临时接触时；

（5）初次前往他人居所、办公室，进行登门拜访时，或事先打电话约见，在通话时；

（6）自我推荐、自我宣传时，如欲结识某些人或某个人而又无人引见时。

2. 自我介绍的内容

自我介绍有三要素：本人的姓名、供职的单位以及具体部门、担任的职务和所从事的具体工作。这三项要素在自我介绍时应一气连续报出，这样既有助于给人以完整的印象，又可以不说废话，节省时间。介绍时注意措辞和语气要真实诚恳、实事求是，不可自吹自擂、夸大其词。但在实际运用中，常常要根据交往对象和场合的不同做一些变通，举例如下。

（1）应酬式的自我介绍：交往的对象是一般性接触的对象。适用于某些公共场合和一般性的社交场合，如途中邂逅、宴会现场、舞会、通电话时。进行自我介绍时，内容要少而精，一般只道出本人姓名。例如：

主动型的应酬式自我介绍：“您好！我是刘子毓。”

被动型的应酬式自我介绍："您好！请问怎么称呼？""您好！我叫刘子毓。"

（2）工作式的自我介绍：也叫公务式自我介绍，适用于工作场合，这种介绍一般包括本人姓名、供职的单位及部门、职务或从事的具体工作等。三个要素都要完整。例如：

主动型的工作式自我介绍："您好！我是张睿，北方葡萄酒公司销售经理。"

被动型的工作式自我介绍："您好！请问您也是北方房地产公司的吗？""对不起，我是北方葡萄酒公司的张睿，负责葡萄酒的推介销售。"

（3）交流式的自我介绍：根据交往对象来进行有重点的介绍，希望对方进一步认识自己、了解自己，并渴望与交往对象建立长久联系，适用于社交活动中。一般包括介绍者的姓名、工作、籍贯、毕业院校、兴趣，甚至与交往对象的某些熟人的关系。例如：

"我是张睿，北方葡萄酒公司销售经理，对外经贸大学 90 级的，和您是校友，对吧？"

（4）礼仪式的自我介绍：常带有欢迎和致意。适用于讲座、报告、演出、庆典、仪式等一些正规而隆重的场合。通常包括姓名、单位、职务，并有一些适当的谦词、敬语。例如：

"各位来宾、各位朋友，大家好！我是东方集团的总经理李明，我代表全体员工热烈欢迎大家光临我们的开业典礼！"

（5）问答式的自我介绍，因问而答。适用于应试、应聘和公务交往。例如：

"请问您怎么称呼？""您好，我叫李明，东方集团的总经理。"

3. 自我介绍的注意事项

（1）顺序

① 职位低者与职位高者相识，职位低者应该先做自我介绍。

② 男士与女士相识，男士应该先做自我介绍。

③ 年长者与年少者相识，年少者应该先做自我介绍。

④ 资历浅与资历深的人士相识，资历浅者应该先做自我介绍。

⑤ 未婚者与已婚者相识，未婚者应该先做自我介绍。

（2）讲究介绍态度

态度一定要自然、友善、亲切、随和，应镇定自信、落落大方、彬彬有礼。既不能唯唯诺诺，又不能虚张声势，轻浮夸张。应表达自己渴望认识对方的真诚情感。任何人都以被他人重视为荣幸，如果你态度热忱，对方也会热忱。语气要自然，语速要正常，语音要清晰。在自我介绍时镇定自若，潇洒大方，有助给人以好感；相反，如果你流露出畏怯和紧张，结结巴巴、目光不定、面红耳赤、手忙脚乱，则会为他人所轻视，彼此间的沟通便有了阻隔。

（3）注意介绍时间

最好能够简洁地进行 1 分钟或不超过 1 分钟的自我介绍。话说得多了，不仅显得啰唆，而且交往对象也未必记得住。为了节省时间，做自我介绍时，还可先递上名片、介绍信加以辅助。

6.2.2 居间介绍礼仪

居间介绍也就是由一位介绍人（第三方）为彼此不认识的双方做一个引见，当好这个介绍人需要注意以下几点。

1. 谁来充当介绍人

（1）社交场合，如家庭宴会、舞会或者家里聚会，介绍人一般应该是女主人。

（2）一般性公务活动有以下几种人充当介绍人：第一种是专职人士，比如公司企业机关的办公室主任、领导的秘书、前台接待、礼仪先生、公关人员等。第二种是对口人员。所谓对口人员，就是假如我这个外人去找你，你就是对口人员，就有义务把我介绍给其他人。第三种是面对贵宾，一般是应该由东道主一方职务最高者出面做介绍，以体现礼仪上的规格对等关系，表现出对客人的一种尊重。

2. 掌握居间介绍的顺序

（1）介绍主人与客人认识时，先介绍主人给客人；若主客方不止一人，在先主后客基础上再按照长幼尊卑依次介绍。

（2）介绍女士与男士认识时，先介绍男士给女士。

（3）介绍职位高者与职位低者认识时，先介绍职位低者给职位高者。

（4）介绍年长者与年轻者认识时，先介绍年轻者给年长者。

（5）介绍已婚者与未婚者认识时，先介绍未婚者给已婚者。

（6）介绍同事、朋友与家人认识时，先介绍家人给同事、朋友。

（7）介绍与会先到者与后来者认识时，先介绍后来者（晚到者），后介绍先到者（早到者）。

3. 居间介绍的方式和内容

（1）一般式。一般式也称标准式，以介绍双方的姓名、单位、职务等为主，适用于正式场合。

（2）简单式。简单式是指只介绍双方姓名一项，甚至只提到双方姓氏而已，适用于一般的社交场合。

（3）引见式。介绍者所要做的是将被介绍者双方引到一起即可，适用于普通场合。

（4）推荐式。介绍者经过精心准备再将某人举荐给某人，介绍时通常会对前者的优点加以重点介绍，通常适合比较正规的场合。

（5）礼仪式。礼仪式是一种最为正规的经人介绍，适用于正式场合。其语气、表达、称呼上都更为规范和谦恭。

6.3 名　片

名片又称卡片，一般为长90毫米、宽55毫米的纸质卡片，上面标示名片持有者的姓名及其所属组织、工作单位和联系方法等信息。现代社会中，名片是新朋友互相认识、自我介绍的最快速有效的方法。交换名片已经成为商业交往的第一个标准官式动作。

礼仪小故事

经典故事：漫不经心的崔董事长

某年4月，新城举行了春季商品交易会，各方厂家云集，企业家们济济一堂。华新公司的徐总经理在交易会上听说衡诚集团的崔董事长也来了，想利用这个机会认识这位素未谋面又久仰大名的商界名人。午餐会上他们终于见面了，徐总彬彬有礼地走上前说："崔董事长，您好，我是华新公司的总经理，我叫徐刚，这是我的名片。"同时，从随身带的公文包里拿出名片，递给了对方。崔董事长显然还沉浸在之前的谈话中，他顺手接过徐刚的名片，说了声"你好"，草草地看过，放在了一边的桌子上。徐总在一旁等了一会儿，并未见这位崔董有交换名片的意思，便失望地走开了。

这位崔董事长对于名片这种交往方式太心不在焉了，他没有认识到他的举动对别人是非常不礼貌的，从而使自己失去了多认识一个朋友的机会，也失去了许多潜在的商机。

点评：

现代社会，名片交换是重要的交际渠道，它可以向对方表示尊重，也可以增进双方了解，在任何时候都应引起重视。参加工作的人，一般都应该有自己的名片，并且应放在适当的地方以便随时取用。外事交往中，一般不宜向人索要名片。自己应在递送本人名片时面带微笑，用右手或双手执名片，注意使名片正面朝着对方，以齐胸的高度，不紧不慢地递送过去，同时可以说明"请多关照""今后常联系"等。在接受他人名片时，更应体现出对他人的尊重。若对方站立，接受者也应起身，双手或以右手郑重地接过对方的名片，并口中称谢，然后，应将对方的名片浏览一遍，有时需要小声读出。最后，应将名片仔细地收藏在名片夹或上衣口袋内。以左手接名片，或接过名片并不看且随手乱放，以及接过他人名片却并不交换自己的名片，都是非常失礼的。在自己没有名片时，可以婉言"对不起，我的名片刚用完"或"抱歉，今天没有带名片"等。规范的名片交换是好的交往的开始。

资料来源：网上人大（中国人民大学网络教育），http://www.cmr.com.cn.

6.3.1 名片的类别

按照名片的使用目的可分为：

1. 商业名片

商业名片是指为公司或企业进行业务活动中使用的名片。名片的使用大多以营利为目的。商业名片的主要特点为：名片常使用标志、注册商标、印有企业业务范围，大公司有统一的名片印刷格式，使用较高档纸张，名片没有私人家庭信息，主要用于商业活动。

2. 公用名片

公用名片是指为政府或社会团体在对外交往中所使用的名片。名片的使用不是以营利为目的。公用名片的主要特点为：名片常使用标志、部分印有对外服务范围，没有统一的名片印刷格式，名片印刷力求简单实用，注重个人头衔和职称，名片内没有私人家庭信息，主要用于对外交往与服务。

3. 个人名片

个人名片是指朋友间交流感情，结识新朋友所使用的名片。个人名片的主要特点为：名片不使用标志、名片设计个性化、可自由发挥，常印有个人照片、爱好、头衔和职业，名片使用的纸张可根据个人喜好；名片中含有私人家庭信息，主要用于朋友交往。

6.3.2　名片设计

名片如同职场人士及其所属组织对外交往的“脸面”，在保证必要信息顺利传递的同时还要求美观大方，符合名片主人及所属组织的行业及身份特点。设计精美的名片让人爱不释手，即使与接受者交往不深，别人也乐于保存；设计普通的名片则只能用来交流，在普通的应酬后很可能被人遗弃，不能发挥它应有的功效。

1. 名片的必要信息

名片的必要信息通常包括：

（1）名片持有人的姓名及职务；

（2）名片持有人的单位及地址；

（3）名片持有人的通信方式；

（4）名片持有人的业务领域。

2. 美化和修饰方法

（1）文字设计表现。文字设计的题材来源有：公司中英文全名、中英文字首、文字标志等；字形则包罗万象，比如说设计的字形、篆刻的字形、传统的字形等。在设计名片时，行业常影响文字造型的表现方式，例如，软笔字体适合应用在茶艺馆上。另外，要注意字体与书面的配合，来营造版面的气氛，将名片塑造成另一种新视觉语言。

（2）色彩的设计表现。个人休闲社交的名片可以比较个性，色彩选择讲求个性化，不从俗，但若作为正式场合使用的公务名片，色彩的组合最好和公司的企业形象统一起来，多选择一些稳重大方、容易令人产生信赖感的颜色，比如说灰色、白色和米色等。

（3）饰框、底纹的设计表现。饰框、底纹既然是以装饰性为主要目的，在色彩应用上就要以不影响文字效果为原则；将主、副关系区别开来，名片才能让人产生美观而又主题明晰的感觉。否则，文字与饰框、底纹会有混在一起的情况，形成看读上的反效果。

6.3.3　名片交换

1. 准备工作

准备工作非常重要，这一工作做得是否充分将直接影响到商务活动。应在平时多留意自己的名片是否够用，身上要随身携带一定数量的名片，不够时应及时补充，不要在临用时又匆忙去做。

名片的质量非常重要，名片要保持干净整洁，切不可出现褶皱、破烂、肮脏、污损、涂改的情况。

名片的放置位置：最好准备专用的名片夹来放置名片，也可以放在公文包或上衣口袋内。在办公室应选择放在名片架或办公桌上，切不可随便放置在钱包、裤袋内，以免在找名片的时候手忙脚乱，这样给别人的印象非常不好，会显出你做事情没有条理。

2. 递交名片

（1）要注意查看对方意愿。名片不是大街上的传单，逢人就派发，所以除非自己想主动与人结识，否则递交名片务必要在交往双方均有结识并建立联系的意愿的前提下发送。现实中这种意愿的表达往往会通过“幸会”“认识你很高兴”等一类谦语以及表情、体姿等非语言符号体现出来。

（2）要注意把握时机。发送名片要掌握适宜时机，只有在确有必要时发送名片，才能令名片发挥功效。发送名片一般应选择初识之际或分别之时，不宜过早或过迟。不要在用餐、欣赏戏剧、跳舞之时发送名片，也不要在大庭广众之下向多位陌生人发送名片。

（3）要讲究顺序。如果是对多人派发名片时不可厚此薄彼，单独冷落其中一部分人。最佳方法是由近而远、按顺时针或逆时针方向依次发送。如果确因名片数量不够，应该真诚地向未派发到的人士说明并致歉。

（4）派发时要礼貌自然。一般要求先打招呼，即在递上名片前应当先向接受名片者打个招呼，令对方有所准备，不要冷不丁地跑到对方面前就给人递名片。比较合适的做法，比如可先做一下自我介绍，也可以说声“对不起，请稍候”“可否交换一下名片”之类的提示语。

（5）态度要真诚谦恭，动作标准。递交名片时标准的做法应该是起身站立主动走向对方，面含微笑，上身前倾15°左右，以双手或右手持握名片，举至胸前，并将名片文字正面朝上面对对方，同时说声“请多多指教”“欢迎前来访问”等礼节性用语。切勿以左手持握名片。递交名片的整个过程应当谦逊有礼，郑重大方。

3. 接受名片

（1）接受名片要专注。接受他人名片时，不论有多忙，都要暂停手中一切事情，并起身站立相迎，面含微笑，双手接过名片，以表示对对方的尊重。切忌用单手随意接过。

（2）接过名片要阅读。接过名片后，先向对方致谢，然后仔细地把名片从头至尾完整默读一遍。若遇有显示对方荣耀的职务、头衔不妨轻读出声，或者向对方强调提出，以示尊重和敬佩。例如，“王总，都知道您在商界是个经营奇才，没想到您还是北京大学的管理学博士。”若碰到对方名片上的内容不明，比如对方姓名中有非常见字，切不可不懂装懂，可当场请教对方。

（3）看完名片要精心存放。切勿将他人的名片随意乱丢乱放、乱揉乱折，而应将其谨慎地置于名片夹、公文包、办公桌或上衣口袋之内。为了不乱中出错，应与本人名片区别放置。

（4）礼尚往来。接受了他人的名片后，一般应当即刻回给对方一张自己的名片。没有名片、名片用完了或者忘了带名片时，应向对方做出合理解释并致以歉意，切莫毫无反应。

4. 索要名片

（1）交换式。向对方提议交换名片，主动先递上本人名片。

（2）委婉式。向尊长索取名片，可以说“今后如何向您老请教”；向平辈或晚辈索要名片，可以说“以后怎样与您联系”。

另外，当他人索取本人名片，而自己又不想给对方时，应用委婉的方法表达此意。可以说“对不起，我忘了带名片”“抱歉，我的名片用完了”。若本人没有名片，也没必要明说，可以用这种方法表述。

5. 名片的管理和保存

（1）当你和他人在不同场合交换名片时，务必详尽记录与对方会面的人、事、时、地、物。交际活动结束后，应回忆复习一下刚刚认识的重要人物，记住他的姓名、企业、职务、行业等。第二天或两三天后，主动打个电话或发个电邮向对方表示结识的高兴，或者适当地赞美对方的某个方面，或者回忆你们愉快的聚会细节，让对方加深对你的印象和了解。

（2）对名片进行分类管理。你可以按地域分类，比如按省份、城市；也可以按行业分类；还可以按人脉资源的性质分类，比如同学、客户、专家等。

（3）养成经常翻看名片的习惯。工作的间隙，翻一下你的名片档案，给对方打一个问候的电话，发一个祝福的短信等，让对方感觉到你的存在和对他的关心与尊重。

（4）定期对名片进行清理。将你手边所有的名片与相关资源数据做全面性整理，依照关联性、重要性、长期互动与使用概率、数据的完整性等因素，将它们分成三类：第一类是一定要长期保留的；第二类是不太确定，可以暂时保留的；第三类是确定不要的。当确定不要时要销毁，不可随处乱扔。

礼仪小博士

西方人的名片巧用

西方人在使用名片时通常写有几个法文单词的首字母，它们分别代表如下不同含义。

（1）P. P.（Pour Presentation）：意即介绍，通常用来把一个朋友介绍给另一个朋友。当你收到一个朋友送来左下角写有“P. P.”字样的名片和一个陌生人的名片时，便是为你介绍了一个新朋友，应立即给新朋友送张名片或打个电话。

（2）P. f.（Pour Felicitation）：意即敬贺，用于节日或其他固定纪念日。

（3）P. c.（Pour Condoleance）：意即谨唁，在重要人物逝世时，表示慰问。

（4）P. r.（Pour Remerciement）：意即谨谢，在收到礼物、祝贺信或受到款待后表示感谢。它是对收到“P. f.”或“p. c.”名片的回复。

（5）P. P. c.（Pour Prendre Conge）：意即辞行，在分手时用。

（6）P. f. n. a.（Pour Feliciter Lenouvel An）：意即恭贺新禧。

（7）N. b.（Nota Bene）：意即请注意，提醒对方注意名片上的附言。

资料来源：百度贴吧。

6.4 握　　手

握手最早发生在人类刀耕火种的年代。在狩猎和战争时，人们手上经常拿着石块或棍棒等武器。当他们遇见陌生人时，如果大家都无恶意，就要放下手中的东西，并伸开手掌，让对方抚摸手掌心，表示手中没有藏武器。这种习惯逐渐演变成今天的“握手”礼节。

握手在今天已经演绎成为一种重要的常用礼节，用来表达人在相见、离别、恭贺或致谢时相互之间的情谊。双方往往是先打招呼，后握手致意。

6.4.1 握手的顺序

总体的顺序是尊者先伸手、主人先伸手。伸手先后顺序应根据握手人双方的社会地位、年龄、性别和宾主身份来确定。一般遵循“尊者决定”的原则，即尊者先伸手。握手的基本顺序是：在平辈的朋友中，相见时先出手为敬；在长辈与晚辈之间、男女之间、上级与下级之间、主人与客人之间行握手礼时，应该是长辈、女士、上级、主人先伸手，晚辈、下级、男士、客人先问候再伸手相握；男女之间如女方无握手之意，男方可点头或鞠躬致意，倘若男方是长辈、上级先伸手也是可以的；客人辞行时，应是客人先伸手表示告别以及对主人款待的感谢，主人才能握手相送，否则有逐客之嫌。

在社交或商务、公务场合，当别人未按先后顺序的惯例而已经伸出手时，都应毫不迟疑地立即回握，拒绝别人的握手和对已经表达出来的友好不予理睬，是极为不礼貌的。

6.4.2 握手的方法

（1）握手时一定要用右手，这是约定俗成的礼貌。在一些东南亚国家，如印度、印度尼西亚等，人们不用左手与他人接触，因为他们认为左手是用来洗澡和上卫生间的。如果是双方握手，应等双方右手握住后，再将左手搭在对方的右手上，这也是经常用的握手礼节，以表示更加亲切，更加尊重对方。握手的标准姿势如图 6-1 所示。

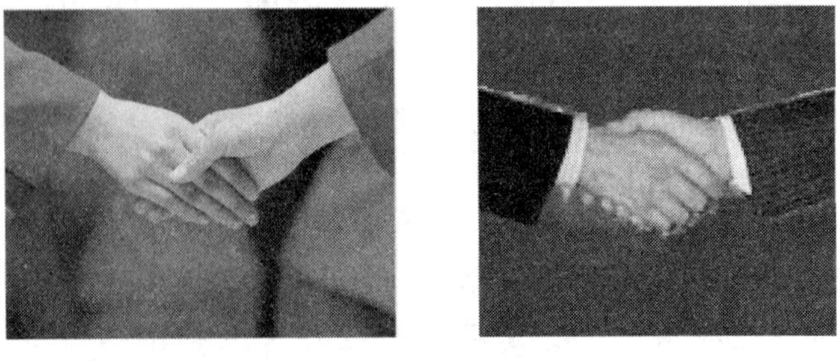

图 6-1　握手的标准姿势

（2）要适度握紧对方的手以显示你对他的尊重和交往诚意，时间一般以3秒左右为宜。当然，过紧地握手甚至让对方感到疼痛或感觉被压制，或是只用手指部分漫不经心地接触对方的手都是不礼貌的，如图6－2所示。

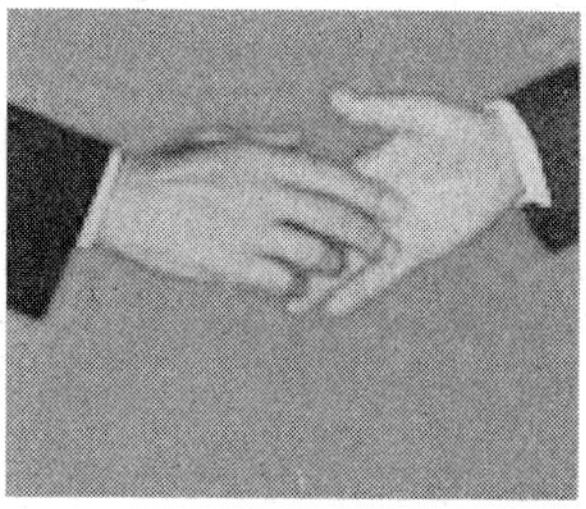

图6－2　错误的握手

（3）被介绍之后，最好不要立即主动伸手。年轻者、职务低者被介绍给年长者、职务高者时，应根据年长者、职务高者的反应行事，即当年长者、职务高者用点头致意代替握手时，年轻者、职务低者也应随之点头致意。和年轻女性或异国女性握手，一般男士不要先伸手。

（4）握手时，年轻者对年长者、职务低者对职务高者都应稍稍欠身相握。有时为表示特别尊敬，可用双手迎握。男士与女士握手时，一般只宜轻轻握女士手指部位。男士握手时应脱帽，且切忌戴手套握手。

（5）握手时双目应注视对方，微笑致意或问好，多人同时握手时应按顺序进行，切忌交叉握手。

（6）在任何情况拒绝对方主动握手要求的举动都是无礼的，但手上有水或不干净时，应谢绝握手，同时必须解释并致歉。

（7）握手时首先应注意伸手的次序。在和女士握手时，男士要等女士先伸手之后再握，如女士不伸手，或无握手之意，男士则点头鞠躬致意即可，而不可主动去握住女士的手；在和长辈握手时，年轻者一般要等年长者先伸出手再握；在和上级握手时，下级要等上级先伸出手再趋前握手。另外，接待来访客人时，主人有向客人先伸手的义务，以示欢迎。

（8）在握手的同时要注视对方，态度真挚亲切，切不可东张西望，漫不经心。如果是一般关系、一般场合，双方握手时稍用力握一下即可放开。如果关系亲密、场合隆重，双方的手握住后应上下微摇几下，以体现出热情。如果男士同女士握手，一般只轻握女士的手指部分，不宜握得太紧太久。

（9）握手之前要把手套和帽子摘掉。若实在来不及脱掉，应向对方说明原因并表示歉意。不过在隆重的晚会上，女士如果是穿着晚礼服并戴着装饰性的丝质、纱质手套或者礼帽可不必脱下。

礼仪小故事

握手演示

历史性的握手

1971年7月，基辛格博士秘密访华时特别注意握手的礼仪。他在其回忆录《白宫岁月》中写道：“9日下午4时，周恩来来到宾馆，我在宾馆门口迎接他，特意地把手伸出来。周恩来微笑和我握手。这是将旧日嫌隙抛到脑后的第一步。”

尼克松总统在回忆自己首次访华在机场与周总理的见面时说：“当我从飞机舷梯上走下来时，决心伸出我的手，向他走去。当我们的手握在一起时，一个时代结束了，另一个时代开始了。”

据基辛格回忆，当时尼克松为了突出这个“握手”的镜头，还特意要求包括基辛格在内的所有随行人员都留在专机上，等他和周恩来完成这个“历史性的握手”后，才允许他们走下飞机。

点评：

握手是世界上通行的一种见面礼仪。一个得体的握手，可以表达出欢迎、祝贺、慰问、鼓励、感谢等多种深意。在外交上它时常被赋予多种政治含义。在现代商业社会，见面握手承载着丰富的交际信息，因此，我们要认真学习使用握手礼仪。

6.5 方　　位

不论是人际交往还是重要的礼仪场合，前后左右等方位都有着上下主次之分。方位与次序的安排体现了对宾客的礼遇。中国古代讲究阴阳，以南为上，与此同时，古人还尚东，习惯以东为上、西为下。这一观念对传统的方位礼仪有着重要影响，现代人以前为上，以右为尊，以中为上，这些原则在不同场合中得到了灵活的运用。

6.5.1 商务活动中的方位礼仪

如宴请时，以主人的位置为准，第一主宾安排在主人的右方，第二主宾安排在主人的左方。举行会议时，主席台位次的排列也同样是“以右为尊”，连演讲台被安放在主席台的右前方，也是体现对发言者的礼遇。

6.5.2 行进中的位次礼仪

并排前进时，主人居左，客人居右；男士居左，女士居右；下级居左，上级居右。

前进时，让尊者在前，以示敬意，但需要引路时，则可侧身于尊者的左前方，不要直接挡在尊者的前面。同样，上楼时，尊者在前；下楼时，尤其是楼梯较陡的时候，应让尊者在后。

若有三人同行，以中间为尊，尊者右手其次，尊者左边最次。

在搭乘电梯时通常有两种情况：当有电梯管理员时坚持让尊者、客人、女士、上级等先进先出；当没有电梯管理员时，一般是下级、主人、男士先进电梯，用手护挡住电梯活动门，然后再用手势请尊者、客人、女士、上级进入电梯。

6.5.3 乘车的位次礼仪

坐轿车时的方位是以驾车者身份而定的。当专职驾驶员驾车时，后排右座因安全系数最高，为最尊位；当主人亲自驾车时，副驾驶位于主人右手侧，最方便和主人进行沟通，所以通常为第一尊位。具体位次安排如图 6-3 至图 6-6 所示。

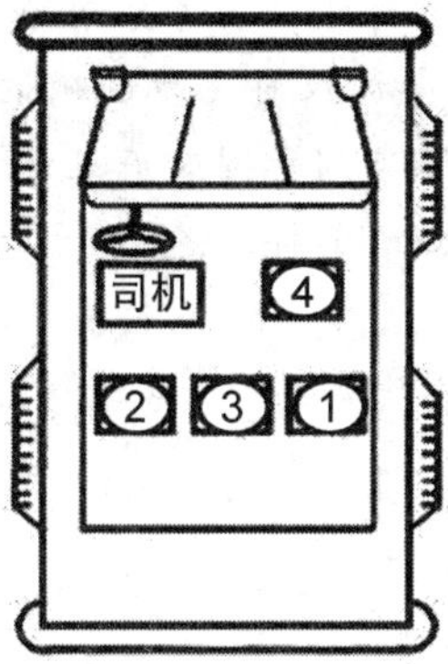

图 6-3　双排座轿车司机驾驶时座次

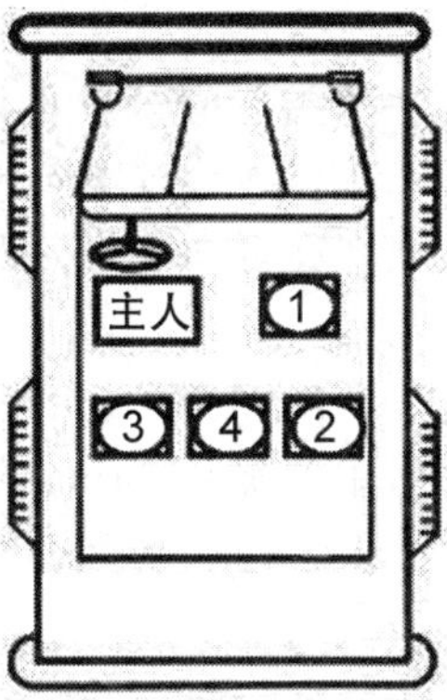

图 6-4　双排座轿车主人驾驶时座次

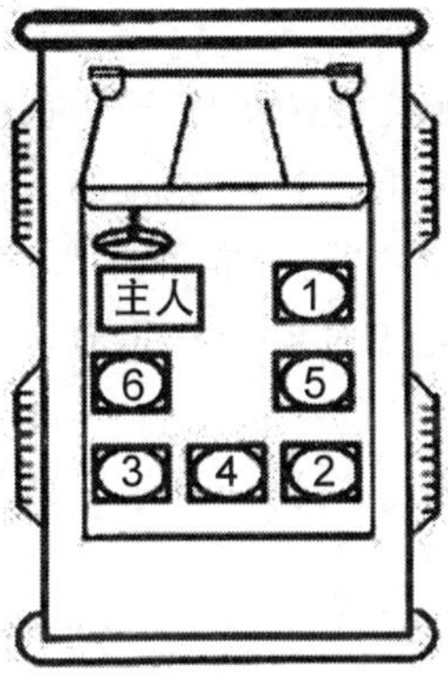

图 6-5　三排座轿车主人驾驶时座次

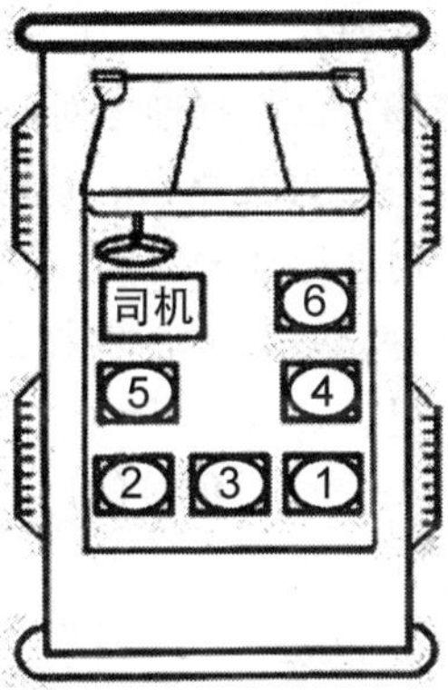

图 6-6　三排座轿车司机驾驶时座次

礼仪小故事

怎么可能让你中标？

泰国某政府机构为泰国一项庞大的建筑工程向美国工程公司招标，筛选出 4 家候选公司。后泰国招标代表团到美国去与各家公司商谈。代表团到达芝加哥时，那家工程公司由于忙中出错，又没有仔细复核飞机到达时间，未能去机场迎接泰国客人，泰国代表团自己找了一家旅馆住下。他们打电话给那位局促不安的美国经理，在听了他的道歉后，泰国人同意在第二天 11 时在经理办公室会面。第二天，美国经理按时到达办公室等候，直到下午三四点才接到客人的电话说："我们一直在旅馆等候，始终没有人前来接我们。我们对这样的接待实在不习惯，无论如何也不能接受这样的公司中标，我们已订了下午的机票飞赴下一目的地。再见！"

点评：

商务来往的接待一定要细致、热情、周到，要多站在对方立场考虑问题。在此故事中：(1) 芝加哥的工程公司应提前了解并核实泰国政府来访人员飞机的确切抵达时间，派人到机场迎接，并为对方安排好住宿；(2) 第二天应派车到泰国政府来访人员下榻的宾馆将其接到本公司来谈判，因为泰国政府来访人员不知道怎样到芝加哥工程公司所在的地址。

资料来源：【美】罗杰·王·阿克斯特尔．世界礼仪大观——待客之道．孙铢，译．上海：上海译文出版社，1998.

技能操作

操作内容：商务迎送

1. 操作标准

（1）能够提前根据迎送对象和本公司、机构的关系和交往历史确定好迎送的规格。

（2）在确定好规格后，能够迅速组织相应的接待小组，获取客人的行程资料，各司其职，分别进行迎送时间、交通、宴席、住宿等方面的协调和准备。

（3）在迎送现场，能够按照礼仪规范得体地称呼交往对象、礼貌地进行自我介绍或者居间介绍。

（4）在与交往对象接触时，能始终按照礼仪标准表示关爱和尊重，能够熟练地运用握手、方位等礼仪。

2. 操作示范

迎送礼仪是商务交际中的必要一环，虽然迎送活动的规格有高低、仪式有简繁，但任何一次接待活动都不能缺少礼仪，这其中也同样有许多公关人员所必须掌握的规范与技巧。

（1）确定迎送规格

确定迎送规格，主要依据来访者的身份和访问目的，适当考虑双方关系，同时要注意国际惯例，综合平衡。迎送规格一般应遵循对等或对应原则，即主要的迎送人员应与来宾的身份相当或对应。若由于种种原因，主方主要人员不能参加迎送活动，使双方身份不能完全对等或对应，可以灵活变通，以对口原则，由职务相宜人员迎送，但应及时向对方做出解释，以免误解。

为了简化迎送礼仪，目前主要迎送人员更多地在来宾下榻的宾馆（或饭店）迎接或送别，而另由职务相宜人员负责机场（或车站、码头）的迎送。

（2）迎送前的准备

① 了解来宾抵离的准确时间。接待工作人员应当准确了解来宾所乘交通工具的航班号、车次以及抵离时间，做好接站（或送站）准备。

接站、送站前应保持与机场（或车站、码头）的联系，随时掌握来宾所乘航班

（或车次）的变化情况，如有晚点，应及时做出相应安排。

接站时迎候人员应留足途中时间，提前到达机场（码头或车站），以免因迟到而失礼。

② 排定乘车号和住房号。如果来宾人数较多，为了在接站时避免混乱，应事先排定乘车号和住房号，并打印成表格。在来宾抵达后，将乘车表发至每一位来宾手中，使之明确自己所乘的车号。同时，也便于接待人员清点每辆车上的人数。住房表可随乘车号一同发放，也可以在前往下榻宾馆的途中发放。住房表可以使来宾清楚自己所住的房间，也便于来宾入住客房后相互之间的联系。

③ 安排好车辆。根据来宾和迎送人员的人数以及行李数量安排车辆。乘车座位安排应适当宽松，正常情况下，附加座一般不安排坐人。如果来宾行李数量较多，应该安排专门的行李车。如果是车队行进，出发前应明确行车顺序，并通知有关人员，以免行进中发生错位。

（3）迎送环节

① 介绍。主客双方见面时应互相介绍。按通常礼仪，应先把主人介绍给来宾，然后再把来宾介绍给主人，介绍顺序以职务的高低为先后。介绍人可由双方职务最高者或工作人员担任。如果主宾双方职务最高者本已认识，则最好由他们分别依次介绍各自人员，也可以由双方的工作人员介绍。介绍形式一般以口头介绍为主，如果人数不多，也可以用互换名片的形式。

② 陪车。客人抵达后，从机场到住地以及访问结束由住地到机场，有的安排主人陪同乘车，也有不陪同乘车的。如果主人陪车，应请客人坐在主人的右侧。如是三排座的轿车，译员坐在主人前面的加座上；如是两排座，译员坐在司机旁边。上车时，最好客人从右侧门上车，主人从左侧门上车，避免从客人座前穿过。遇客人先上车、坐到了主人的位置上，则不必请客人挪动位置。

如果陪客人同乘一辆车，要首先为客人打开轿车的右侧后门，并以手掌挡住车门上沿，提醒客人不要碰头，等客人坐好后方可关门。最后，公关人员应绕过车尾从左侧后门上车。

轿车上的座次有主次尊卑讲究。在中国的传统礼仪中认为，车上最尊贵的位置是后排与司机的座位成对角线的座位，即后排右座。其余座位的主次尊卑次序是：后排左座、后排中座、前排右座。简言之，即右为上，左为下；后为上，前为下。如果客人随便坐在哪个座位上，这个座位就是上座，接待人员不要去纠正。如果两人乘车，可坐在后排；若三人乘车，而且是同性，可以前排坐一位，后排坐两位；如果三人男女皆有，那么可以全部坐在后排；一男二女的情况下，女士坐一侧，男士坐另一侧；二男一女的情况下，宜请女士居中，男士分别坐在两侧。抵达目的地时，接待人员要先下车，从车尾绕过去为客人打开车门，以手挡住车篷上沿，协助其下车。

但要注意的是，在开车门护顶时必须注意有两种客人不能护顶：一种是信仰佛教的，他们认为手挡在头顶上会挡住佛光；另一种是信仰伊斯兰教的客人。判断这两种客人，应根据客人的衣着、行为举止和工作经验，如无法判断，可把手抬起而不护顶，但随时准备护顶。

③ 提取、托运行李。如果来宾行李较多，应安排专门工作人员负责清点、运送行李并协助来宾办理行李的提取或托运手续。提取行李时如需等候，应让迎宾车队按时离开，留下有关人员及行李车装运行李；送行时，如果来宾需交付托运的行李较多，有关人员应随行李车先行，提前办理好托运手续，以避免主宾及送行人员在候机（车、船）厅等候过久。

④ 注意与宾馆（饭店）的协调。来宾下榻在宾馆（饭店），生活安排是否周到、方便与宾馆（饭店）的服务水平密切相关，来宾抵离宾馆（饭店）时具体事务较多，更应做好有关事项的协调衔接。

当重要来宾抵离时，接待工作人员应及时通知宾馆（饭店），以方便宾馆（饭店）组织迎送、安排客房、就餐和进出行李等。来宾入住客房，以便捷、迅速为原则，重要来宾、人数较多的代表团更是如此。为了避免来宾抵达后聚集大厅长时间地等待，接待工作人员应与宾馆（饭店）主动联系，密切配合，进行过细的安排。通常住房安排表在抵达住地前发给每位来宾，使其清楚自己入住的房号。在宾馆（或饭店）迎宾处设领钥匙处，来宾抵达时，根据他们自报的房号分发住房钥匙，也可以在保证安全的前提下事先打开房门，使来宾抵达后直接进房。不论采用何种形式，主宾入住客房应有专人陪同引导。来宾入住登记或离店手续，可在适当时间由接待人员协助办理。

来宾进店时应通知行李房，及时将来宾行李分送各人房间或集中送到某一房间；来宾离店前，应和行李房约好出行李的时间，出行李应适当提前，以免发车前主宾和送行人员长时间等待。

学生训练

运用判断

1. 与人握手时，男士应把手套摘下来，而女士可戴着装饰性手套与人握手。

2. 接过对方名片，说声“谢谢”后把名片收好。

3. 迎接客人时应主动帮客人拿公文包或手提包。

4. 进出门时主人要为客人引路，轻轻推门，在门那边等候客人。残疾人、老人、行动不便者、提重物者以及客人优先。

5. 上下级握手，下级要先伸手，以示尊重。

6. 迎送中，乘车时应请客人坐在主人的右侧，翻译人员坐在司机旁边。

7. 对座位的排列我国的传统是以右为尊。

8. 小张在修自行车，见到领导过来，赶紧把手在衣服上搓了搓上前跟领导握手。

案例分析

【案例1】

情景1：甲男甲女两白领在门口迎候来宾。

一辆轿车驶到，来宾陈总经理下车。甲女上前，道："陈总，您好！"并呈上自己的名片。又道："陈总，我叫李菲，是永安集团公关部经理，专程前来迎接您。"陈总经理表示感谢。甲男上前："陈总好！您认识我吧？"陈总点头。甲男接着道："那你还记得我叫什么名字？"陈总经理尴尬不堪。

情景2：某代表团来华访问，在华期间的接待活动受到精心照顾，但代表团团长却说："你们的工作做得非常好，但有一位先生似乎对我有意见。"语毕，对方用眼神示意坐在邻桌的一个小伙子。谁知询问此事时，小伙子一边矢口否认一边也觉得很委屈。原来他与对方握手时，因为腼腆只是象征性地轻轻握一下，并且在握手时眼睛还看着其他地方，就是这个细节让代表团团长很不开心。

问题：请分别分析上述两个情景中，商务往来礼仪有何不妥之处？

【案例2】

一位外经贸委的处长王女士被外派随团出访，前去欧洲开展招商引资工作。出国之前她忘记了重新印制一套名片，所以，每次送名片的时候，都要临时用钢笔加注新的电话号码和地址。半个月跑下来，王女士筋疲力尽，却未见有外商与其有过实质性接触。

问题：为何外商没有和王女士接触？

【案例3】

王露是太平洋盈科电脑城的一个小职员，去年毕业。说起职场称呼，她满脸兴奋道："我应聘时就是因为一句称呼转危为安的。"去年应聘时，由于她在考官面前太过紧张，有些发挥失常，就在她从考官眼中看出拒绝的意思而心灰意冷时，一位中年男士走进了办公室和考官耳语了几句。在他离开时，她听到人事主管小声说了句"经理慢走"。那位男士离开时从王露身边经过，给了她一个善意鼓励的眼神，王露说自己当时也不知道哪儿来的灵光一闪，忙起身，毕恭毕敬地对他说："经理您好，您慢走！"她看到了经理眼中些许诧异，然后他笑着对自己点了点头。等她再坐下时，她从人事主管的眼中看到了笑意……后来她顺利地得到了这份工作。人事主管后来告诉她，本来根据她那天的表现，是打算刷掉她的，但就是因为她对经理那句礼貌的称呼让人事部门觉得她对行政客服工作还是能够胜任的，所以对她的印象有所改观，给了她这份工作。

问题：王露为什么能最终面试成功？这个案例对你有什么启发？

【案例4】

情景一：

张先生住某酒店，在大堂、客房、餐厅、商务中心等处，服务员见到他都亲切地问候："你好！"开始张先生亲切微笑，点头回礼，后来却面无表情，甚至反感，服务员都很茫然不知所措。

情景二：

著名美籍华裔舞蹈家孟先生一次入住上海金沙江大酒店。当他第一次到达大酒店时，站在门口的迎宾服务员立刻向他微笑致意："您好！欢迎光临我们酒店。"第二次孟先生来酒店时，服务员已经认出他来了，边行礼边热情地说："孟先生，欢迎您再次到来，我们经理已有安排，请上楼。"并随即陪同孟先生上了楼。时隔数日，当孟先生第三次踏入酒店大厅时，那位服务员脱口说出："欢迎您第三次光临，我们酒店感到十分荣幸。"事后，孟先生对酒店负责人说："贵酒店的服务员很不错，不呆板、不机械，你们的服务水平很高嘛。"

资料来源：陈萍．最新礼仪规范．北京：线装书局，2004.

问题：上述两个情景中的两名客人在入住酒店时的际遇对我们有什么启示？

演练考核

1. 介绍礼仪演练

首先，进行每人一分钟的自我介绍展示；然后，在教师指导下，学生分组自主进行情境设计来展示居间介绍礼仪，按照所学介绍礼仪要求进行演练；最后，由任课教师对小组表现进行点评。要求：

（1）精力集中；

（2）面带微笑；

（3）称呼准确；

（4）语言得体；

（5）顺序正确；

（6）辅助手势优雅。

2. 综合演练

所需物品：多媒体实训室，摄像机。

通过小品剧的方式，让多名同学组成小组，综合运用本章所学到的称呼、名片、介绍、握手、方位、迎送等相关礼节知识进行情境设计，通过剧情的巧妙串联将所学展现出来。整个小品过程用摄像机摄录下来，最后回放，由教师和学生对小品中每位成员的表现做出评定。

3. 礼仪小品示例：商务接待礼仪

角色分配

旁白：2 人

甲方：张总经理

庄秘书

客房部徐经理

餐饮部王经理

翁姓领班

严姓顾客

礼仪小姐兼服务员 2 人

乙方：施总裁

陈秘书

背景资料

美国国际大酒店施总裁到总部直属的国际大酒店杭州分店视察，杭州分店准备各项接待工作。

进程：上午 10 点，杭州分店的张总经理和庄秘书已从机场把施总裁接至酒店门口，各部门经理已在大门口恭迎。车至杭州分店门口，庄秘书先下车，打开后座施总裁的车门。

剧本内容

庄：总裁，请。

施：好。

（庄秘书又打开后座总经理的车门）

庄：经理，请。

（总经理走至总裁面前，面带微笑）

张：这就是美国国际大酒店杭州分店，欢迎总裁莅临指导。（总裁和总经理边说边走至在酒店门前，徐经理和王经理在大门恭迎）

张：这是我们的客房部徐经理。

（总裁伸手，客房部经理伸手，握手）

施：你好！

徐：总裁您好，一路辛苦了！

张：这是餐饮部王经理。

（总裁伸手，餐饮部经理伸手。）

施：你好！

王：总裁您好！

（介绍完毕）

庄：经理，我们准备好了午餐，你看是否现在可以就餐了呢？

张：（看了一下手表）总裁一路辛苦，让我们为您接风洗尘，在三楼主餐厅准备好了午餐。

施：好。

庄：请这边走。

（走至大厅时，两位礼仪小姐面带微笑，当他们走至面前时）

两位礼仪小姐：欢迎光临！（鞠躬）

（一行人向三楼主餐厅走去）

王：这是我们的西餐厅，有来自各国的经典咖啡。

施：好，进去看看。

王：这是大厅，旁边还有五间不同风格的小厅，这个小厅主要经营法国巴黎的咖啡，这厅主要经营来自希腊的咖啡，这厅主要经营来自夏威夷的咖啡。

施：嗯，设计也不错，这里的顾客反映如何？

王：这几个厅顾客反映都很满意，尤其是这间蓝山咖啡厅，几乎每天都客满，效益非常好。

施：哦，不错。（点头，微笑）

王：再过去就是主餐厅，我们在那里为你准备好了午餐。

（从西餐厅走出来，进入主餐厅）

（庄秘书把总裁领到就餐桌前，餐桌上已经摆好了酒杯、盘子、葡萄酒，庄秘书为总裁拉开椅子）

庄：总裁，您请坐。

施：好。

庄：经理，您请坐。（为总经理拉开椅子）

（王经理和徐经理陆续入座）

（两名服务员上了酒菜）

（庄秘书走至总裁左边，为总裁倒上酒）

庄：这葡萄酒是法国著名的波旁葡萄酒，色香味俱全，而且已经珍藏了 20 年了。

（庄秘书为总经理、徐经理、王经理倒满酒，坐回座位）

（张总经理起立，举着酒杯）

张：总裁，先让我代表公司全体员工敬您一杯，祝您视察愉快，并提出宝贵意见。

（总裁起立，举起酒杯）

施：好，我也祝愿我们的员工作顺利，我们的公司蒸蒸日上。干杯！

（王经理、徐经理起立，大家一起干杯，大家一一坐下）

（这时服务员又上了一道菜）

徐：这是我们杭州的特色菜“东坡肉”。

施：为什么叫“东坡肉”？

徐：相传在宋代，著名词人苏东坡在杭州担任刺史时颇受人们的爱戴和尊崇，为了表达百姓对他的尊敬，人们馈赠猪肉给他，因此东坡府里有许多猪肉收藏着。有一天，苏东坡去一工地视察民工的情况，把那些猪肉放在大锅里煮熟分给民工吃。那时对这些民工来说能吃上一餐肉是很难得的，所以感觉味美可口，回味无穷。为了歌颂苏东坡为官清正、关心人们疾苦的美德，故而把这道菜称为“东坡肉”，流传至今，成为杭城一道名菜。

施：哦，这传说真美，吃起来肯定更美。

庄：这东坡肉吃起来醇而不腻。总裁，您先尝尝。

施：好。

（这时，服务员又上了一道菜）

王：这就是有名的“西湖醋鱼”。

陈：哦，我早就听说过“西湖醋鱼”，就是从来都没吃过，今天可都让我们大饱口福了。

张：大家都别客气，多吃点。

（就餐完毕，秘书领着总裁来到休息室，秘书倒茶）

庄：总裁，您喝茶，先好好休息一下。

施：好的。

（下午2:00，进入会议室，各部门汇报业绩，总经理做总结；下午4:00，总经理带领到客房部视察；一行人来到402客房门前，听到有争吵声）

施：敲门。

（领班开门）

严：好，你们来得正好，我明明放在化妆台上的戒指怎么会一下子不见了，我只不过是才出去走了几分钟。你们这里的服务员是怎么整理房间的啊？

陈：请您先冷静一下，您确定放在那里了吗？

严：我就是放在那里的啊。你就知道冷静冷静，现在怎么叫我冷静得下来啊，你知道它有多大的价值、有多大的纪念意义吗？

陈：我知道，我知道。我们一起好好找找看，先别急，会急坏身子的。

徐：这位女士，如果是我们的服务员疏忽弄丢了您的戒指，我们一定对他们进行应有的处罚，但是请您再仔细找找，让我们的服务员也一起帮您找，我们保证给您满意的答复。

翁：啊，找到了，找到了，在这里。就在这垃圾桶里。

领班（来到顾客面前）：这枚就是您丢的戒指吧？

严：啊，就是这枚，太好了，太好了，总算找到了，谢天谢地。

翁：可能是你刚才把它包在面巾纸里放在桌上时，不小心拿它当垃圾一起扔到垃圾桶里去了。

严：哦，好像是的，我洗手时把它脱掉后就包在面巾纸里，幸好你找得仔细。真是虚惊一场。

翁：找到就好。

庄：风雨过后就会有彩虹，事情顺利解决了，希望您在这里住得开心。

张对陈：你们以后要细心点。

翁对陈：你去忙你的吧。

（总裁面带微笑，点了一下头）

（然后由总经理带领出了 402 客房，继续视察）

谢幕。

任务 7　商务活动礼仪

知识树

任务驱动

1. 目标要求

- ◆ 掌握宴请礼仪、赴宴礼仪、中餐礼仪、西餐礼仪、舞会礼仪和馈赠礼品礼仪的主要内容；
- ◆ 熟悉宴请的各项筹备工作程序，中餐和西餐的席位座次排序、上菜顺序、进餐礼仪；
- ◆ 熟悉赠送礼品和参加舞会的各项要求和注意事项。

2. 任务导入

2025 年新年在即，和平饭店要举行一场宴会，以此增进与新老客户的友谊。公关部是这次活动的具体组织者，拟定于12 月 20 日在本酒店的行政楼层的贵宾俱乐部进行。受邀参加宴会的都是和平饭店的重要客户。假设你是公关部经理，你将如何策划并成功举办这场宴会?

知识掌握

7.1　宴请礼仪

7.1.1　概述

1. 商务宴请的特点

与日常的朋友间的聚餐相比，商务宴请更显隆重或庄重，呈现出以下特点。

（1）以谈为主、吃为辅

这是由宴请活动本身的目的所决定的。商务宴请的主办方想通过各种形式的宴会来加强与参加者的关系，宴请仅仅是途径、是媒介，其背后的种种社交才是活动举办的本意。

（2）讲礼仪，守规范，塑形象

商务宴请是比较隆重的商务社交活动，无论是宴会的组织者，还是参加者，都会不约而同地自觉克制与规范自己的言谈举止，礼遇他人，以此给对方留下重礼、重义的良好形象。

（3）事前精心策划，现场合理安排

任何一次商务宴请的成功举办都与组织者事前认真策划和现场合理的组织安排紧密相关。尤其是大型的宴会，由于参加者人数众多，背景各异，更需要组织者高超的策划能力和娴熟的组织能力。

2. 商务宴请的形式

组织商务宴请首先得弄清楚商务宴请的形式，因为不同形式的宴请有不同特点，分别适合于不同的宴请主题和场合。按照通常进餐的礼仪形式，商务宴请可分为宴会、招待会。宴会可分为正式宴会和非正式宴会两种类型，前者包括中餐宴会和西餐宴会，后者（又叫便宴）包括午餐、晚餐、家宴和工作便餐。招待会则包括冷餐会、酒会、茶话会和自助餐宴会等。

3. 商务宴请的基本原则

按照国际商务礼仪的惯例，安排宴请的商务礼仪主要应遵守“5M”原则。“5M”原则是指在商务交往中安排宴会时有五大基本问题需要兼顾。“5M”是约会（Meeting）、菜单（Menu）、举止（Manner）、环境（Media）、费用（Money）英文首字母的缩写，这是商务宴请时优先和重点考虑的几个方面。

7.1.2 商务宴请礼仪

所谓的商务宴请礼仪是指在商务活动过程中，主办者在商务宴请前进行的大量准备工作以及在宴请过程中所体现的各项规范和礼仪。

1. 商务宴请前的礼仪

任何一次商务宴请，无论大型的还是小型的，都需要主办方事前精心策划和认真筹备。商务宴请前进行的筹备工作主要包括以下七个方面。

（1）确定宴请的目的或主题

商务宴请的目的或主题有多种：欢迎、欢送、答谢、庆贺、洽谈或纪念等。

（2）确定宴请的对象、范围以及作陪人员

根据宴请的目的，确定请哪些人、多少人。值得注意的是不同主题和形式的宴请，应考虑到参加人员在背景、文化、性别、年龄等方面的搭配是否合理。另外，在安排作陪人员时，应注意讲究对等接待，即己方主陪与对方主宾身份地位相仿。接待高层领导，己方主要负责人应当出面。如需在席间洽谈事情，要安排说得清事、做得了主的人员出席。

（3）确定宴请的规格与形式

宴请的规格，以宴请目的和主要宾客的身份地位而定，过低显得失礼，过高也无必要；根据目的、对象和规格来确定宴请的形式。一般比较正规的、规格高的、人数较少的适合以宴会形式进行；人数多、不太正式的适合于用自助餐、酒会、工作餐等形式。

（4）确定宴请的时间和地点

① 确定宴请的时间。可以按照主办方的实际需要而定，如单位庆典、朋友聚会；也可以按照客人的活动安排而定，如接风送行；还可以按照事情的进展情况而定，如谈

判取得成功。

确定宴会时间要注意下面的问题：一要考虑客人方便，避开其重大节日、假日或是有重要活动的时间。二要照顾参加人员的习俗，避开对方的禁忌日。比如邀请中国同胞不要安排在除夕夜，邀请西方朋友则应避开每月的13日。时间确定之前，可以先征求主宾意见。

② 确定宴请地点。确定宴请地点应遵循一些原则：首先，与宴请目的、性质和主宾的身份地位相适应；其次，能够充分表达对客人的敬意；最后，要综合考虑到交通便利、环境优雅、菜肴精美、价格合理、服务到位。

（5）拟定菜单

一般比较正式的宴会，菜单都是提前由主办方拟定好的。在规划定制菜单时，主办者要注意以下几个问题。

① 菜单内容的安排要充分尊重客人。无论中餐还是西餐，所点的酒水和菜肴都应以客人的爱好为准，充分考虑客人（尤其是主宾）的饮食习惯、宗教禁忌、健康状况等具体因素。

② 控制预算，重在内容的合理搭配，遵循精要的原则。商务宴请时要控制在预算内，量力而行是很必要的。数量过多既造成浪费也会让客人感觉不妥甚至不安。另外，不是什么规格或规模的宴会都要点过于贵重的菜肴，要视宴会的性质、规格及主宾的身份来定，否则也会造成不必要的浪费。

③ 突出文化，突出特色。饭桌上，除了精美的菜肴，人们常乐于谈些轻松有趣的话题，其中由食物引开的话题也颇受欢迎。在规划菜单时，若是将一些有一定文化内涵或历史典故，尤其是具有地方代表性的菜肴或者酒店的创新菜、特色菜等纳入到菜单，想必餐桌上就多了些谈资，就餐氛围自然就轻松愉悦了许多。

当然，有时候邀请客户吃便宴或者工作餐，就不用提前定菜单，而是现场点菜了。如果是现场点菜，邀请者即主人为了表示对客人的尊重和礼貌，一般都会先将点菜单交由主宾，并由主宾开始请其他客人，以此轮流点菜。客人出于矜持和礼节，一般不好意思主动点菜或者点较贵的菜肴，在客人点菜的基础上，主人要能统筹安排、合理布餐。

（6）盛情邀请

当上述各项宴请的准备工作做好之后，主办方接下来就要盛情邀约客人了。

发送请柬是常见的正式邀请方式。如果是组织比较正式的商务宴会，应该使用请柬。由于大型的或高规格的商务宴会是比较庄重的活动，所以选用请柬时，不要选那些太过花哨、烦琐的请柬，最好以简洁、大方、庄重为主。

大型宴会的请柬，可以以单位名义发，也可以以个人名义发；小型宴会一般以个人或夫妇二人的名义发；工作餐以单位的名义发。如果以夫妇二人的名义发送请柬，主宾、陪客的配偶均可列为受邀对象。如果受邀夫妇都有重要身份，则应分别发送请柬。

请柬应尽早发出，一般提前1~2个星期，以便宾客调整时间。

邀请的方式很多。组织比较轻松随意的便餐式的宴请，可以采用打电话、请人代转或当面的方式进行邀请。不管采用哪种方式，都要做到两点：一是找个合适的邀请理由，把邀请的诚意表达出来；二是要将时间、地点等信息明确无误地告知参加人员，并询问清楚对方能否出席、有无其他需要。

需要注意的是请人吃饭诚意应当放在第一位，并且要让对方感受到你的诚意。

比如说，有个客户很难请出来，你就不停地邀请。每次出差到了该地，你都第一个打电话给他："今天我又来出差了。上次您正好有事，今天方便吗，大家一起聚聚？"在遭婉拒后，你再着手安排别的事情。一年里你出了十次差，有多少人忍心和有勇气拒绝十次善意的邀请呢？

请人吃饭，邀请时要给他搭好桥、铺好路，让他顺顺当当地把架子放下来。你可以这样说：

先生，昨天朋友从国外旅行回来，送了我一瓶洋酒和一些外国特产。我想请您来，品尝看看……

先生，上次听说您到我们这儿出差，时间忙也来不及到我们公司看看，这次我无论如何得请您，补地主之谊……

先生，今天非常感谢您对我们公司产品的指教，晚上我来做东……

谁都明白，在饭局社交中，没有人是为了吃饭而吃饭，但是你把目的弄得简单些，理由说得动听些，遭到拒绝的概率就小得多了。至于"局"外之意，感情联络好了，才有发挥的余地。以后的时间还很长，交往还很多，完全没必要刚一接触就郑重其事地说出自己的目的，当心吓跑你的客人。

无论是以请柬还是以其他方式邀请客人，为了使宴会顺利进行，主办方最好在宴会之前一两天再落实一下客人的准备出席情况，以便安排时心中有数。

礼仪小故事

某文化公司在2016年的发展势头良好，出版了一批既有影响力又赚钱的新书。公司闫经理就想在年底举行一个餐会，邀请主管部门领导和一些畅销书作者出席，联络一下感情，顺便也了解一下业内动态。

为了显示诚意，闫经理特意让公司业务员小田去给各位受邀者送请柬。小田是个工作认真的年轻人，他亲自把请柬送到每个人手里，并把他们的反馈汇报给闫经理。大部分人都欣然受邀，反倒是在公司的主要作者吴名那里遇到了麻烦。吴名接到请柬后，轻轻地用手指弹了弹，问小田道："都请什么人出席，请柬你都送到了吗？"小田告诉他，××等都表示一定出席。吴名低头想了下，说："我手里有个稿子，要赶时间交，到时候看情况吧！"

小田不得要领，只好回去原话告诉经理。闫经理明白，这是吴名有意拿赶稿子搪塞来显示自己的身份。于是，闫经理让公司里和吴名私交不错的小琳再打个电话邀请。小琳做事比小田活络多了。她当场就给吴名打电话说："吴老师，您怎么能不来呢？您不来，我们经理肯定发火，让我们这些职员如何交代？还有，我有个同学是市报的记者，早就要采访您了，就是没有机会，这次他们费大劲儿凑到这个饭局里，要和您近距离接触，您可一定要赏光啊！”一番话玲珑清脆，吴名欣然答应赴约。

点评：

盛情邀约是商务宴请的重要环节，邀约的成功与否直接影响后续环节的正常进行。善于揣摩客人的心理需求，注意说话的技巧，体现真诚和热情，才能架起顺利沟通的桥梁。

（7）拟定席位座次

邀约发出后，主办方还有一项工作要做，这就是安排席位座次。对大型宴会而言，这项工作尤为重要。

现在很多商务宴请都是在酒店举行，一般来说，酒店方面在接到宴会主办方的订单后，在会场的布置、菜单的安排以及桌次和客人席位的安排、服务流程的协调等方面都会积极地协助主办方，所以作为主办方可以不用像以往那样费太多精力了。但是值得注意的是，主办方最好还是与酒店方提前进行沟通，力求在对方的协助下将宴会的桌次和席位布置妥当。有时间的话，主办方可以派人去现场巡看一番，发现问题可及时纠正。

2. 商务宴请招待中的礼仪

精心筹划的宴请马上就要举行了。从礼节上讲，主人接下来的职责就是使每一位来宾都能感到主人对自己的欢迎之意。我们以大型宴会为例，看看主人该如何尽地主之谊。主人要提前到达宴会场地。当陆续有客人到达时，主人应站立门前热情迎接每位赴宴人员。等客人大部分到齐之后，主人再回到宴会场所中来应酬客人。主人对宾客必须一视同仁，热情款待，不可只注意应酬一两个身份重要的客人而忽略了别的客人。

宴会开始前，为了表示对客人的殷勤好客，除了服务人员为客人斟茶倒水外，主人应尽可能亲自递烟、倒茶。主人可以招呼大家喝茶，并热情地为客人们相互引见。

当所有的客人都到达之后，主人带领客人步入宴会厅，入座后宣布宴会开始。

宴会祝酒，西方一般安排在上热菜之后、甜食之前；我国的做法是一入席先讲话，然后用餐。冷餐、酒会，讲话时间可灵活掌握。祝酒词不需太长，语言简练，感情真挚，适合主题就行。祝酒一般由男主人领起。祝酒时既要主动，又要讲究先后顺序，自觉遵守相关的敬酒礼仪。文雅祝酒，适可而止，主动体恤对方，不可过分劝酒，对餐桌上出现的过分劝酒行为要适时地予以劝阻。

宴请开始后，主人要不时关照周边的客人，如根据情况适时为主宾夹菜、调换菜点，积极引导并参与话题讨论。

正式宴会在吃完水果后，主人与主宾起立，宴会即告结束。西方习惯上完咖啡或茶，客人即可开始告辞。

客人离开时，主人应主动相送，寒暄道别。

总而言之，商务宴请的成功有赖于主人细致周到地组织安排和热情、慷慨地招待。

礼仪小故事

皇家餐桌上的沟通

英国一级 F1 赛车手刘易斯·汉密尔顿（Lewis Hamilton）曾在 2009 年和伊丽莎白二世女王一同用餐，他在女王的左侧入座。和女王用餐让他非常激动，当他想跟女王对话时，女王却对他说："你先同左侧的客人交谈，我会和右手边这位客人聊几句，稍后我们再聊。"刘易斯坐在女王的左侧，是女王餐桌谈话时的第二顺位人选（以右为尊），因此女王会先和右侧宾客聊天。这种餐桌上的交谈礼仪是所有客人在享用晚餐时均须遵守的。因此，上菜后女王会与右手边的客人先交谈。在第二道菜端上来后，女王与左手边的客人交谈，避免有的客人受到冷落。

点评：

在商务宴请中，照顾到每位客人是非常重要的，尤其是就餐交谈时，应兼顾左右邻座，不冷落客人，使其感到备受重视和享受主人的情谊。

7.1.3 赴宴礼仪

1. 认真准备

（1）回复邀约。收到邀请后应尽快答复对方是否接受其邀请。若收到的是对方发来的请柬且自己无特殊重大情况，一般应尽可能参加；若实在不能参加，最好电话或当面向对方礼貌地说明，理由应充分、诚恳。

若应邀参加的是西餐宴会，受邀人应视不同的情况予以回应。若请柬上写有"R·S·V·P"字样（法文"请答复"的缩写）的，要迅速答复；注有"Regrets Only"字样的，只有在不能出席时才需答复；注有"To Remind"字样的，只起提醒作用，不必答复。

（2）准备礼物。参加正式的商务宴会一般无须带任何礼物，尤其因公交往中，无论对方是政府官员还是商业人士，若送的礼品比较贵重，可能会有行贿的嫌疑（尤其在涉外场合）。

赠送礼物最合适的时机是应邀参加私人家庭宴会的时候。当然，不带任何礼物赴宴，主人是不会计较的，但是如果带上一些小礼物，会发现自己很受欢迎。礼物不需太贵重，比如一瓶葡萄酒、一本好书或适合对方小孩的玩具等，只要有意义就行。

（3）仪表与着装。赴宴前，应注意仪表整洁，穿戴大方，最好稍做打扮。男士穿正装，剃须；女士画淡妆，穿得体的套装。若对方发来的请柬上对受邀人的着装有明确的要求，则应该按照要求准备。如对方要求男士穿燕尾服，而你却西装革履，到时你就会很难堪。

2. 按时抵达

按时出席宴请是赴宴者最基本的礼节。按照国际惯例可以在宴请规定的时间内到达，也可以稍微提前几分钟到达，但尽量不要迟到，除非自己是身份较高的人士。若实在因故不能按时到达，应提前打电话通知主人，说明原因，等赶到之后要向主人当面致歉。到达宴请地点后，先到衣帽间脱下衣帽寄存，然后到迎宾处，主动向主人问候。进入会场，主动跟其他先到人员打招呼或示意问候。

3. 礼貌入座

应邀参加宴请活动，应听从主人安排。若是宴会，进入宴会厅前，首先要搞清楚自己的桌次和座位。入座前，看清楚桌上座位牌是否有自己的名字。若邻座是长者或是女士的话，你应主动先帮他们拉椅让座。入座后，坐姿端正，不要以手托腮或将肘架在桌子上。双脚放在自己的座椅位置前，不可伸出过远。

4. 注意交谈

无论是宴会开始之前还是宴会中，都不要只顾埋头吃吃喝喝，别忘了社交才是活动的主题，应主动与邻座的人交谈。当然，这种场合最好选择一些使人轻松愉快的、受到普遍欢迎的话题，比如体育比赛、电影电视、风景名胜、旅游度假、烹饪美食等方面的话题，或者与对方职业、兴趣、经历有关的话题，如“听说你曾到过许多国家，那你一定碰到过很多奇特的事情吧”“你是位很出色的动画设计师，制作过那么多有名的动画片，我想好多小孩子一定很喜欢您”。了解并尊重对方是顺利交谈的前提。

当然，交谈中并不是任何事情都可以成为话题的，有些话题不宜谈，具体说有以下几方面：涉及令对方不愉快的事情或对方的“隐私”的话题；当对方是女性时，最好不要妄评女性的胖瘦美丑等敏感话题，否则令对方不悦；不要以荒诞离奇、黄色淫秽的内容为话题，也不开低级庸俗的玩笑，更不能嘲弄他人的生理缺陷；在涉外场合，一般不谈论当事国的政治问题，也不应随便议论他人的宗教信仰，对某些风俗习惯、个人爱好也不要妄加非议。

5. 进餐文雅，敬酒得当

随着文明礼仪的普及和商务活动文化内涵的提高，人们越来越重视餐桌上的进餐和敬酒礼仪。中国人历来讲究饭桌礼仪，“坐有坐相，吃有吃相”，并总结了相当丰富的餐桌礼仪规范。如曾有人这样总结餐桌礼仪：取菜文雅，注意礼让；文明用筷，举箸得当；闭嘴细嚼，不发声响；嚼食不语，唇不留痕；骨与秽物，切莫乱扔；禁烟少酒，文明用餐；使用公筷，讲究卫生；席间交谈，增进感情。敬酒时，人们正逐渐改变过去那种灌酒的陋习，而更加注重文明敬酒的礼仪了。

7.2 中餐礼仪

中华饮食，源远流长，在这个“民以食为天”且极其讲究礼仪的国度，积累了丰富的饮食文化和餐桌礼仪。现在，中餐不仅是中国人喜爱的传统饮食，还越来越受到外国人的青睐，因此，中餐也常常成为商务宴请的主要形式。了解和掌握中餐礼仪亦成为现代商务人士的必修课。

7.2.1 中餐宴请桌次席位的排序

中餐宴请时的位次排序关系到主客双方的身份和主人对客人的礼遇，所以要格外慎重。中餐的席位座次的排列主要是指桌次的排列和每个人座位的排列两个部分的内容。

1. 中餐桌次排序

总的来讲，中餐桌次的排序原则是：以远为上，面门为上；以右为上，以中为上，以左为下；观景为上，靠墙为上。这里的远、近是以桌子与门的距离而定的；而左、右是以面对正门的位置而言的。不同规模的宴请，桌次安排会有所不同，应视具体情况而定。

（1）若是小型宴请或家宴，如为两桌，可细分为两桌竖排和两桌横排两种情况。

若两桌横排，桌次以右为尊，以左为卑，如图 7-1 所示。

若两桌竖排，桌次讲究以远为上，以近为下，如图 7-2 所示。

（2）若是比较大型的宴会，餐桌有三桌或三桌以上，餐桌的排列遵循“面门定位”，主桌居远居中，右尊左卑，离主桌越近身份越高，反之身份越低，如图 7-3、图 7-4 所示。

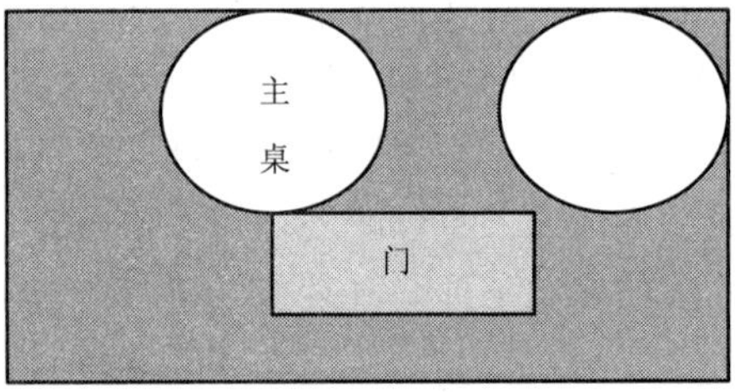

图 7-1　中餐桌次（1）

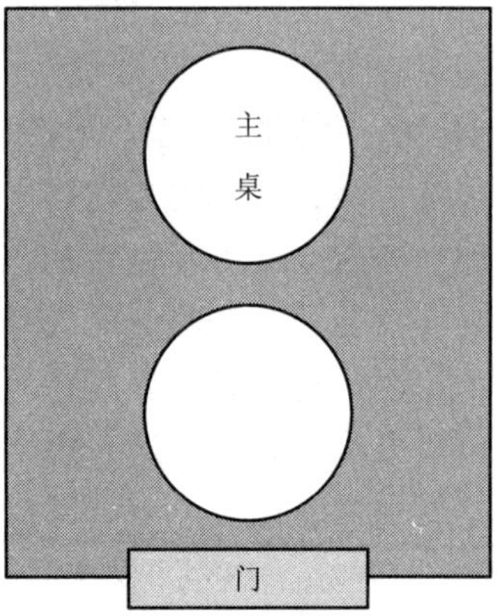

图 7-2　中餐桌次（2）

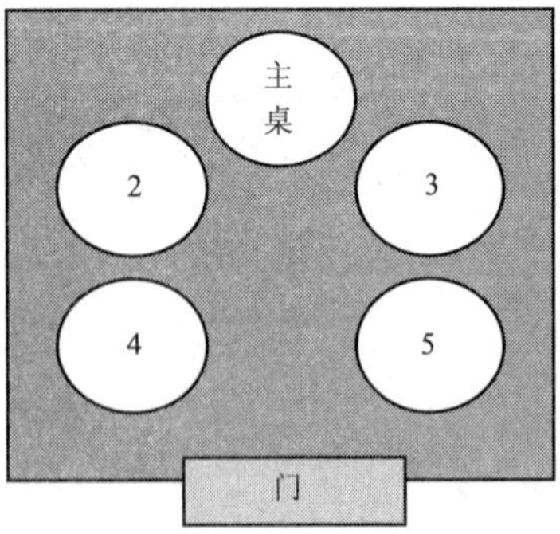

图 7-3　中餐桌次（3）

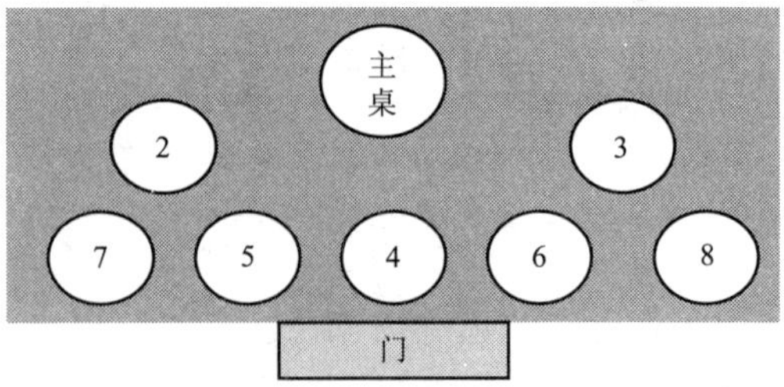

图 7-4　中餐桌次（4）

在安排桌次时，注意所选用餐桌的大小、形状要基本一致。为了突出主桌，主桌可以比其他餐桌大一些。另外，中餐除主桌外，其他餐桌可以与主桌同一方向，即面向门口，也可以都统一朝向主桌。桌间距应安排合理，至少保持 1.5~2 米，便于服务人员的和客人的通行。

宴请的主人为便于客人较容易地找到自己的桌次，一般都会提前在请柬上注明。到达宴会场地时，客人也可以在迎宾处看到宴会餐桌排列的示意图，并可在服务人员的带领下直接去自己的座位。当然入座之前，还要看清座席牌上的名字，以免出错。

2. 中餐席位的排序

中餐所使用的餐桌一般是圆桌，个别家宴也有用传统的八仙桌的。中餐座位的排列讲究：面门居中位置为主位；主人右位为主宾；越近首席，位次越高；同等距离，右高左低，每桌人数，偶数为佳。根据上述排列原则，再结合现实中常见的情形，可以将座次的安排分为两种情况。

第一种：当桌上有两位主人时。

面门居中的是主人位（若两位主人的身份是夫妇，此位坐男主人），其右手位是主宾。靠门居中的是第二主人位（若两位主人的身份是夫妇，此位坐女主人），其右手位是第二主宾，其他主客座次如图 7-5 所示。

第二种：当桌上只有一位主人时。

面门居中的是主人位，其右手位是主宾，左手位是第二主宾。宴请时主要是照顾好主宾，其他的随员和宾客可以对面坐也可以交错坐，如图 7-6 所示。

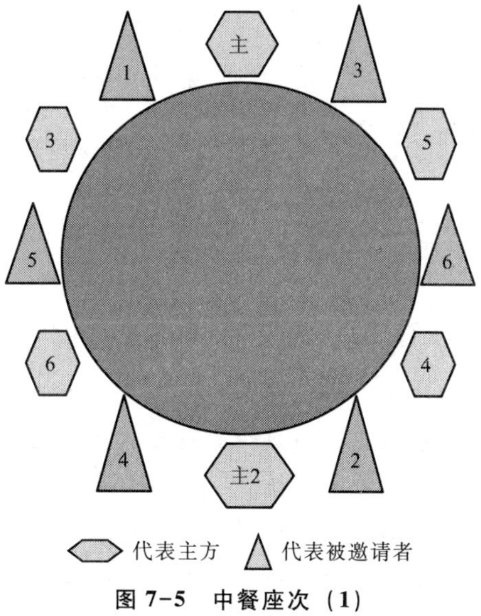

图 7-5　中餐座次（1）

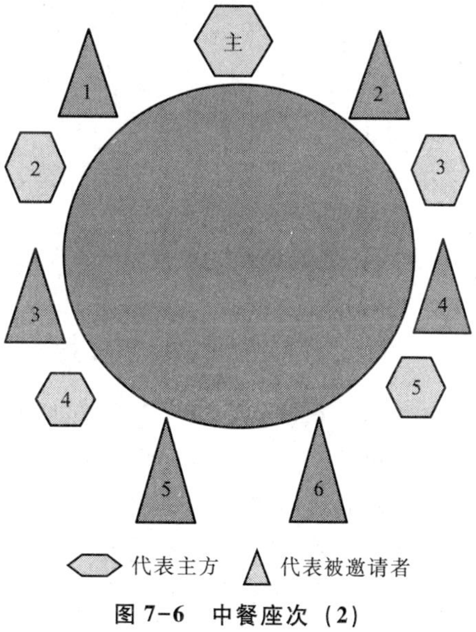

图 7-6　中餐座次（2）

当然，现实中人们可以根据具体情况（如视宾主的身份）来灵活安排。如果来宾中有身份高于主人者，为了表示对他/她的尊重，可以将其安排在主人位，而主人则坐在主宾的位置上，主人的夫人坐在主位的左侧。如果本单位出席宴会的人中有身份高于主人者，比如部门经理请客，总经理出席，可以将其安排在主位，而主人坐在其左侧。

7.2.2 中餐餐具的使用

1. 筷子

筷子古称“箸”，是中餐最主要的进餐工具。对筷子的使用历来是非常讲究的。

正确使用筷子的方法是用右手执筷，大拇指和食指捏住筷子的中上端，另外三个手指自然弯曲扶住筷子，并且筷子的两端一定要对齐（见图 7-7）。筷子通常必须成双使用。

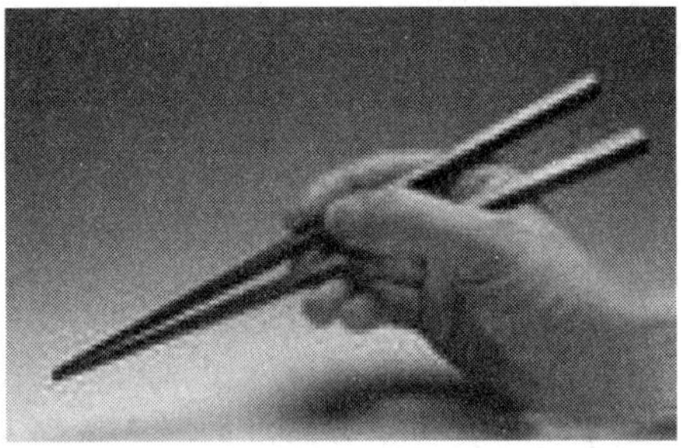

图 7-7 筷子

筷子使用的禁忌：

（1）餐前或饭后摆放筷子时应将两端靠拢对齐，不可长短不齐、距离松散。

（2）吃饭时用嘴嘬筷子甚至发出咝咝声响，常被认为是没有教养的表现。用嘴巴舔筷子上残留着的食物，会令他人倒胃口。

（3）除夹取食物外，不可用筷子剔牙、挠痒或是用来夹取食物之外的东西。

（4）不要把筷子竖插在食物上面，这种插法只在祭奠死者的时候才用，且这样做有违传统习俗。

（5）切忌用自己的筷子给他人夹菜。为表示盛情给他人夹菜时应用公共筷子。这样，在遵守礼仪的同时又讲究了卫生，符合现代文明礼仪的要求。

礼仪小故事

盛情布菜不用公筷也让客人难堪

中国人的热情好客经常在餐桌上得到最充分的体现，推杯换盏之间，东道主为尽地主之谊，劝酒、布菜是必不可少的，好像不布菜就不足以说明热情的程度，但布菜不规范往往又令客人很难堪。李刚说他最近就遇到过这样尴尬的事情。

那天他去看望一个很久不见的亲戚，亲戚见到他很高兴，席间，一个劲地用她的筷子给李刚夹菜，一筷子接一筷子地热情招呼，弄得李刚应接不暇。而李刚发现她在用餐时又特爱用嘴嘬筷子头儿，几乎每吃一口都嘬一下，看得李刚一个劲儿地反胃，顿时食欲全无，还不好意思说出来。

点评：

布菜是热情好客的中国人在餐桌上常见的举动，但随着人们卫生意识的增强，一定要采用公筷来布菜。

2. 勺子

勺子主要用来舀取汤和食物（见图 7-8）。有时，用筷子取食时可以用勺子来辅助。尽量不要单用勺子去取菜。用勺子取食物时，一次不要过满，汤汁较多时可将勺子在原处停顿片刻。暂时不用勺子时，应放在自己的碟子上，不要直接放在餐桌上或是立在碗中。用勺子取出的食物不可再倒回盘中。

3. 碗

中餐的碗可以用来盛饭、盛汤（见图7-9），正式场合用餐时不要端起碗来进食。

图7-8　勺子

图7-9　碗

4. 盘子

盘子主要盛放菜肴。中餐里还有一种较小的盘子——食碟，食碟的主要作用是用于暂放从公用的菜盘中取来的菜肴（见图7-10）。使用食碟时，一般不要取放过多的菜肴在食碟里。食物残渣、骨头、鱼刺不要吐在饭桌上，而应轻轻放在食碟的前端。

5. 水杯

水杯主要用于盛放清水、果汁、汽水等软饮料（见图7-11），不要用水杯来盛酒，也不要倒扣水杯。另外需注意喝进嘴里的东西不能再吐回水杯里，这样很不雅观。

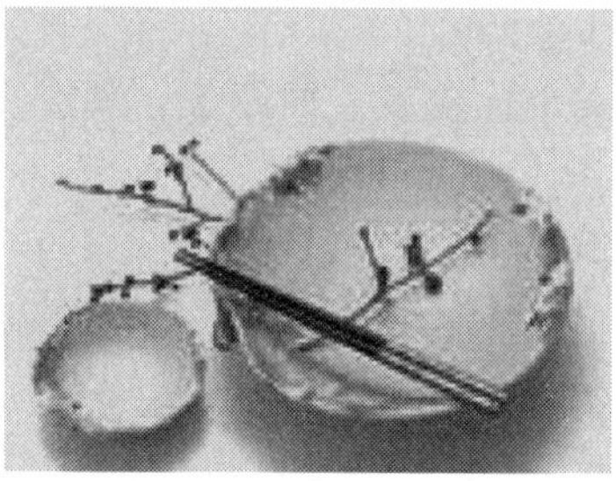

图7-10　盘子

图7-11　水杯

6. 牙签

牙签是中餐餐桌上的必备之物（见图7-12）。但用餐时尽量不要当众剔牙，非剔不行时，要用另一只手掩住口部，剔出来的食物，不要当众“观赏”或再次入口，更不要随手乱弹、随口乱吐。剔牙后，不要叼着牙签，更不要用其来扎取食物。另外，新的牙签也可用来扎取某些食物，如牙签羊肉、饭后水果等。

7. 餐巾

与西餐餐巾的用法一样。这里主要介绍湿毛巾。比较正规的中餐，用餐前一般会为每位用餐者送上一块湿毛巾（见图 7-13）擦手，擦手后应该把它放回盘子里，由服务员拿走。宴会结束前，服务员会再上一块湿毛巾，用来擦嘴，不能用其擦脸或抹汗。

图 7-12　牙签

图 7-13　湿毛巾

7.2.3　中餐上菜顺序与内容

不同种类、不同规格的中餐，其上菜的程序和内容是不完全一样的。但总的来说，中餐的上菜顺序大致相同：先凉后热，先炒后烧，咸鲜清淡的先上，甜的、味浓、味厚的后上，中间穿插面点，最后是水果。规格较高的宴席，热菜中的主菜——比如燕窝席里的燕窝、海参宴里的海参应该先上，即所谓最贵的热菜先上，再辅以熘炒烧扒。

第一道：冷盘。如同西餐的头盘，意在开胃。种类可多达十几种，如凉拌海蜇皮、皮蛋、炒花生米等。一般于开席前几分钟端上。

第二道：热菜（主菜），又称为大件、大菜。开胃菜进行到 2/3 左右时开始上主菜。主菜的道数通常是 4、6、8 等偶数，因为中国人认为偶数是吉数。豪华宴席主菜有时多达 16 或 32 道，但普通的宴席是 6~12 道。其出菜顺序多是口味清淡和油腻的菜轮流呈上。主菜进行至中途或结尾时上汤。

第三道：主食。主食包括各式面点、甜点。种类也比较多，如面条、米饭、包子、饺子、饼等。

最后一道：水果。通常是各式水果拼盘，以水果叉扎取食之。

7.2.4　中餐进餐礼仪

1. 中餐餐前礼仪

（1）注重餐前交际。到达宴请地点后，不要直奔餐桌，要利用餐前的这段时间进行交际，主动与主人寒暄，并与其他客人攀谈。好多人喜欢给刚结识的人发放自己的名片，但是在正式的尤其是涉外宴请场合，最好不要随便发名片，因为外国人觉得只有在商务场合才适合发名片。

（2）入席。当客人基本到齐后，主人会邀请主宾及其他客人入席。一般是主人在前面引领，客人跟随其后陆续入场。

（3）就座。当男主人（中餐以男主人为第一主人）落座后，其他客人方可就座。就座时，应先帮助邻座的长者或女士拉椅，等其入座后，自己再就座。与西餐讲究从椅子左侧入座不同，中餐入座比较随意，大多按自己意愿入座。

（4）端正坐姿。入座后，坐姿端正。不要将手肘撑放于桌面，也不要把玩面前的餐具，做好就餐前的准备。

2. 中餐餐中礼仪

（1）举筷与停筷。每道菜上来后，主人都会先请主宾享用，然后按顺时针让其他人依次取菜。菜肴未到自己跟前，不要一直举着筷子做迫不及待状。等菜肴来到跟前，再拿起筷子夹菜。每道菜最好都夹取一点尝尝，以示对主人的尊重。桌上与人交谈或者主人讲话时，应暂时停下手中的筷子。席间不要一直举筷吃个不停，注意适当地停筷。桌上够不着的物品不要起身试图去够，可请他人代劳。

（2）夹菜与受菜。中餐里主人有时会盛情地为客人夹菜，无论喜欢与否，客人最好愉快接受，并夹取一点享用。当为他人夹菜时，不可太过频繁，让客人无法招架，还要记住要使用公筷和公勺。

（3）餐桌语言。桌上聊天时注意交谈的内容，有可能触犯禁忌的话题最好回避。聊天时旁若无人地跟某人聊个不停、说话声音大都是失礼之举。吃饭、喝酒和使用餐具时尽量不要发出大的响声，出现打喷嚏、碰翻杯盘等意外之举时应向周围的人说声“对不起”“请原谅”之类的话，以示歉意，否则会被视为不雅。

（4）饮酒。中餐少不了祝酒和敬酒。当主人或他人向你敬酒时，要起立举杯。敬酒时注意敬酒的顺序。喝酒时不要一口干杯，注意控制酒量，不可过分劝酒。当然也要学会委婉地拒酒。

（5）结束用餐。正式的宴会，主人进行一番简要的聚餐感言并将餐巾放到桌面上，这标志着用餐结束，主客可以退席了。如果是便餐，用餐完毕时，应将筷子轻轻地搁置桌上，用餐巾擦嘴角。若自己先吃完，要与主人或其他客人打个招呼，再离开座位。不能一推饭碗，什么话也不说，离桌而去，这是不礼貌的行为。

（6）中途离席。若是有要事需要中途离开，可以提前跟主人打招呼，临走时向周围人示意一下即可礼貌地退席。不跟他人尤其是主人打招呼就私自离开是很不礼貌的做法。

3. 中餐餐后礼仪

（1）用餐完毕后，通常主人都会邀请客人到大厅喝茶，休息放松一会儿，以增进彼此的友谊。所以没有要事尽量不要提前离开，以示对主人的尊重。

（2）与主人握手告别时，应向主人表达自己对此次宴请的满意或愉快感受以及对主人的盛情款待的感激之情。

（3）将随身携带的物品拿好，避免将其遗落在主人家里或宴请处，这样会给主人不好的印象。

礼仪小博士

优雅品茶

茶，是世界三大饮品（茶、可可、咖啡）之首。在中国，人们的饮茶历史源远流长，形成了独特的饮茶文化，并对世界其他国家有着深远影响。中国人喝茶时讲究品茶，这被视为一门艺术，主要讲究以下几点：

1. 优雅持杯。品茶之时，应右手持杯耳，或者右手握茶杯中部。

2. 细心品尝。每饮一口茶汤后，应该让茶在口中稍作停留，再慢慢地咽下去。

3. 不食茶叶。饮茶时，不能连茶汤带茶叶一起喝下，若有茶叶入口，则不要吐出，可以细嚼咽下。

4. 先宾后主。上茶时应避免从正前方上茶，要从客人左侧上茶，并轻声告知“请您用茶”。

5. 不烫不满。斟热茶时，不要过满，以免烫伤客人，俗话说“茶满欺人”“七茶八酒”。

6. 礼让他人。敬茶、受茶均应谦恭、敬人。届时，应“请”“谢”不离口，并面带微笑。

7. 辅助交际。在与交往对象的交谈过程中，不要饮茶；谈话间歇时，则可稍喝一口茶润喉。

7.3 西餐礼仪

商务宴请除了中餐，人们还可能选用西餐。在国际商务宴请中，通常是以西餐为主。西餐又分为法式、英美式和国际式，不同的民族习俗和用餐规格也有所不同，但其基本要领还是一致的。

7.3.1 西餐宴请的座次排序

西餐宴请对桌次和座次的排列也很讲究，我们要注意掌握相应的排序原则。

1. 西餐桌次的排列

当举行商务宴会餐桌数超过两桌时，国际惯例是：桌次的高低依距离主桌位置的远近而定，距离主桌越近，桌次越高；距离主桌越远，桌次越低。这项规则亦称“主桌定位”。常见的排列方式如图 7-14 和图 7-15 所示。

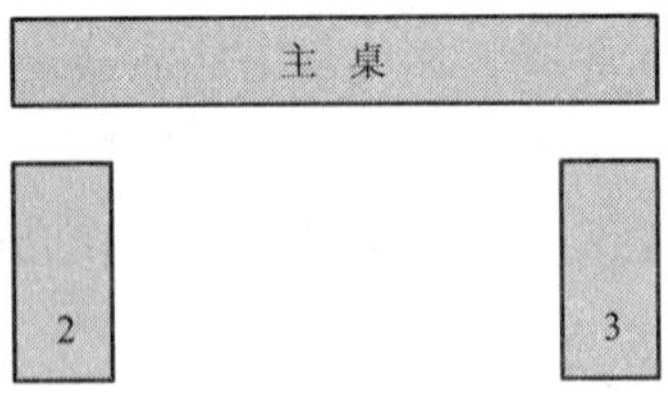

图 7-14 西餐桌次（1）

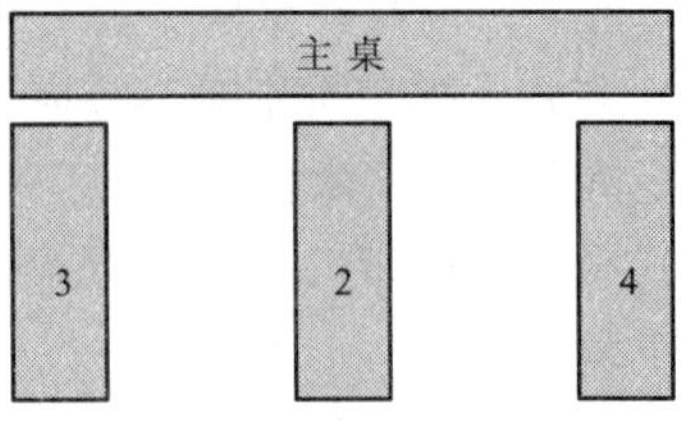

图 7-15 西餐桌次（2）

2. 西餐长形桌座次排序

与中餐多用圆形餐桌不同，西餐多使用长形桌。现实中根据需要摆成“一”字形、“T”形、马蹄形、“山”字形、“M”形和“工”字形等。在排列座次时都要遵循一定的排序原则，即：以女主人的座位为准，主宾坐在女主人的右上方，主宾夫人坐在男主人的右上方。席位的高低以离主人的座位远近而定，离主人越近席位越高，反之越远；男女交叉安排；以最常见、最正规的长形桌为例，其座次排列通常有以下两种方式（见图7-16和图7-17）。

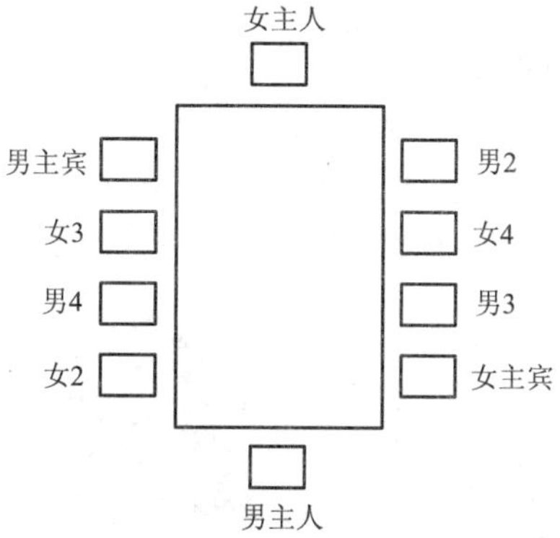

图7-16 西餐座次（1）

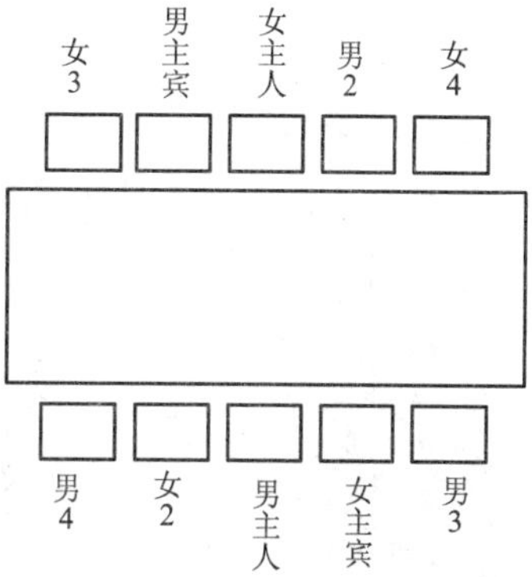

图7-17 西餐座次（2）

排座次时，尽量使陪同人员或主人、副主人坐在长桌的两端，而不要让客人坐在长桌两端的席位上。当然，排列座次时应综合考虑宾主关系、客人的民族习惯、宗教信仰等方面的因素，尽善尽美地将座次安排得合理妥当。

7.3.2 西餐餐具的使用

西餐常用的餐具主要包括刀叉、匙、餐巾等，熟悉并掌握这些餐具的使用是完善西餐礼仪的必要内容。

1. 刀叉

（1）认识刀叉

比较正规的西餐宴会讲究吃一道菜要换一副刀叉，所以通常摆在你面前的会有多达三副刀叉（见图7-18）。这些刀叉从用途上分有吃黄油所用、吃鱼所用、吃肉所用和吃甜品所用。

图7-18 刀叉

（2）正确使用刀叉

使用刀叉正确的方法是：按照西餐进餐的顺序，由外向内，每享用完一道菜就换用下一副刀叉。使用刀叉时，左手握叉，右手握刀，用刀将食物切成小块，然后用叉送入口内。不管任何时候，都不可将刀叉的一端放在盘上，另一端放在桌上。

（3）刀叉语言

刀叉除了用来吃饭外，还是语言表达和传递的重要载体，因为使用刀叉可以向侍者暗示用餐者是否吃好了某一道菜肴。若用餐者将刀口向内、叉齿向下，使之呈汉字的“人”字形状摆放在餐盘之上，这是在告

西餐刀叉用礼介绍

诉侍者：此菜尚未用完，请勿撤走。

若用餐者将刀口内向、叉齿向上，刀右叉左地并排纵放，或者刀上叉下地并排横放在餐盘里，这是在告诉侍者：本餐已用完，刀叉和盘子可以撤走了。

（4）刀叉礼仪禁忌

① 左手持叉，右手拿刀，不可颠倒。错误做法如图 7-19 所示。

② 刀叉不可指向他人。如果是谈话，可以拿着刀叉，无须放下，但若需要做手势时，就应放下刀叉，千万不可手执刀叉在空中挥舞摇晃。图 7-20 是错误做法。

③ 刀叉是用来进餐的，不是你一时兴起拿来把玩杂耍的。图 7-21 是错误做法。

图 7-19 禁忌（1）

图 7-20 禁忌（2）

图 7-21 禁忌（3）

图 7-22 餐巾

④ 使用刀叉时切忌发出太大的噪声，影响他人就餐。

2. 餐巾

（1）正确使用餐巾

① 入座后、开餐前将餐巾（见图 7-22）打开，折成长条形或者三角形后平铺在腿上，盖住膝盖以上的双腿部分。

② 餐巾只可用来擦嘴，如果想跟人谈话，应用餐巾上角内侧沾一沾嘴，将嘴擦干净再谈话，以示礼貌。

③ 用餐完毕后，将餐巾直接放到桌面上即可。不要将餐巾整整齐齐地叠放在桌子上，否则侍者会误以为你用餐完毕，过来将你的餐盘撤走。若用餐途中暂时离开，可将餐巾放在椅子上，这就向侍者传达：我还没吃完。

（2）使用餐巾禁忌

① 最好不要把餐巾塞入领口或围在脖子上。

② 不能用餐巾擦刀叉，也不能用其擦汗。

③ 不要把餐巾用得污迹斑斑或者是折得皱皱巴巴。

3. 汤匙

（1）正确使用汤匙

一般西餐的汤匙（见图 7-23）会有好几把，放在你右手餐刀的外侧。通常会用到的汤匙主要有汤勺、甜品匙和咖啡匙，它也是由外向内侧取用的。

汤匙通常放在用餐者右侧的最外端，与餐刀并列纵放。喝汤时，要用汤匙从里向外舀，汤盘里的汤快喝完时，可以用左手将汤盘的外侧稍稍翘起，用汤匙舀净就行了。吃完后将汤匙留在汤盘里，匙把儿指向自己。

甜品匙一般情况下横放在吃甜品所用刀叉的正上方，并与其并列。主要用于吃甜品。

咖啡匙横放在咖啡垫碟上，主要用来搅拌咖啡。

（2）使用汤匙禁忌

① 不能将汤匙含到嘴里面，而是用其将汤送进嘴里。

② 汤匙不用时，不要立在汤碗中。

③ 喝咖啡时，不能用咖啡匙往嘴里送。

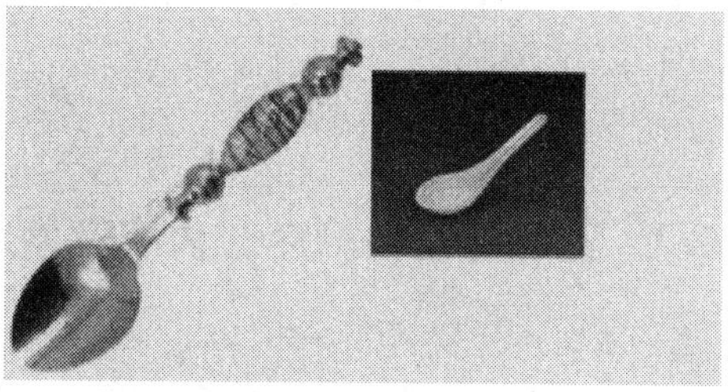

图 7-23　汤匙

礼仪小博士

西餐的品尝

西餐各类食物的吃法各不相同，现分别扼要地介绍如下。

1. 沙拉

吃沙拉时，仅使用餐叉即可。

2. 海鲜

吃大虾时，可用手剥壳，然后送入口中。不用刀叉。

吃牡蛎时，可用专门的餐叉。

吃蜗牛时，若带壳，可用专用的夹子把肉夹出来食用；若无壳，则可用餐叉直接食用。

3. 鱼

吃鱼时，为了去鱼腥味，可以在鱼上挤点柠檬汁。先用刀叉把鱼刺、鱼骨剔剥出去，切成小块后再食用。

4. 鸡

吃鸡肉时，若有骨头，可以先用刀叉把骨头剔出，再切成小块食用。不要用手抓食。

5. 红肉

猪排、牛排、羊排等红肉，是西餐主菜的主角。在切食的过程中，最好由左至右切割。

6. 面包

未烤过的面包，有切片和不切片两种，最好一小块一小块地撕着吃，并涂上适量的黄油、果酱或蜂蜜。

烤面包，则可慢慢咬着吃，可以配黄油、果酱、柠檬汁。

7. 三明治

吃大块儿三明治时，可双手捧着吃；吃小块儿三明治时，则宜右手捏着吃。

8. 意大利面

吃意大利面时，可右手持叉，左手握汤勺帮助把面条缠绕在叉上，然后食用，不能吸食。

7.3.3 西餐的上菜顺序、内容及酒水与菜肴的搭配

1. 西餐的上菜顺序和内容

西餐的上菜程序和内容不同于中餐。西餐的上菜顺序和内容因不同的菜系、不同的规格而有所差异，但其基本顺序大体相同。以内容比较齐全的西餐为例，主要由以下几部分构成。

（1）头盘。头盘也称为开胃品，目的是增进食欲。一般有冷头盘和热头盘之分，常见的品种有鱼子酱（见图 7-24）、鹅肝酱、鸡尾杯、奶油鸡等。

（2）汤。汤大致可分为清汤、奶油汤、蔬菜汤（见图 7-25）和冷汤。品种有牛尾清汤、各式奶油汤、海鲜汤等。需用汤匙食用，此时一般配有黄油、面包。

（3）副盘。副盘通常是指水产类菜肴（见图 7-26）与蛋类、面包类、酥盒等食品。西餐吃鱼类菜肴讲究使用专用的调味汁。

（4）主菜。肉、禽类菜肴是主菜，其中肉类最有代表性的是牛肉或牛排（见图 7-27），禽类菜肴最多的是鸡。肉食主菜一般配有熟蔬菜。

图 7-24　鱼子酱

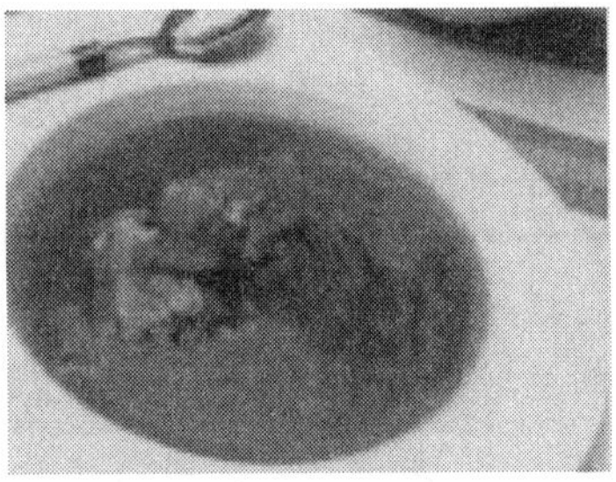

图 7-25　汤

图 7-26　鱼肉

图 7-27　牛排

（5）蔬菜类菜肴。蔬菜类菜肴在西餐中称为“沙拉”（见图 7-28），可以安排在肉类菜肴之后，也可以与肉类菜肴同时上桌。

（6）甜品。西餐的甜品是在主菜后食用的，它包括了所有主菜后的食物，如布丁、冰激凌、奶酪、水果等（见图7-29）。

图7-28　沙拉

图7-29　甜品

（7）咖啡（见图7-30）。餐后喝咖啡是西方人的传统饮食习惯。喝咖啡时一般要加糖或淡奶油。

2. 西餐菜肴与酒水的搭配

西餐用餐十分讲究以酒配菜。口味清淡的菜式与香味淡雅、色泽较浅的酒品相配，深色的肉禽类菜肴与香味浓郁的酒品相配（见图7-31）。餐前选用旨在开胃的各式酒品，进餐过程中有各种餐中酒，餐后则选用各式甜酒以助消化。具体有以下几点。

图7-30　咖啡

图7-31　酒

（1）餐前酒。餐前，西方人喜爱饮用具有开胃和保健功能的酒品，同时也借此等待有事来晚的客人。饮用时可以净饮、加冰饮，也可以混合汽水、果汁等。

（2）开胃酒。吃开胃菜时要根据具体内容选用酒品，如鱼子酱要用伏特加酒，虾仁鸡尾杯则用白葡萄酒。

（3）餐中酒。餐中酒主要用来配主副盘。餐中酒常选用红、白葡萄酒。大致说来，红葡萄酒配红肉，白葡萄酒配白肉。如各式牛排或烤牛肉最合适选用红葡萄酒，羊肉类菜肴适宜淡味红葡萄酒，海鲜类菜肴一般选用半干型的白葡萄酒，而家禽类菜肴宜选用红葡萄酒或甜白葡萄酒。

（4）餐后酒。西餐讲究用餐完毕后要饮用咖啡、茶等，也可选各种餐后甜酒与其相配。如甜品一般配用甜葡萄酒或葡萄汽酒等，而奶酪最合适配用香味浓烈的白葡萄酒，有些品种的奶酪可与波特酒配用。

（5）香槟酒可以与任何种类的餐式相配。

7.3.4 西餐进餐礼仪

吃西餐讲究“4M”，即 Menu——精致的菜单、Mood——怡人的氛围、Music——美妙的音乐、Manners——优雅的进餐礼仪。英式西餐、法式西餐抑或其他风格的西餐，虽然因历史传统、民族习俗和禁忌等因素的不同而造成在某些进餐方式上有所不同，但是对进餐礼仪的讲究和重视，各式西餐都是一致的。归纳起来，吃西餐时需要掌握以下礼仪。

（1）入座和离席。正式的宴会，当女主人入座后其他人方可入座。西餐讲究从座椅的左侧入座和离席。同时若身边是女士或长者应先为其拉椅，等其坐下或离开后，自己再坐下或离开。

（2）进餐开始和结束。当女主人将餐巾展开铺在腿上时表示宴会开始，你可以准备进餐了；当宴会进行至最后，女主人将餐巾拿起放于桌上时，表示宴会结束，你就该停止用餐，起身离开了。

（3）用餐坐姿端正。用餐时，上臂和背部靠到椅背或者身体略微前倾，胸部和桌子保持约一个拳头的距离，两脚自然张开，不可大劈叉，两腿最好不要交叉，如图 7-32 所示。

图 7-32　用餐坐姿

（4）脱衣与放包。正式场合的进餐过程中，即使热也不要随便解开纽扣或当众脱衣。如主人请客人宽衣，男客人可将外衣脱下搭在椅背上。若女士随身携带小包，可将小包放于座椅右侧的地板上或者放于身体与靠背之间。无论衣服、包还是其他随身物品都不要放在桌面上。

（5）文明进餐。正确使用餐具，每次送入口中的食物不宜过多。食物太远够不到时请他人帮忙传递，不可起身弯腰去够取。服务生派菜或轮流取菜时应耐心等候，不慌不忙地取菜，不要一副急不可待的样子。要掌握西餐中不同菜式的正确吃法，文明进餐。

（6）饮酒。侍者来倒酒时不要端起酒杯，而应把酒杯放在桌上。喝酒时，用大拇指、中指和食指轻握杯柄，端起酒杯轻轻摇动，让酒与空气接触以增加酒味的醇香。喝酒时忌一饮而尽。女士的口红印在酒杯上时可用纸巾擦净。

（7）喝汤。用汤匙由里向外将汤舀起，汤匙的底部放在下唇的位置将汤送入口中。碗中的汤剩下不多时，可用左手将汤碗内侧略微抬高，然后用汤匙舀。喝汤时不要将汤碗（有握环的汤碗除外）端起喝，更不可发出喝汤声。

（8）聊天与交际。根据西餐礼仪，宴会的主要功能是促进人们的社交活动。就餐过程中，不要把精力都集中在食物上，而应多注意和左右的人聊天。聊天时不要只和自己熟悉的人聊。

礼仪小博士

喝咖啡礼仪

餐后喝咖啡是西方人的传统饮食习惯。饮咖啡可以安排在用过甜点之后，也可以离开餐桌改在咖啡厅进行。无论是正式的宴会场合还是家庭私人宴请，人们都很重视喝咖啡的礼仪。

怎样拿咖啡杯?

咖啡一般都是用袖珍型的杯子盛出，但即使用较大的杯子，也不要用手指穿过杯耳来端杯。正确的拿法，应是拇指和食指捏住杯把儿将杯子端起。

怎样给咖啡加糖?

给咖啡加糖时，砂糖可用咖啡匙舀取，直接加入杯内；若是方糖，可先用糖夹把方糖夹放在咖啡碟边侧，再用咖啡匙把方糖放到杯子里。为防止咖啡溅出，弄脏衣服或台布，最好不要直接用糖夹子或手把方糖放入杯内。

怎样用咖啡匙?

咖啡匙是专门用来搅咖啡的，饮用咖啡时应当把它取出来放在咖啡垫碟上。不要用咖啡匙舀着咖啡喝，也不要用咖啡匙来捣碎杯中的方糖。

咖啡太热怎么办?

刚刚煮好的咖啡太热，可以用咖啡匙在杯中轻轻搅拌使之冷却，或者等待其自行冷却，然后再饮用。用嘴把咖啡吹凉是很不文雅的举止。

怎样喝咖啡?

正确的做法是用右手拿着咖啡杯的杯耳，左手轻轻托着咖啡碟，慢慢地移向嘴边轻啜。不宜大口吞咽，也不宜俯首去就咖啡杯。喝咖啡时不要发出声响。添加咖啡时，不要把咖啡杯从咖啡碟中拿起来。

喝咖啡与用点心

有时饮咖啡可以吃一些点心，但不要一手端着咖啡杯，一手拿着点心，吃一口喝一口地交替进行。饮咖啡时应当放下点心，吃点心时则放下咖啡杯。

资料来源：www. club. dayoo. com.

7.4　舞会礼仪

舞会，这种源于民间的自娱形式，如今已成为国际交往舞台上的社交仪式，被誉为“无声的世界语言”。舞会除了休闲娱乐之外，还能促进人们之间的交往和友谊。事实证明，相对于会议室里谈判桌上的严肃枯燥，轻松愉快的舞会场合往往更容易促进交易的成功。正因为如此，参加和举办各种形式的舞会越来越受到商务人士的青睐。

礼仪小博士

国际标准交谊舞

国际标准交谊舞又称体育舞蹈，原名社交舞，英文为 Ballroom Dancing，是流行于欧洲贵族在宫廷举行的舞会。法国大革命后，该舞流传民间至今。第二次世界大战后，美国人将该舞蹈散播到全球各地，并形成一股跳舞热潮，至今不衰。

根据英国皇家舞蹈教师协会的划分，国际标准交谊舞包括摩登舞和拉丁舞两大系列共 10 个舞种。

摩登舞（Modern Dance）包括华尔兹、维也纳华尔兹、探戈、狐步和快步舞。

拉丁舞（Latin Dance）包括伦巴、恰恰、桑巴、捷舞（牛仔舞）和斗牛舞。每个舞种均有各自的舞曲、舞步及风格。根据各舞种的乐曲和动作要求，组编成各自的成套动作。

国际标准交谊舞于 20 世纪 30 年代传入中国，20 世纪 80 年代发展较快。

国际舞蹈运动总会（International Dance Sport Federation）于 1997 年 9 月 4 日正式成为国际奥林匹克委员会会员，之后国际标准交谊舞成为奥运会表演项目。

资料来源：百度，www. baidu. com.

7.4.1 举办舞会的注意事项

1. 确定舞会的邀请对象

在确定邀请对象时，首先要考虑到男女宾客的人数应大致相等；其次，为了突出舞会的氛围，使之更加活跃，还要考虑到受邀者的跳舞资历，如会不会跳、跳得怎样，避免受邀者多不会跳舞，使舞会冷场的尴尬局面。

2. 确定舞会的地点和布置舞场

舞会分为相对随意的家庭舞会和正式舞会。家庭舞会的场地选择主人的住宅区或室内或花园，场地较小、布置较为随意但颇有家庭氛围。正式舞会的场地一般比较宽阔，且多是按国际习惯精心布置的专业场所，如舞厅、宾馆等。条件允许，可以聘请乐队伴奏。舞会除了有足够大的舞池外，还应设衣帽间、休息室（或场边设休息桌椅）以方便客人。

3. 确定舞会的时间

通常人们会将舞会安排在晚餐之后，通常在 19~23 点，时间长度一般不超过 3 个小时，否则会使人疲劳，影响休息。舞会的时间确定后应尽早通知受邀者，使其提前准备。正式的大型舞会的举办者会以邀请函的形式提前一星期寄给受邀者。

4. 确定舞会的主持者和服务人员

一般形式较随意的舞会可以不设主持人，但比较大型的舞会经常需要若干个主持人。另外要安排足够的服务人员负责现场的迎送、接待等工作。

礼仪小故事

冷清的舞会

A城举行了春季商品交易会，各方厂家云集，企业家们济济一堂。王芳是某企业公关部的负责人，前不久受公司委派筹划了一场答谢客户的晚宴和舞会。当舞会开始后，王芳发现舞场上只有几对舞伴在跳舞，场下却坐着不少男士和寥寥无几的几位女士，这些人都索然无味地干耗着。毫无疑问，舞会出现了冷场。

点评：

这次舞会出现冷场的原因，主要在于王芳在邀请参加舞会人员的安排上不妥。人员的安排一定要考虑性别比例，男女人数差异太大必然造成冷场。

7.4.2 参加舞会的礼仪

表面看来舞会的气氛轻松随意，但种种礼仪却不可忽视，因为可能是来自世界各国各种文化背景的人齐聚同一舞台，稍不注意可能就会失礼甚至失态，所以必须了解和掌握一定的舞会礼仪。

1. 参加舞会的一般礼仪

（1）着装要整洁、大方，仪表要修饰。一般正式、大型的舞会会对受邀者的着装有所规定。即使没有明确要求，也不可随便穿着。女士可以化淡妆，穿得漂亮些。男士也应适当讲究，一般穿西服，显得大方、文雅。头发要梳整齐。另外，注意身上不能有酒气、蒜味或其他异味，可适当地洒些香水，但不可过浓。

（2）优雅入场。进入舞场，要先坐下来，观察一下全场情况，适应一下气氛。没有带舞伴的，应当坐下来，慢慢地寻找合适的伴舞对象，最好邀请没有带舞伴的人，如果有熟悉的人伴舞当然更好了。正式的涉外舞会，第一支舞都是从身份最高的人开始的，主人夫妇、主宾夫妇首先共舞，第二场主宾夫妇交换共舞，第三场才开始自由邀舞。

（3）舞场中言语、举止要彬彬有礼。进入舞场后，讲话声音尽量要小，不可高声喊叫，更不可喧闹嬉戏。无论是邀请别人跳舞，还是接受或拒绝别人的邀请，都要彬彬有礼、礼貌回应。尽量不要在舞场边的休息座椅上抽烟，不要在场内来回走动，不要拉住朋友长谈不止，这些都是不受欢迎的举动。一般情况下，舞场中是不可以男士跟男士跳舞、女士跟女士跳舞的。

（4）舞姿端庄优雅。根据舞曲曲式和节奏起舞，跳舞时姿态要端正，恰当地掌握与对方的身体距离，注意眼睛要自然平视对方，手搭放在对方合适的部位，不可给人轻浮之感。若不小心踩到对方的脚了，要歉意地说一声“对不起，踩着你了”。若与其他舞者相碰也应歉意地示意一下。

2. 邀舞的礼仪

（1）交际舞的特点是男女共舞，邀舞一般都是男士邀请女士共舞。

（2）邀人跳舞时应彬彬有礼，姿态端庄。走至女方面前，微笑点头，以右手掌心向上往舞池示意，并说“可以和你跳个舞吗?”或“可以吗?”，对方同意后即可共同步入舞池。如果对方婉言谢绝，也不必介意，更不应勉强。

（3）如果女士的丈夫或父母在场，要先向其丈夫或父母致意，打过招呼后再邀女方跳舞。

（4）一曲终了，男士要对女舞伴致意可以说“你的探戈跳得真好”“与你跳舞真是让人轻松愉快，谢谢”，并把女舞伴送回原来的位置。

3. 拒绝邀舞的礼仪

（1）女士如不愿意与前来邀请的男士跳舞，应当婉言谢绝，而不能蛮横无理或露出轻视别人的表情。一旦拒绝某位男士的邀请，这支舞就不要再接受另一位男士的邀请，以免造成对前者自尊心的伤害。

（2）当女士拒绝一位男士的邀请后，如果这位男士再次前来邀请，并无不礼貌的举止和表现，女士便不应再次拒绝邀请，在没有特殊的情况下应与其共舞，这是舞会礼仪所要求的。

（3）如果女士已接受某位男士的邀请，对再来邀请者应表示歉意。如果自己愿意同他跳舞，可以告诉他下曲再与之共舞。

（4）如果两位男士同时邀请一位女士跳舞，最礼貌的做法是同时礼貌拒绝两位邀请者，也可以先同其中一位跳舞，并对另一位男士礼貌地说“对不起，下一曲与您跳好吗?”

7.5 馈赠礼仪

馈赠是人际交往中常见的一种礼节，也是商务活动中不可缺少的交往内容。它是为了表达敬意、友好、祝贺、慰问等而赠送给交往对象物品的一种形式。充分重视馈赠的作用，自觉遵守馈赠方面的种种礼仪，是对商务人士提出的又一项素质要求。

7.5.1 赠送的礼仪

要想顺利地达到赠送的目的，使赠送如人所愿，在赠送礼物时我们需要考虑以下一些要素。

1. 赠送的目的（Why）

一般来说，送礼品应该有明确的目的性，因为馈赠的目的不同，送礼的方式、选择的礼品、遵循的礼节都有所不同。赠送主体无论是公司还是个人，两者的出发点或所要达到的目的大致相同，归结起来有：建立与他人（或其他企业、单位）的友谊；沟通感情，表达良好意愿；巩固和维系人际关系；缓和或消除彼此之间的误会，塑造企业或个人良好的社会形象；等等。

2. 馈赠对象（Who）

赠送礼物时要充分考虑到受赠者的国别、性别、年龄、职位、性格、喜好和禁忌等。如打算给日本一位对茶道颇有研究的男性经理送礼，不妨考虑送给对方一套精致的茶具或质量上乘的茶叶。而要拜见国内著名的建筑专家，市场上出版的与该专家研究领域相关的最新书籍可能是不错的选择之一。

3. 赠送的内容（What）

根据对方的身份和喜好，赠送的礼物可以是实用型的葡萄酒、球拍、地方特产，也可以是观赏摆设型的盆景、图画、工艺品，还可以是情感或文化含量较高的明信片、书法、书籍。

选择礼品时要注意不应一味地追求“昂贵”，因人而异、因时而异，突出针对性才是可取的做法。

此外，赠送礼品还应注重礼品的包装，尤其是在涉外交往中，外国人对礼品的包装很是重视，将其视为礼品的组成部分，所以礼品包装一定要尽善尽美。

4. 赠送的时机（Occasion）

（1）选择最佳时机。赠送礼物时需要选择恰当的时机。归纳起来人们常常在以下几种场合选择送礼。

① 适逢重大节日，如元旦、春节、中秋节、圣诞节等国内外传统节日。

② 与受赠方有关的特殊日子，如：与对方商务相关的特殊日，如对方的晋升、获奖、公司的成立等；与对方家庭相关的纪念日，如对方的生日、婚礼、生小孩、大病初愈等。

③ 与外国客户交往时也应注意赠送的时机问题：在有的国家如日本，要选择人不多的场合送礼；而在阿拉伯国家，必须有其他人在场，送礼才不会有贿赂的嫌疑；在法国，不能向初次结识的朋友送礼，应等下次相逢的适当时机送。

（2）选择具体时间。不同国家和地区的人们在送礼时有一些约定成俗的习惯，比如说给英国人送礼，合适的送礼时机一般在晚上，如请别人用完晚餐或在剧院看完演出之后。

（3）控制送礼的频度。赠送礼品的时间间隔也很有讲究，太频繁或间隔过长都不合适，要根据具体情况来把握。

5. 赠送的方式（How）

（1）亲自赠送。这种方式能充分体现赠送者的诚意和礼节。亲自赠送主要考虑到达受赠者居住处的便利性和可能性。赠送时要大大方方，显得正式一点，把礼品不声不响地丢在某个角落然后离开是不适当的。

（2）托人赠送和邮寄运送。当你因故如外出有事、距离太远等不能亲自赠送礼品时，可托人帮忙赠送或者将礼品以邮寄的形式送达受赠者手中，这时最好附上赠言或提前打电话交代。

礼仪小博士

涉外交往“八不送”

第一，不送现金和有价证券，以免有行贿之嫌；
第二，不送贵重的珠宝首饰；
第三，不送药品与营养品；
第四，不送广告性的或宣传用品；
第五，不送容易引起异性误会的用品；
第六，不送为受礼人所忌讳的物品；
第七，不送涉及国家或商业机密的物品；
第八，不送不道德的物品。

7.5.2 受赠的礼仪

如同我们在赠送礼物时的精心和慎重，当别人赠送你礼物时，你也应当注意自己的行为，不能失礼于人。

1. 从容接受礼物

在接受对方赠送的礼物时，我们要落落大方地接受。接受礼物时要注意礼貌，但不要过于推辞，国人喜欢说“受之有愧”之类的自谦话，若在涉外场合，会被认为是无礼的行为，会使送礼者不愉快甚至难堪。正确的做法是用双手接过礼品，并向对方致谢。

2. 要当面打开礼物

在接过他人赠送的礼品时，应当尽可能地当着对方的面将礼品包装拆开，以示对对方的尊重和对礼品的重视。在启封时动作要井然有序、舒缓文明，撕破包装纸被认为是粗鲁的举止。但请注意，结婚礼品是不可当场打开的。

打开包装后，要以适当的动作和语言表示对礼品的欣赏，比如，可将他人所送的书法作品细品一番，并置于厅堂醒目之处。同时，别忘了表达你对对方的感谢之情，如“没想到你送的竟是我一直想看但在书店里买不到的书，你太让我感动了！”

3. 及时写感谢信

收到礼物后，除了口头致谢外，还可以打电话感谢对方。但有时候为了表达对方的高度重视和感谢之情，尤其是涉外场合，也可以选择以书面的形式给对方写封感谢信。

7.5.3 回赠的注意事项

收到馈赠的礼品后，受礼人一般要回赠，从而加强联系，增进友谊。在回赠礼品时，应该注意的方面有：

1. 注意回礼的时机

选择回礼的时机与赠送礼品的时机的要求是一致的，要长短适度。如果还礼过早容易被别人认为是“等价交换”；如果拖延太久，等事情完全冷淡了再还礼效果也不好。但在一些特殊情况下则不受此约束，如在节日庆典时期，可以在客人走时立即回赠；而在生日、婚庆、晋级升迁等时候接受的礼品，应在对方有类似的情形或适当时候再回赠。

2. 回赠礼品的技巧

在还礼的时候就要选择得体的还礼形式。如果还礼的形式不当，还不如“不还”。下面还礼的几种形式可以借鉴。

（1）回赠的礼品切忌重复，一般要价值相当，也可以根据自己的情况而定，但也不必每礼必回。

（2）因为一般人在选择礼物时无意之间会选择自己喜欢的物品，因此，回赠对方时不妨参考一下对方馈赠的礼物，较易赢得对方的喜悦。

7.5.4 回绝赠品的技巧

拒绝收礼一般是不允许的，而最好是表示谢意并接受它。当然，有时候有必要拒收礼品。若因故拒绝，态度要委婉而坚决。通常，我们可以采用以下几种方法礼貌地拒绝礼物。

1. 先收后退

如果当着很多人的面拒绝别人的礼物，无疑会让对方觉得很难堪，所以建议在这个时候先将礼物收下，然后单独将礼物原封不动地退还给送礼人。要注意收下的礼物不能拆封，更不应该使用，要争取在24小时内送还，否则容易让人误解为你已经收下。

2. 委婉拒绝

可以在对方准备送礼物时委婉暗示对方自己可能无法接受礼物。

3. 开宗明义，直接说明回绝的原因

在涉及公务方面的往来中，如果遇到别人赠送贵重礼物时，可以采取直接告知不能收受礼品的原因来拒绝对方。

礼仪小故事

知心礼·传递中国外交温度

2015年4月8日，一场特别的老友会见在北京钓鱼台举行。包装精美的礼盒内，平放着珍藏已久的合影，这是习近平主席送给“老房东”德沃切克一家的礼物。习主席和“老房东”仔细端详着这张珍贵合影，许多美好而难忘的回忆涌上心头。“当时吃完早餐，你要带着女儿去上班和上学，我们说到门口照一张相。”德沃切克对习主席说：“其实没有必要送我们礼物。您与我们相处的时间和这种友情已经足够了。”习主席感叹："30 年的友谊啊！"

2016 年 3 月 28 日，习主席在捷克布拉格拉尼庄园同捷克总统泽曼会晤，他带来的国礼是一把椅子。这把椅子是我们明代的样式，线条非常简单，还有垫子。

2017 年 1 月，习主席代表中国向国际奥林匹克委员会赠送苏绣作品《仕女蹴鞠图》。一幅苏绣，展现出中国古代蹴鞠与现代足球千丝万缕的联系。习主席还代表中国向联合国日内瓦总部赠送国礼——《盛世欢歌》景泰蓝瓶。由孔雀、和平鸽、牡丹花、玉兰、菊花等图案组成的景泰蓝瓶，极具中国特色和文化底蕴，象征着安定祥和、繁荣发展，也传递着中国包容、合作、共赢的理念。

2022 年 9 月，习主席出访哈萨克斯坦，给托卡耶夫总统带来的几件国礼中，就有一套文房用品，毛笔精工细作，徽墨色泽黑润，端砚坚实细腻，铜质文房用品温润敦厚。因为总统托卡耶夫是一位博学的汉学家。

浓浓的人情味，不仅让世界感受中国外交的温度，也让外国友人把对中国的喜爱铭记在心底。

点评：

涉外交往的馈赠是为了表示对他人的祝贺、慰问、友好、感谢。礼品应体现友好祝愿和情感，同时具有艺术性、纪念性、民族性和地方特色，要事先了解受礼人的性格、喜好、修养、经历以及所在国的习俗，因人而异，使其感受到被重视和真诚友好。

技能操作

操作内容：中餐宴会喝酒礼仪

1. 操作标准

将全班进行分组，模拟参加一场正式的中餐宴会。重点模拟演练宴会上相互敬酒、拒酒和劝酒的礼仪。将整个场面拍摄下来，然后老师和学生进行点评，并以此掌握正确的喝酒礼仪。

2. 操作示范

（1）敬酒礼仪

敬酒也就是祝酒，是指在各种宴席上，由某人提议（通常首先由主人提出）为某事由而喝酒。喝酒前少不了说些祝愿之类的话语，正式宴会上主人（或和主宾）还会有较正式的简短祝酒词。

① 敬酒的时机。与西餐通常选择在主菜过后、甜点上桌前敬酒不同，中餐的敬酒比较多的选在来宾都入座后、还未开餐前的这段时间。

② 敬酒的顺序。敬酒时要先明确敬酒的顺序。通常情况下，应按照职位高低、宾主身份、年龄大小等依次敬酒。

③ 敬酒礼仪。提议敬酒时，应起身站立，右手端起酒杯，面带微笑，目光投向自己的祝酒对象，同时嘴里说些祝福的话。这时被敬酒的一方即使是不会喝酒，也要站立

起来，象征性地端起酒杯（或者其他替代饮品），目光迎向敬酒者，当双方说完“干杯”后，将酒一饮而尽或喝适量；然后，还要手拿酒杯与敬酒者对视一下，这个过程才算结束。中餐讲究干杯前和对方碰一下酒杯，碰杯的时候，应该让自己的酒杯低于对方的酒杯，表示对对方的尊敬。当敬酒双方距离较远时，双方可以将酒杯杯底轻碰桌面以示干杯。如果主人亲自敬酒干杯后，被敬的一方要回敬主人，和他再干一杯。

（2）劝酒礼仪

现代商务宴请讲究文明喝酒，不提倡劝酒，即使是劝酒也通常是象征性的，只是需要注意劝酒言语的分寸。所以当被敬酒的一方提出不便饮酒时，作为敬酒者应该以体谅为上，不能因此而不悦，更不要刨根问底。那种得理不饶人似的、一直劝酒的人在酒桌上是非常不受欢迎的，弄不好还会惹恼对方，破坏双方之间的友谊。

（3）拒酒礼仪

饮酒是宴会场合的重要内容，而通常拒绝别人的敬酒会被认为是失礼。所以，我们若不想饮酒，就要学会举止得当地拒绝对方的敬酒。以下是几招拒酒的小诀窍。

① 主动要一些非酒类的饮料，并说明自己不饮酒的原因。

> 今天身体不太舒服，请给我来杯可乐吧！

② 让对方在自己面前的杯子里稍许斟一些酒，然后轻轻以手推开酒瓶。按照礼节，杯子里的酒是可以不喝的。

> 好的，一点点就可以了！今天不太想喝酒。

③ 当敬酒者向自己的酒杯里斟酒时，用手轻轻敲击酒杯的边缘，这种做法的含义就是“我不喝酒，谢谢。”

④ 当然也可以委托亲友、部下、晚辈代喝。

但当别人过来敬酒时，不要东躲西藏，更不要把酒杯翻过来，或将他人所敬的酒悄悄倒在地上。

学生训练

运用判断

1. 商务宴请涉及的礼仪知识只需要宴请者注意和掌握，与赴宴者无关。

2. 在正式宴会就餐期间，女士要将携带的手提包放在背部与椅背间。

3. 朋友邀请李丽参加他的私人家庭晚宴，宴会晚上 8 点开始，李丽提前了约 20 分钟到达。

4. 就餐时与人交谈不需要注意什么事项，而是想聊哪个话题就聊哪个。

5. 中餐里喝酒应酬少不了，我们不去过分劝酒，但当我们因故不能饮酒时，应该对别人的敬酒坚决拒绝。

6. 吃西餐点菜时，必须严格按照头盘、汤、副盘、主菜、甜品和咖啡的进餐顺序来点。

7. 王靖参加外方朋友的生日宴请时，因时间较紧没来得及将礼品包装就赴宴了。

8. 王经理病愈出院后邀请同事到他家聚餐。下属小王不知送什么礼物好，最后决定去最贵超市买燕窝，打算给王经理补补身子。

9. 在一次公司举办的舞会上，张娜同时收到两个陌生男士的邀请。她不假思索地拒绝了其中一位男士的邀请，而和另一位男士跳了。下一首舞曲响起时，那位被拒绝的男士再次邀请张娜跳舞，又一次被张娜拒绝了。

10. 赵涛应邀参加一个比较正式的舞会。当第一首舞曲响起时，赵涛一听是他比较喜欢的舞曲，便迫不及待地拉着一位女同事的手奔向了舞池。

案例分析

【案例 1】

李刚是山东某企业公关部的经理，近日公司要跟美国某知名公司进行合作洽谈，于是招待美方客人一行的重要任务就落在了公关部。在制作欢迎客人的宴会菜单时，大家颇费了一番脑筋。想到山东是四大菜系之一——鲁菜的故乡，于是大家商量之后，决定将宴请安排在本地最知名的鲁菜馆，而且告诉行政总厨将他们本店最擅长的鲁菜拿来招待客人。宴席上，丰盛的菜肴摆满了餐桌，什么九转大肠、醉凤爪、整只扒鸡等，李刚等满以为客人会吃得很尽兴，没想到有些菜客人连碰都不碰，其中有的客人还微皱眉头。李刚不明白问题出在了哪里？

问题：你能帮李刚分析一下餐桌上客人的奇怪表现吗？筹备宴请时应该注意哪些问题？

【案例 2】

云南省的一家外贸公司与印度某商贸公司新近做成一笔生意。为表示合作愉快，加强两公司今后的联系，努力成为密切的商业伙伴，中方决定向印方赠送一批具有地方特色的工艺品——皮质的相框。中方向当地的一家工艺品厂定制了这批货，这家工艺品厂也如期保质保量地完成了。当赠送的日子快要临近时，这家外贸公司的一位曾经去过印度的职员突然发现这批皮质相框是用牛皮做的，这在奉牛为神明的印度是绝对不允许的，很难想象如果将这批礼品赠送给印方会产生什么样的后果。幸好及时发现，才使中国的这家外贸公司没有犯下错误，造成损失。他们又让工艺品厂赶制了一批新的相框，这回在原材料的选择上特地考察了一番。最后在将礼品送给对方时，对方相当满意。

问题：云南该公司赠送礼品时如何避免了可能犯下的错误。在赠送礼品时，尤其是涉外场合，需要注意哪些事项？

【案例3】

赵琪是一家外贸公司公关部新聘职员，各项表现还不错。一次，公司来了几位瑞典客人，自然公司准备设宴款待对方。宴请安排的是西餐，本来陪同客人进餐的是公关部李经理，但不巧的是公司里另有要事需要李经理亲自处理，公司考虑到赵琪的一向表现，决定派赵琪陪同客人进餐。这是赵琪第一次接触西餐，虽然心里没底，但在同事的鼓励和好友热情传授吃西餐经验的促动下，毅然赴宴了。毕竟是第一次吃西餐，再加上也是第一次应酬外国客人，餐桌上还是出了不少洋相。回来之后，赵琪很是懊悔自己的失误，但对周围同事说起时还不断抱怨："吃什么西餐，讲究那么多，活受罪，下次再也不去了。"果真，从那之后公司凡有外事接待都不再安排赵琪，但赵琪总感到无以言状的失落。

问题：你知道赵琪失落的原因是什么吗？赵琪该如何做，才能从目前的处境中走出来？

【案例4】

一次，温伟参加了公司举办的大型舞会，受邀者有许多外国女士。温伟的舞跳得不错，不过参加正式的涉外舞会却是第一次。当舞曲响起，陆续有人步入舞池时，温伟看到场边有一女孩和她父母在一起，他想邀请女孩跳舞，于是直接走上前去伸手向女孩发出邀请，旁边父母模样的人没有理会他，自然女孩拒绝了他。第一次邀请就遭到拒绝，温伟心里很是不爽，阴沉着走开了。当第二次邀请一位女士时，女士痛快地答应了。舞曲终了，温伟跳得心情舒畅，对女士说声"谢谢"，便继续寻找下一个舞伴去了。而那位女士却被留在了舞池中央，面露尴尬。

问题：请指出温伟在舞场中存在哪些有失礼仪的地方？我们参加舞会该掌握哪些必要的礼仪？

演练考核

1. 宴请筹备设计演练

模拟一特定商务情景，如某部门公关部将负责安排筹办一场答谢客户的宴会，将邀请与本公司有业务联系的几家大客户。全班分组各自设计这场宴请筹备事项的方案，最后将各自的方案进行相互比较和评价。

2. 为欢迎韩国客户，某公司将举办一场中餐宴会，主人、主宾、副主人、副主宾及陪同共 10 人。全班分组，分别扮演任务中的韩方和中方代表、宴请中的服务人员，完成下列任务，并尽可能在实训室演练。

宴请任务：

（1）合理安排宾主座次顺序。

（2）正确摆放餐具。

（3）为宴会点菜。

3. 全班分成几个小组，分别轮流扮演主人、客人和餐厅服务员，模拟演练在西餐厅点菜的礼仪。每个小组的表现可由其他小组成员和老师一起点评。

4. 全班分组，活动场地安排在实训室，几个小组分别模拟英美式和法式西餐用餐礼仪。通过演练掌握西餐用餐礼仪的共性和差别。

5. 教师节就快到了，为了给每位任课老师送去节日的问候，全班同学决定给每位老师送一份礼物。请用所学的赠送礼品的礼仪知识为每位老师精心挑选礼物并送到对方的手中。通过老师对礼物的评价来自我考核。

6. 设计一场舞会，注意场地的布置和参加人员服饰的要求，重点模拟男生邀请女生跳舞、女生接受和拒绝男生邀请的情景。最后对模拟情况进行互评。

任务8　商务谈判礼仪

知识树

任务驱动

1. 目标要求

◆ 了解商务谈判的基本原则和基本态度，掌握商务谈判的谈判策略和技巧；

◆ 熟悉商务谈判中的礼仪，塑造良好的商务谈判者形象；

◆ 掌握商务谈判中的语言使用规范，灵活运用商务谈判语言艺术。

2. 任务导入

李智是某外贸公司资深业务员，参加过公司一系列重要商务谈判。近日，他被提升为公司涉外部主管，负责商务谈判工作。他上任后首先要做的是对本部门新员工进行一次商务谈判的培训，李智应从哪几方面要求他的团队成员呢？

知识掌握

谈判又叫会谈，是指商务活动者因为工作需要，进行有组织、有准备的协商活动，就某些问题达成一致，实现各自利益的过程。杰勒德·I. 尼尔伦伯格（美国谈判学会会长、著名律师）在《谈判艺术》一书中阐明："谈判的定义最为简单，而涉及的范围却最为广泛，每一个要求满足的愿望和每一项寻求满足的需要，至少都是诱发人们展开谈判过程的潜因。只要人们为了改变相互关系而交换观点，只要人们是为了取得一致而磋商协议，他们就是在进行谈判。谈判通常是在个人之间进行的，他们或者是为了自己，或者是代表着有组织的团体。因此，可以把谈判看作人类行为的一个组成部分，人类的谈判史同人类的文明史一样长久。"也有专家将谈判概括为："谈判是一个双方寻求共识、集结共同利益、心和心互动的过程。"这说明自有商业以来，谈判就贯穿于整个商业时代，小到摊贩的"砍价"，大到跨国贸易，谈判无处不在。当今社会的发展，时代的进步，更是离不开商务谈判，谈判已成为商品经济时代不可缺少的组成部分。

在任何谈判中，礼仪都是必不可少的，它不仅体现出一个人的素质、涵养、还有利于激发与谈判对手之间的感情，促使谈判顺利进行。优秀的谈判者，不仅要求精通专业知识，掌握社会学、心理学、语言学等方面的知识，还要求通晓礼仪知识，这样才能在谈判中得心应手。无论交易成功与否，注重礼仪都是十分重要的。因此，谈判人员需要具备较高的个人素质，包括熟练恰当地运用商务礼仪知识、优秀的语言沟通及表述能力、极高的敏锐度和过人的反应速度。恰到好处的谈判礼仪可以弥补纯粹的谈判技术的不足，从而获得意想不到的商业价值。

8.1 商务谈判礼仪的基本原则

谈判的基本原则是商务谈判的指导思想，它决定了谈判者在谈判中将采用什么谈判策略和技巧，以及怎样运用这些策略和技巧。如果谈判者能够精确掌握并灵活运用谈判原则和技巧，就可以获得主动权，最终获得成功。

8.1.1 合作的原则

商务谈判是企业进行经营活动和参与市场竞争的重要手段，因此，参与谈判的双方既是竞争者，也是合作者。谈判是一种合作，商务谈判的最高利益应当是合作互利的。只有双方本着合作的诚意，消除达成协议的各种障碍，才能达成交易、认真履约，获得各自的利益，成就真正的商业合作。商务谈判中一定要注意避免为了片面追求自己的利益固执己见、损人利己，这样的合作只能是短期的，最终会损害谈判双方的根本利益、长远利益。

要坚持相互合作的原则，应从以下几方面着手。

（1）从双方的实际利益出发，建立和改善双方的合作关系。经济交往都是互利互惠的，如果谈判双方都能充分认识到这一点，就能极大地增加谈判成功的可能性。谈判的成功会给双方带来实际的利益或改善双方的关系，进而具备了进行长期合作的基础和可能。

（2）坚持诚挚与坦率的态度。任何交易活动，不论哪一方缺乏诚意，都很难取得理想的合作效果。在相互合作、信任的基础上，双方坦诚相见，开诚布公，将自己的观点、要求明确摆到桌面上来，求同存异，相互理解，这样会大大提高工作效率和相互的信任。因此，有合作诚意的谈判一般分为申明价值（Claiming Value）、创造价值（Creating Value）和克服障碍（Overcoming Barriers to Agreement）三个步骤。

当然，坚持合作的原则，并不排除谈判策略与技巧的运用。合作是解决问题的态度，而策略和技巧则是解决问题的方法和手段，二者并不矛盾。

礼仪小故事

美国纽约工会领导人伯特伦·波厄斯以“经济谈判毫不让步”而闻名美国。他在一次与报业主进行的谈判中，不顾客观情况，坚持强硬立场，甚至两次号召报业工人罢工，迫使报业主满足了他提出的全部要求。报社被迫同意为印刷工人大幅度增加工资，并且承诺不采用排版自动化等先进技术，防止工人失业。结果是以伯特伦·波厄斯为首的工会一方大获全胜，但是却使报业主陷入困境：首先是三家大报被迫合并，接下来便是倒闭，数千名报业工人失业。

点评：

这个故事告诉我们，谈判是一种合作，而不是一场比赛或是一场战斗，非要论个输赢。在本案例中，伯特伦·波厄斯为首的工会一方虽然大获全胜，但是他们只顾贪求谈判桌上的彻底胜利，导致了双方利益的完全损失，两败俱伤。

资料来源：王慧敏，吴志樵，周永红．商务礼仪教程．北京：中国发展出版社，2008.

8.1.2 互利互惠原则

现代谈判的观点认为，在谈判中每一方都有各自的利益，但每一方利益的焦点并不是完全对立的。如一项产品出口贸易的谈判，卖方关心的可能是货款的一次性结算，而买方关心的是产品的质量。因此，谈判的一个重要原则就是强调双方的利益，提出互利性的选择，即谈判的结果并不一定是“你赢我输”或“我赢你输”。谈判双方要树立“双赢”的概念，一场谈判的结局应该是使谈判双方都要有“赢”的感觉。

1. 提出新的方案

当谈判双方有分歧时，可以设计出兼顾双方利益的分配方案，然后进行协调和充分选择。要打破传统的思维方式，提出新的方案：一方面，要搜集大量的信息资料作为考虑问题的依据；另一方面，要鼓励谈判组成员大胆发表个人见解，集思广益。一个好的创意，可以兼顾双方的利益，达到令双方都满意的效果。

2. 寻找共同利益

从理论上讲，满足共同利益的方案对双方都有好处，有助于达成协议。但在实践中，当双方为各自利益讨价还价、激烈争辩时，很可能忽略了双方的共同利益。即使意识到了谈判成功将会实现共同利益，也往往会忽略谈判破裂带来的共同损失。如果双方都能从共同利益出发，认识到双方的利益是互为补充的，就会为双方达成共识而努力。

尽管每一次合作都存在着共同利益，但其大部分是潜在的，需要谈判者去挖掘、发现，最好能用明确的语言和文字表达出来，以便谈判双方了解和掌握它。

3. 协调分歧利益

人们总认为两方面的分歧会产生问题，其实，分歧也会引发问题的解决。例如，在达成协议之前，股票的出售者总是说股票可能看涨，以此来说服股票的购买者；但如果他们确认股票看涨，出售者可能就不会卖了。使交易做成的是购买者看涨而出售者看跌，观念上的分歧构成了交易的基础。

利益、观念、时间上的分歧都可以成为协调分歧的基础。例如，一方主要关心问题解决的形式、名望与声誉、近期的影响，另一方则主要关心问题解决的实质、结果和长期的影响，这时不难找到可以兼顾双方利益、双方都比较满意的方案，谈判自然会获得成功。

协调利益的一种有效方法是指出自己能接受的几种方案，然后问对方更喜欢哪一种，并且要知道哪一种方案更受欢迎，而不是能被接受。可以对受欢迎的方案进行再一次加工，再拿出至少两个以上的方案征求对方的意见，看看对方倾心哪一种。用这种方法不再需要决策，就可以使方案尽可能地包含共同的利益。

在协调分歧的过程中遵循的原则是，寻求对自己代价低、对对方好处多的方案。当自己寻求的方案不被对方接受时，要努力使对方意识到所确定的方案是双方参与的结果，包含着双方的利益和努力；客观地指出履行方案给双方所带来的结果，并重点指出对双方利益和关系的积极意义，促使对方回心转意，做出决策；不到迫不得已，不要以威胁的方式警告可能发生的后果，并要求对方承担一切责任。

8.1.3 立场服从利益原则

在商务谈判中，人们习惯于站在自己的立场上讨价还价，以利益服从立场为原则进行谈判，其结果往往是消极的。其表现在以下几个方面。

（1）立场上的讨价还价违背了谈判的基本原则。谈判中，利益是目标，立场是由利益派生出来的，是为利益服务的，因而立场应服从利益。

（2）立场上的讨价还价会破坏谈判的和谐气氛，使谈判成为一场意志的较量，严重阻碍谈判协议的达成。

（3）立场上的讨价还价还会导致不明智的协议产生。所采取的行动和对策都是为了捍卫自己的要求或立场，很少考虑协议是否符合对方的要求，甚至会偏离自己本来的利益目标。虽然坚持立场是为了维护自己的利益，但往往事与愿违。

在立场服从利益的前提下，谈判者则会变得灵活、机敏，只要有利于己方或双方，没有什么不能放弃的，没有什么不可更改的。成功的谈判者不但要强硬，更要灵活。

8.1.4 对事不对人原则

该原则是指在谈判中区分人与问题，把对谈判对手的态度和所讨论问题的态度区分开来，就事论事，不要因人误事。

由于谈判的主体是富于理智和情感的人，所以谈判的过程和结果不可避免地要受到人的因素的直接影响。如果谈判过程中能形成互相都满意的心理，随着时间的推移，建立起一种互相信赖、理解、尊重和友好的关系，会使下一轮谈判更顺利、富有效率；否则人们会变得愤愤不平、意志消沉、谨小慎微、充满敌意或尖酸刻薄。

因此，在谈判中要避免从个人利益和观点出发来理解对方的提议，要明确与对手打交道是谈判的形式，解决问题是谈判的直接目的，争取因人成事，避免因人误事，具体做法有以下几点。

（1）在谈判中，当提出建议和方案时，要站在对方的角度考虑建议的可行性，理解和谅解对方的观点、看法。当对方拒不接受己方的提议，或提出己方难以接受的条件时，也不可暴跳如雷，拍案而起指责对方，而要心平气和、不卑不亢地阐述客观情况，摆事实，讲道理，争取说服对方。

（2）让双方都参与提议与协议，利益攸关。一个由双方共同起草和协商的包含双方主要利益的建议，会使双方认为是利于自己的，那么达成协议就比较容易，这是因人成事的技巧。

（3）保全面子，不伤感情。第一，要善于和乐于认识、理解自己和对方的情感。对谈判对手的理解和关心往往比说服和较量更具影响力；第二，当谈判对手处于非常窘困和尴尬的境地时，应给对方一个台阶下，这就是所谓的“为人置梯”的技巧；第三，注意同谈判对手多沟通。谈判本身就是一种交流，如果及时、经常、面对面地沟通交流，会避免和消除误会。

8.1.5 使用客观标准原则

没有分歧就没有谈判，谈判双方利益的冲突和分歧是客观存在的。谈判的任务就是消除或调和彼此的分歧，达成协议。实现这一目的有多种方法，一般是通过双方的让步或妥协来完成。如果双方无法确定哪个标准最合适，较好的做法是找一个双方认为公正的、有权威的第三方，请他建议一种解决争端的标准，这样问题会得到比较圆满的解决。

坚持客观标准原则能够克服主观让步可能产生的弊病，有助于双方冷静、客观地分析问题，达成明智而又公正的协议。由于协议的达成是依据客观标准，双方都感到自己利益没有受到损害，因而会积极有效地履行合同。

礼仪小博士

假如你要签订一份建筑房屋的合同，这项工程需要钢筋混凝土地基，但你不知道应该用多深，承包商建议用2英尺（1英尺=0.304 8米），而你却认为这类房屋该用5英尺。这不是讨价还价的地方，你应该坚持用客观的安全标准来决定这个问题，“或许我是错的，或许2英尺已足够了，可我需要的是使地基足够牢固，以保证房屋的安全。政府是否有这种土质条件的标准规格？这附近其他房屋的地基是多深？这里是否有地震的危险？你说我们如何找到解决这个问题的标准？”因此，标准是双方应该和能够接受的，是有助于达成协议的。

所谓客观标准是指独立于各方意志之外的合乎情理和切实可用的标准。它既可能是一些惯例通则，也可能是职业标准、道德标准和科学标准等。

资料来源：王慧敏，吴志樵，周永红．商务礼仪教程．北京：中国发展出版社，2008.

8.1.6 遵守法律原则

在谈判及合同签订的过程中，要遵守国家的法律、法规和政策。与法律、政策有抵触的商务谈判，即使出于谈判双方自愿并且协议一致，也是无效的。

比如《中华人民共和国广告法》规定，广告应当真实、合法，以健康的表现形式表达广告内容，符合社会主义精神文明和弘扬中华民族优秀传统文化的要求；广告不得含有虚假或引人误解的内容，不得欺骗、误导消费者。广告公司在与厂商进行承揽广告业务的谈判时，首先要考察对方要发布的广告是否符合有关法律的规定，如果将非法广告发布出去，双方法人或自然人，包括发布广告的新闻单位，都将受到法律的惩处。

随着商品经济的发展，生产者与消费者之间的交易活动将会在越来越广的范围内受到法律的保护和约束。离开经济法规，任何商务谈判都将寸步难行。

礼仪小博士

我国对外贸易的谈判还应遵守国际法并尊重对方国家的有关法规、贸易惯例等。对外谈判最终签署的各种文书具有法律效力，受法律保护，因此，谈判者的发言，特别是书面文字一定要法制化，一切语言、文字应具有双方一致承认的明确的合法内涵。必要时应对“用语”的法定含义做出具体明确的解释，写入协议文书中，以避免因解释条款的分歧，导致签约后执行过程中产生争议。按照这一原则，主谈人的重要发言，特别是协议文书，必须统一由熟悉国际经济法、国际惯例和涉外经济法规的律师进行细致审定。

8.2 商务谈判的态度

8.2.1 谈判的态度要求

谈判者的职业素质直接决定着谈判是否成功，因此，在谈判中谈判者要保持正确的态度，这需做到以下几点。

1. 具有势在必得的气势

谈判就像一场没有硝烟的战争，面对战争，“狭路相逢勇者胜”是制胜的法宝。必胜的信念和坚定的自信心是谈判高手成功的精神支柱。它会使谈判者在强大的谈判对手面前不卑不亢，在气势上居高临下，让对手摸不透底细，造成对手心神迷乱，而对方的心虚不仅会暴露他们的弱点，更会在较量中不自觉地处处被动。当然，“必胜信念”并非狂妄自大，而应符合职业道德，是具有高度理性的信心。这是每一个谈判人员取得成功的心理基础。满怀取胜信心，才能有勇有谋，百折不挠，达到既定目标。

2. 具有坚韧不拔的意志

任何谈判都不可能一帆风顺，再具实力的谈判高手也会有处于劣势的时候，而坚韧不拔正是扭转局势所必备的心智状态。遇到挫折不减锋芒，遇到阻碍不垂头丧气，困难往往是取得成功的突破口。一个优秀的谈判人员需要有战胜困难的决心，不管客观条件如何，必须在现有的条件下努力争取，力求收到最满意的结果。困难在整个谈判过程中会随时出现，成为阻碍成功的绊脚石，而坚韧不拔的意志则是拨开荆棘、扫清道路的有效武器。

3. 具有沉着冷静的处事态度

谈判过程中，当对方直击自己劣势时，要适时缓解由此造成的心理压力，保持冷静的心态，巧妙周旋，沉稳不露；同时密切注意对手的举动，搜寻其弱点，掌握时机火候，在其要害处重重一击，令对手方寸大乱，方可反败为胜。

4. 做到知己知彼

谈判是双方心理素质的较量，也是谈判技巧、专业知识与信息收集的较量，谈判过程充满了变数和陷阱，因此，唯有准备充分，方能胸有成竹、胜券在握。正所谓“知己知彼，百战不殆”。一次成功的谈判，谈判前的充分准备显得尤为重要。其中信息的收集是谈判前重要的一项工作，唯有准确把握对手及其所代表利益集团的情况，最大限度地掌握有效资讯，仔细分析对方的优势与劣势，真正做到知彼，才是成功谈判的有力保障。“知彼”的真正意义在于深入了解对方的劣势，并在谈判的过程中将其放大，用以打击对手的自信心或者抵消他的优势；“知己”同样不可忽视，谈判者应准确了解自身的优劣势，合理提炼自身优势，并在谈判过程中充分展现，尽可能让这些优势闪光，从而掩盖自身的劣势，为自己赢得主动。

礼仪小故事

一位资深谈判高手在接受记者采访时这样描述令他难忘的一次谈判：“与 A 集团谈判代表的一次为期 3 个月的商务合作谈判进行得异常艰难、激烈，但最终还是以双方满意的条款签订了合作协议。谈判前，双方都做了充分的‘战前准备’，对对方所代表的集团进行了周密的调查和细致分析，同时也对代表集团利益的谈判代表进行了调查。对方的谈判代表通过各种外部渠道乃至我的上级领导和下属了解我的性格和处事风格，导致我不得不对我的内部团队进行清理。在谈判过程中，对方代表利用所掌握的信息直击我方弱点，其数据的精准性令我吃惊。但我沉着冷静地应对道‘×先生，您列举的数据很准确，甚至连我的助手都不能为我提供这样的数据，这着实让我钦佩。然而，这并不是我们所关注的问题，如果您要寻找我们的劣势，那还需要再下点功夫’，这样的激烈场面在整个谈判过程中数不胜数。在长达 3 个月的谈判过程中，处于绝对优势的我一度因谈判不愉快，连续 5 天拒绝接听对方代表的电话，双方关系异常紧张。然而，正是对方代表那种坚韧不拔、锲而不舍的精神深深打动了我，促成了合作协议的签订。在谈判过程中，我们所展现的个人魅力征服了对方，使我们成为终身的好朋友，相互欣赏、相互信任。”

点评：

谈判不仅是一门学问，更是一门艺术。在实践中，一项谈判是否成功，谈判者所持的态度和风范往往起决定作用，谈判者的态度直接决定着谈判的成功与否。本案例中的谈判双方在谈判过程中以坚韧不拔和锲而不舍的态度，做到了知己知彼，他们所展现的个人魅力征服了对方，最终取得了谈判的成功。

资料来源：谈谈成功的关键．新浪财经，http://finance. sina. com. cn.

8.2.2　商务谈判的正确态度

1. 平等

商务谈判中，无论是双方还是多方，在权益、责任上都应一律平等。平等可以说是一种礼遇，除谈判级别要对等之外，还要平等地决定谈判地点、谈判次数等对谈判双方均有利的谈判要素。谈判过程中，各方发表意见的机会、所处的地位、受重视的程度都是平等的，不允许将一方的意见强加于另一方。另外，在行使否决权时，双方都具有相同的否决能力，即任何一方提出否决，议案都不能成立。

2. 互利

商务谈判的目的不是单纯的一方获利，而是为了维护双方共同的利益，即“互利”。这里的利益并不是私人利益，也不是以损害他方利益为前提的利益，而是民族的利益、国家的利益或者国际法律允许范围内应得的利益。

商务谈判的过程就是为了恢复失去的利益，或者重新认识、重新划分现在的利益。谈判不成，很可能会引起新的矛盾与冲突，因此，谈判获得成功是双方共同的意愿和理想。谈判双方最后的底线利益是根本利益，也是双方坚持的最基本的态度，否则，谈判最终也会破裂。

3. 双赢

“双赢”是谈判取得成功所应遵循的不二法则。面对谈判决不能过于急功近利，许多谈判的结果并不理想，正是因为谈判者过于固守自身利益而忽略或牺牲了对方的利益，未能理解“双赢”的含义，结果导致谈判失败。谈判者陷入这一困境的主要原因：第一，理论上的“双赢”与现实谈判中的“双赢”存在一条难以逾越的思想鸿沟——谈判双方的利益最大化。第二，谈判者错把“双赢”当作谈判技巧。“双赢”是谈判遵循的法则，是成功谈判的结果。不是谈判技巧决定双赢的结果，而是谈判者的观念决定双赢，谈判技巧是为人所用的，谈判者树立怎样的观念直接决定了他将采取怎样的谈判策略，并应用相关谈判技巧。第三，许多谈判者错误地认为，谈判具有“零和效应”，一方所得，即一方所失，向对方做出让步就是自己的损失。

如何走出这样的困境呢？我们应该彻底抛弃“独占一块大饼”的谈判思想，树立“谈判无输家”的观念，正确理解“双赢”的含义。每个谈判都有潜在的双方共同利益，而共同利益就意味着商业机会，谈判者应该考虑如何将双方的共同利益最大化，寻求可持续性的长远合作和发展。一味地满足一方的利益，追求一方的“胜利”，可能将导致长久的失败——失去再次合作的机会。“己所不欲，勿施于人”，真正站在谈判的主体和客体之间寻找一个双方能够达成共识的焦点，不仅要考虑自己的利益，同时要考虑对方的利益，不仅要考虑眼前的利益，更要考虑合作关系持续发展的价值。因此，真正成功的谈判是寻求双方共同的发展，真正的成功是大成功，这就是“双赢”的真正含义。

礼仪小故事

伊沃·昂特在其所著的《谈判无输家》一书中讲了一个很有典型意义的小例子：“一买方收到报价 14 750 美元，提供 10 台计算机及相应的软件，报价包括送货及安装软件。买主研究了几份价格较低的相似报价后，要求卖主把价格降低到 12 500 美元。对卖主来说，底价是 12 875 美元，低于这个价就有损失。卖主这时想：我们能附加什么服务或什么设备才能增加买主采购的价值呢？如果我们提出让买方的 5 名职员学习 WORD，那对我们意味着什么呢？我们每周都举办这样的培训班，每个参加者的收费是 187.50 美元；另一方面，在培训班里总有 1~2 个名额是空缺的，如果买方接受这种安排，我们的花费并不增加。”

点评：

每次谈判都有潜在的双方共同利益，而共同利益就意味着商业机会，本案例的谈判者考虑了将双方的共同利益最大化，寻求到了可持续性的长远合作和发展。

资料来源：李嘉珊．国际商务礼仪．北京：电子工业出版社，2007.

4. 互让

谈判的实质既是坚持又是妥协。没有坚持，就会失去谈判的动力；而没有妥协，也就无法取得对方的谅解，谈判将无法成功。在谈判中学会妥协，才会有所收益。谈判是让对方降低条件，与此同时，自己也必须做出相应的让步，用自己的妥协换取对方的妥协，这就是互让而又互利的最高境界。因此，谈判时，要甘于牺牲己方的一些利益，过于贪心将会使谈判无法顺利进行下去，吓跑对方，失去的是更多的利益。而做出相应的让步、让利，会使对方感觉到己方的诚意，看到机会，并更为主动、积极地去争取共同成功。

5. 尊重

商务谈判要尊重对方，在商务谈判细节上可以步步为营，寸步不让；但是对谈判对方人格权、名誉权一定要尊重，再激烈的对抗都应当集中在商业目的本身。谈判者既是对方，更是朋友，应该互相尊重，共同遵守礼仪规范。

商务谈判中应该认真倾听对方的意见和观点，不可心不在焉、东张西望，不可任意打断对方谈话，为了让对方更好地将自己的观点陈述到位，可以在对方停顿的间歇加进一些鼓励性的话语，如“请问，您说的是这个意思吗”“您所讲述的问题是不是可以这样理解”等，让对方充分感觉到对他的重视和尊敬。

当然，对于故意制造混乱、混淆视听的对手，要果断冷静地做出判断，并适当予以反驳，反驳时尽量使用果敢的语气，如“您说的不是事实，事实是这样的……”“我们调查的结果不是你说的那样”。

礼仪小故事

美国汽车业“三驾马车”之一的克莱斯勒汽车公司拥有近70亿美元的资产，是美国第十大制造企业，但自进入20世纪70年代以来该公司却屡遭厄运，1970—1978年期间竟有4年亏损，其中1978年亏损额达2.04亿美元。在此危难之际，艾柯卡出任总经理。为了维持公司最低限度的生产活动，艾柯卡请求政府给予紧急经济援助，提供贷款担保。

但这一请求引起了美国社会的轩然大波，社会舆论几乎众口一词：“克莱斯勒赶快倒闭吧。”按照企业自由竞争原则，政府决不应该给予经济援助。最使艾柯卡感到头痛的是国会为此而举行了听证会，那简直就是在接受审判。委员会成员坐在半圆形高出地面8尺的会议桌上俯视着证人，而证人必须仰着头去看询问者。参议员、银行业务委员会主席威廉普洛斯迈质问他：“如果保证贷款案获得通过的话，那么政府对克莱斯勒将介入更深，这对你长久以来鼓吹得十分动听的主张（指自由企业的竞争）来说，不是自相矛盾吗？”

艾柯卡回答说：“你说得一点也不错，我这一辈子一直都是自由企业的拥护者，我是极不情愿来到这里的，但我们目前的处境进退维谷，除非我们能取得联邦政府的某种保证贷款，否则我根本没办法去拯救克莱斯勒。我这不是在说谎，其实在座的参议员们都比我还清楚，克莱斯勒的请求贷款案并非首开先例。事实上，你们的账册上目前已有了 4 090 亿美元的保证贷款，因此务请你们通融一下，不要到此为止，请你们也全力为克莱斯勒争取 4 100 万美元的贷款吧，因为克莱斯勒是美国的第十大制造公司，它关系到 60 万人的工作机会。”

艾柯卡随后指出日本汽车正乘虚而入，如果克莱斯勒倒闭了，它的几十万职员就得成为日本的佣工，根据财政部的调查材料，如果克莱斯勒倒闭的话，国家在第一年里就得为所有失业人口花费 27 亿美元的保险金和福利金。所以他向国会议员们说：“各位眼前有个选择，你们愿意现在就付出 27 亿美元呢？还是将它的一半作为保证贷款，日后并可全数收回？”持反对意见的国会议员无言以对，贷款终获通过。

点评：

艾柯卡所引述的材料，参议员们不一定不知道，只是他们没有去认真地分析过这些材料。艾柯卡所做的一切只是将议员知道的一切再告诉他们，并让他们真正明白他们所知道的。成功的奥妙就在谈判者所持的正确态度。

资料来源：慧路管理培训网。

8.3 商务谈判的形象

8.3.1 良好谈判形象的重要性

在商务谈判中，交易双方可能并不完全了解，需通过个人形象来了解企业形象。有这样一种常见现象：在商务活动中，一方往往通过对方的仪容仪表、举止言谈来判断对方，并通过对方来分析他（她）所代表的企业的可信程度，进而影响与其交往的程度。由此可见，在商务活动中，双方人员的高尚道德情操、彬彬有礼的言谈举止、渊博的知识、得体的礼遇，都会给对方留下深刻的印象，并对企业产生好感，减少谈判阻力，推动交易成功。因此，在谈判中，良好的谈判形象与高超的谈判技巧同等重要。

举行正式谈判时，谈判者尤其是主谈者的临场表现往往直接影响到谈判的现场气氛。如果谈判者始终如一地面带微笑、态度真诚，有助于消除对手的反感、漠视与敌对心理；相反，如果在谈判中，举止粗鲁、态度恶劣、表情冷漠、蛮横无理，不懂得站在对手的立场替对方考虑，体验对手的情绪、情感，就会大大刺激对手的攻击欲望和敌对意识，无形中造成对手的情感伤害。得罪了对手也就是为己方设置了障碍，增添了阻力。

礼仪小故事

Eisdis'lorid 是世界化妆品王国中的皇后，她拥有几十亿美元的化妆品王国，是世界化妆品领域的一股重要势力。但 Eisdis 出身贫穷，并没有受过教育，最初，她以推销叔叔制作的护肤膏起家。为了使自己的产品能够多销售一些，她不得不走街串巷。后来，她决定将产品定位于高档次上。可是，起初她的推销没有什么效果。后来，她终于忍不住问一个决定绝不购买她产品的顾客："请问，您为什么决定绝不购买我的产品呢？是我的推销技巧有什么问题吗？"那位顾客说道："不是技巧的问题，推销要什么技巧？如果我觉得你在展示技巧，我就会将你赶出去。是你这个人不行，你根本就是一个低档次的人，让我怎么相信你的产品就是高档次呢？"

点评：

这位顾客的话明显对 Eisdis'lorid 有轻视甚至是侮辱的成分，双方此时已经陷入了僵局状态。Eisdis'lorid 推销的化妆品之所以没有什么效果，是因为她自身的形象很糟糕所致，由此我们可以建议 Eisdis'lorid 对自己的形象进行全新的检查和包装。

资料来源：幸福校园网。

8.3.2 良好谈判形象的基本要求

商务人员代表商家出席商务谈判，在个人形象上必须符合严格的要求和统一的规定。

1. 仪表

仪表即外表。商务谈判者仪表要规范，参加正式的商务谈判，男士应理发、吹风、剃须，鼻毛不能过长，不能有发屑，身上不能有怪味；女士的发型应端庄、干练，应化淡妆，妆容要淡雅清新，自然大方。不可做过于夸张、另类的发型，不可染色彩鲜艳的头发。忌浓妆艳抹和使用带有浓郁香味的化妆品、香水。

2. 表情

这是人的第二语言，表情要配合语言。表情自然，不要假模假样；要友善，不要有敌意。友善是一种自信，感情要良性互动，要双方平等沟通。面无表情，会使个人魅力与信用降低，给对手以不良印象。谈判人员的表情务必率真、自然、有正气。面对谈判对手始终要面带微笑，以示友好，眼神不要游移不定给对手以不自信、紧张或松懈之感，手势要简单明了，不要过于烦琐。

3. 举止动作

举止要有风度，风度就是优雅的举止，是在充满了自信、良好文化内涵基础上的一种习惯的、自然的举止动作。举止要文明，尤其是在大庭广众面前，要注意不能当众随意整理服饰等。举止要优雅规范，要站有站姿、坐有坐相。在商务谈判中，对举止的要求是适度。那么，怎样的坐姿、站姿和行姿才算适度呢？

（1）坐姿。从椅子的左边入座，坐下后，身体应尽量保持端正，并把两腿平行放好。谈判中，不同的坐姿传递着不同的信息：挺着腰笔直的坐姿，表示对对方或谈话有兴趣，同时也是一种对人尊敬的表示；弯腰曲背的坐姿，是对谈话不感兴趣或感到厌烦的表示；斜着身体坐，表示心情愉快或自感优越；双手放在跷起的腿上，是一种等待、试探的表示；一边坐着一边双手摆弄手中的东西，表示漫不经心的状态。

（2）站姿。正确的站姿应该是两腿脚跟着地，两脚呈 45°角，腰背挺直，自然挺胸，两臂自然下垂。在谈判中，不同的站姿会给人不同的感觉：背脊笔直给人充满自信、乐观豁达、积极向上的感觉；弯腰曲背给人缺乏自信、消极悲观、甘居下风的感觉。

4. 服饰

服饰代表个人修养，是审美情趣或企业规范的一种形象体现。服饰的选择与搭配可以给人增添无限的魅力，最能显现自然美、气质与风度美的有效融合，也可以弥补一个人体型、气质上的不足。商务人员的服饰影响着谈判形象，服饰的色调和整洁状况充分反映着谈判人员的心理特征、审美观点和对谈判对手的态度。商务人员的服饰应当干净、美观、传统、简洁、高雅、大方。男士以着深色三件套西装搭配白色衬衫，打素色或条纹式领带，配深色袜子和黑色正装皮鞋为最佳选择；女士穿深色西装套裙搭配白衬衫，肉色长筒丝袜，黑色高跟或半白高跟鞋最好。

5. 谈吐

谈判者的谈吐是影响谈判的一个重要因素。总的来说，交谈时表情要自然、表达要具体，要讲普通话。第一，要注意音量，声音过大显得没有修养，说话声音适中会更悦耳动听。第二，慎选内容，言为心声。讨论的问题首先是你的所思所想，你要知道该谈什么，不该谈什么。第三，注意使用礼貌用语。如“您好”“谢谢”等。交谈中不能出现伤害对方的言辞，否则会激怒对方。第四，发言之后，应留出一定的时间供对方发表意见，切忌喋喋不休，以自我为中心。对方发言时，不要表现得心不在焉，要善于聆听对方谈话，不要轻易打断别人的发言，即使有不同的观点和看法，也应等对方讲完后再表达。

6. 待人接物

要注重诚信为本。“诚实是最好的竞争手段”。从商务谈判的理论和实践来看，通过提供商品交换为手段，实现互惠互利是商务谈判的根本所在，任何一种企图使一方全赢或全输的商务谈判都是不成功的，即使是赢得了一次谈判，也会丧失今后的合作机会；同时必须遵纪守法。谈判者廉洁自律、严守商业机密，对手会认为你是可靠而可敬的谈判对象，所以要时刻保持警觉性，在业务沟通时要绝对避免披露明确和详细的业务信息，当有事离开谈判桌时，要合上资料，关闭电脑，或将资料直接带出房间。要遵时守约，时间就是生命，时间就是效益，商务谈判中必须遵守时间。

礼仪小故事

北京同仁堂集团公司从1992年以来一直是全国500家最大的工业企业之一。2016年营业收入120.91亿元，净利润9.33亿元，比2015年增长6.58%，这在竞争激烈的医药市场中相当不易。同仁堂之所以长盛不衰，并不断发展壮大，很重要的一条原因是：同仁堂能一以贯之地坚持诚信为本的药德思想，并随着时代的发展，不断融入新的内涵。

1998年，一位广州顾客来电话要求买5公斤铁落花急用（我们可以将这种电话约定视为商务谈判的一种简单方式）。这种药平时用量少，同仁堂也没有这么多，但销售人员马上给市内其他批发部联系，凑齐了5公斤，再打长途电话告诉广州顾客。当那位顾客来同仁堂拿钱取药时，才知道只要10元钱的药，却使同仁堂人费了很多周折。这位顾客激动地说：“我在南方问遍了大半个中国都没有找到5公斤铁落花，最后抱着一线希望找同仁堂，没想到你们为我这10元钱的药花了这么多的精力。”

点评：

诚信表现在同仁堂的经营中就是“以义为上，义利共生。”同仁堂的负责人说，古人讲过，君子爱财，取之有道。对同仁堂来说，这个“道”就是“义”，把顾客的需要和满意放在首位。经营者无疑都想取得最大利润，但没有“大义”就不可能有“大利”。只追逐眼前的蝇头小利必然会失去消费者的信任。

资料来源：新华网，2013-03-13；诚信在商务谈判中的作用，www. yrty. net；同仁堂网，www. tongrentang. com.

礼仪小故事

2009 年，就在中国钢铁企业与世界三大铁矿石巨头（澳大利亚必和必拓、英国力拓、巴西淡水河谷）的铁矿石价格谈判陷入剑拔弩张的对峙局面时，胡士泰等 4 名力拓公司员工因涉嫌窃取国家机密被国家安全部门拘捕，首钢矿业进出口公司总经理谭以新因涉嫌商业犯罪被北京警方拘留，在社会上引起了轩然大波。

在 2002 年以前，中国因为进口量小，在铁矿石市场几乎没有发言权；但是，自 2003 年起，中国成为最大进口国以后，依然得不到发言权，影响不了谈判局势。每次谈判都以中方失败告终，不得不屈从对方高额要价。自 2003 年开始，世界矿商利用中国对铁矿石需求大增的机会大幅度涨价，连年谋取暴利，到 2008 年已经上涨了 4.6 倍之多。2008 年，中国在用尽所有努力后，仍不得不接受巴西矿涨价 65%、澳矿涨价 79.88% 的历史最高涨幅。这 6 年，中国钢企仅因价格上涨就多支出 7 000 多亿元，相当于同期中钢铁企业利润总和的 1 倍多。

点评：

公司是否遵纪守法、诚信经营，关系到企业的成败。企业如果通过不正当手段谋取利益，不会真正取得成功，违法者还会受到法律的制裁。一直以来，在钢铁和铁矿石贸易业界，有关“内奸”的说法就像某个流行的“潜规则”一样，几乎是人所共知的事实。正因为存在吃里爬外的“内奸”，在铁矿石价格谈判时，三大矿业巨头总是步步为营，始终占据谈判的主动地位，这也是为什么中国钢企的态度一开始似乎很强硬，但要不了几个回合就会败下阵来，最后整个统一战线土崩瓦解。首钢矿业进出口公司总经理谭以新等人不仅自己将会受到法律的制裁，同时也不可避免地影响到自己的公司和国家的利益。

资料来源：根据搜狐财经（http://business. sohu. com/s2009/tks/）《2009 年铁矿石谈判》概括整理。

8.4　商务谈判的语言

商务谈判中的语言艺术是十分重要的。谈判语言运用得当，不仅能够活跃谈判气氛，而且可以促进谈判双方的相互理解、相互信任和相互支持，使谈判活动收到事半功倍的效果。

礼仪小故事

有一位教徒问神父："我可以在祈祷的时候抽烟吗？"他的请求遭到了神父的严厉斥责。而另一位教徒去问神父："我可以吸烟的时候祈祷吗？"后一个教徒的请求却得到允许，悠然地抽起了烟。这两个教徒发问的目的和内容完全相同，只是谈判语言表达方式不同，但得到的结果却相反。由此看来，表达技巧高明才能赢得期望的谈判效果。

谈判的语言技巧在营销谈判中运用得好可带来营业额的高增长。某商场休息室经营咖啡和牛奶，刚开始服务员总是问顾客："先生，喝咖啡吗？"或者是"先生，喝牛奶吗？"其销售额平平。后来，老板要求服务员换一种问法，"先生，喝咖啡还是牛奶？"结果其销售额大增。原因在于，第一种问法，容易得到否定回答，而后一种是选择式，大多数情况下，顾客会选一种。

点评：

语言具有神奇的魔力。运用技巧不同，可以带来成功或失败两种截然不同的效果。商务谈判中恰当运用语言技巧尤为重要。

资料来源：商务谈判中的语言技巧．中国礼仪培训网，http://www.liyi123.com/swly_482_9624.html.

8.4.1 商务谈判中的语言要求

成功的商务谈判都是谈判双方出色运用语言艺术的结果。商务谈判中语言的选取和运用要恰到好处，才能取得成功。

1. 善于表达

语言作为人类交际的一种工具，必然涉及语言使用者的相互交流与对话。人们使用语言与别人交往，建立和保持人际关系，用语言来影响别人的行为，表达自己对事物的主观判断和评价，或探讨改变别人的看法等。

2. 针对性强

在商务谈判过程中，语言的针对性要强，对答有顺序，做到有的放矢。针对不同的商品、谈判内容、谈判场合、谈判对象，要使用不同的语言。另外，还要充分考虑谈判对手的性格、情绪、习惯、文化背景以及需求状况的差异。同时，要巧妙地运用如下语言技巧。

（1）给予反馈（Giving Feedback），即向讲话人表明你在认真地听，你已听懂或没有听懂。

（2）请求重复某一点（Asking for Focused Repetition），即请求讲话人重复一下自己未听清之处。

（3）核对情况细节（Checking Bits of Information），即核对一下自己是否已听清其意。针对不同商品、谈判内容、谈判场合、谈判对手，要有针对性地使用语言。

3. 婉转方式

在英美国家，人们常用一些婉转的语言，例如："Would you...?""Could you...?"一类句式；在拒绝别人要求时一般不直说"No"而用"I'm afraid..."或"I'm not sure..."

等委婉地拒绝，这类委婉语随着话题、交际场合、双方关系的变化而变化，没有固定的格式。谈判中应当尽量使用委婉语言，这样易于被对方接受。要让对方相信这是他自己的观点。在这种情况下，谈判对手有被尊重的感觉，因而容易达成一致，获得谈判成功。

4. 应变灵活

谈判过程中往往会遇到一些意想不到的尴尬事情，这就要求谈判者具有灵活的语言应变能力，能采取恰当的应急手段，巧妙地摆脱困境。当遇到对手逼着立即做出选择时，谈判者可以看看表，然后有礼貌地告诉对方："I'm sorry, please wait for a moment, I have to call my friend." 于是，谈判者便很得体地赢得了片刻思考的时间。

5. 无声语言

商务谈判中，谈判者通过姿势、手势、眼神、表情等非发音器官来表达的无声语言，通常称为非语言（Body Language），非语言往往也会在谈判过程中发挥重要作用，其常见的形式有：与讲话人目光接触、微笑、点头，未听懂时显出困惑的表情；感到奇怪时做出惊奇的样子。在一些特殊环境里，有时需要沉默，恰到好处的沉默可以取得意想不到的效果。

8.4.2 商务谈判中的语言技巧

1. 倾听的技巧

谈判场合的"倾听"，即耳到、眼到、心到、脑到四种综合效应的听。有效倾听要求谈判者内心时刻保持清醒和集中精力，努力排除各种干扰，观察对方的说话方式，发现对方一言一语背后的隐喻含义，同时通过恰当方式（如鼓励、点头、目光、赞赏等）促使对方阐明真意。在倾听过程中，谈判者特别要学会忍耐难以理解的话，不能避而不听，尤其当对方说出本人不愿听甚至触怒人的话时，只要对方未说完，都应继续倾听而不可打断。

缺乏经验的谈判者的最大弱点是不能耐心听对方发言，认为自己的任务就是谈自己的情况、说自己想说的话和反驳对方的反对意见，因此，在谈判中，他们总在想下面该说的话，不注意听对方发言，错过了许多宝贵信息。他们误认为优秀的谈判者是因为说得多才掌握了谈判主动，其实，成功的谈判者在谈判时把50%以上的时间用来听。他们边听、边想、边分析，并不断向对方提出问题，以确保自己完全正确地理解对方。他们仔细听对方说的每一句话，而不仅是他们认为重要的或想听的话，因而获得大量宝贵的信息，增加了谈判的筹码。有效地倾听可以使我们了解对方的需求，找到解决问题的新办法，修改我们的发盘或还盘。"谈"是任务，而"听"则是一种能力，"会听"是任何一个成功的谈判者都必须具备的条件，在谈判中要尽量鼓励对方多说，"Yes, please go on."，并提问题请对方回答，使对方多谈他们的情况，以达到尽量了解对方的目的。

2. 提问的技巧

商务谈判中，为了解对方的真实想法和企图，谈判者必须十分警惕地利用各种方式和技巧探知对方的需求，以试探虚实，获取信息。而提问则是最通常的取得信息的重要手段。老练的谈判人员总是密切注意对方的"心理变化过程"，仔细观察对方的举止、手势、表情等，恰当地提问。商务谈判提问的方式是多种多样的，重要的是掌握技巧，提问技巧包括采取谦虚的态度、和蔼的口气提问；体谅对方，发问应能使对方愉快回答；简明扼要提问和围绕中心主题提问，注意提问的连贯性等。

通过提问，我们不仅能获得平时无法得到的信息，而且还能证实我们以往的判断。出口商应用开放式的问题（即答复不是“是”或“不是”，需要特别解释的问题）来了解进口商的需求，因为这类问题可以使进口商自由畅谈他们的需求。例如：“Can you tell me more about your company?”“What do you think of our proposal?”对外商的回答，我们要把重点和关键问题记下来以备后用。发盘后，进口商常常会问：“Can not you do better than that?”对此发问，我们不要让步，而应反问：“What does better mean?”或“Better than what?”这些问题可使进口商说明他们究竟在哪些方面不满意。例如，进口商会说：“Your competitor is offering better terms.”这时，我们可继续发问，直到完全了解竞争对手的发盘。然后，我们可以向对方说明我们的发盘是不同的，实际上要比竞争对手的更好。如果对方对我们的要求给予模糊回答，如“No problem”，我们不要接受，而应请他做具体回答。此外，在提问前，尤其在谈判初期，应征求对方同意，这样做有两个好处：一是若对方同意我方提问，就会在回答问题时更加合作；二是若对方回答“Yes”，这个肯定答复会给谈判制造积极气氛并带来良好开端。

3. 回答的技巧

在商务谈判中，有问必有答，“问”有艺术，“答”也有技巧。总的来说，谈判者应弄清对方提问的真正含义，不随便答复；要掌握回答问题的原则，即什么能说，什么不能说；要推测回答后果，并决定我方如何回答等。具体而言，对不同的提问应采取不同的方式回答，如正确回答、不彻底回答、不确切回答、回避回答、以问代答、要求对方再次阐明问题等。例如，一位外商突然问起己方的产量、产值一类原本不宜问到的问题，告之以“无可奉告”固然可以，却也可能使对方无地自容。此时，要用委婉一些的语言，运用适当的谈话技巧来表达“无可奉告”之意，如“董事会让我们生产多少，就生产多少”“能卖出多少产品，就能创造多少产值”等。

（1）不要彻底回答

答话人将问话的范围缩小，或只回答问题的某一部分。有时对方问话，全部回答不利于己方。例如，对方问：“你们对这个方案怎么看，同意吗？”这时，如果马上回答同意，时机尚未成熟，你可以说：“我们正在考虑、推敲，关于付款方式只讲两点，我看是否再加上……”这样就避开了对方问话的主题，同时，也把对方的思路引到了你的内容上来。

（2）不要马上回答

对于一些问话，不一定要马上回答，特别是对一些可能会暴露我方意图、目的的话题更要慎重。例如，对方问“你们准备开价多少？”如果时机还不成熟，就不要马上回答。可以找一些其他借口谈别的，或是闪烁其词，所答非所问，如产品质量、交货期限等，等时机成熟再摊牌，这样效果会更理想。

（3）不要确切回答

模棱两可、弹性较大的回答有时很必要。许多谈判专家认为，谈判时针对问题的回答并不一定就是最好的回答。回答问题的要诀在于知道该说什么和不该说什么，而不必考虑所答是否对题。例如，对方问："你们打算购买多少？"如果你考虑先说出订数不利于讲价，那么就可以说："这要根据情况而定，看你们的优惠条件是什么？"这类回答通常采用比较的语气，"据我所知……""那要看……而定""至于……就看你怎么看了"。

（4）使问话者失去追问的兴趣

许多场合下，提问者会采取连珠炮形式提问，对回答者很不利，特别是对方有准备时，会诱使答话者落入其圈套，因此，要尽量使问话者找不到继续追问的话题和借口。较好的方法是，在回答时说许多客观理由，却避开自己的原因。例如，"我们交货延期，是由于铁路运输……许可证办理……"但不说自己公司方面可能出现的问题。有时，可以借口无法回答或资料不在，回避难以回答的问题，冲淡回答问题的气氛。此外，当对对方的问题不能予以清晰、有条理的回答时，可以降低问题的严重程度，如"我们考虑过，情况没有你想的那样严重。"

礼仪小故事

有一次，英国一家电视台记者采访梁晓声，并要求梁晓声毫不迟疑地回答他的问题，梁晓声点头认可。谁知，记者的问题是："没有'文化大革命'，可能也不会产生你们这一代青年作家，那么'文化大革命'在你看来究竟是好还是坏？"梁晓声一怔，很快意识到自己上当了。但他灵机一动，立即反问："没有第二次世界大战，就没有以反映第二次世界大战而著名的作家，那么你认为第二次世界大战是好还是坏？"

点评：

谈判中直接拒绝对方有时会难以说出口，如果能恰当地使用幽默、类比等方法会使拒绝不再尴尬而且也不失风度。英国记者提出的问题之所以刁钻，是因为梁晓声尚未开口就已经十分被动，无论说"好"还是说"坏"，结果都会陷入前后受夹、左右为难的境地。但进退维谷之际，梁晓声却迅速提出了一个同样"刁"的问题，巧借对方之矛攻其之盾，梁晓声以问制问，如此机敏，令人叹服！

资料来源：作家梁晓声的巧妙对答．科技文萃，1994（01）.

8.4.3 商务谈判中的语言禁忌

商务谈判中谈判双方的说话方式与言谈技巧对于谈判的进程与结果都起着举足轻重的作用。商务谈判人员应注意商务谈判的语言禁忌，以减少语言失误，提高语言技巧。

1. 忌欺诈隐骗

有些人把商务谈判视为对立性的你死我活的竞争，在具体洽谈时不顾客观事实，欺、诈、隐、骗，依靠谎言或"大话"求得自身谈判优势。例如，一位业务员同一家商店进行推销洽谈，业务员为了促销，在介绍产品质量时声称已经获得"省优"和"部优"，商店看样后认为有一定市场，于是双方达成买卖意向。商店后来了解到这种商品既非"省优"也非"部优"，产品虽适销，但商店也怕上当受骗，于是未予签订合同，一桩生意告吹了。可见欺骗性的语言一旦被对方识破，不仅会破坏谈判双方的友好关系，使谈判蒙上阴影或导致谈判破裂，而且也会给企业的信誉带来极大损失。所以说，谈判语言应坚持从实际出发，应给对方诚实、可以信赖的感觉。

2. 忌盛气凌人

有的谈判者自恃自身地位、资历“高人一筹”，或谈判实力“强人一等”，在谈判中往往盛气凌人，使对方产生对抗或报复心理。所以，参加商务谈判的人员，不管自身的行政级别多高、资历多老、所代表的企业实力多强，只要和对方坐在谈判桌前，就应坚持平等原则，平等相待、平等协商、等价交换。

3. 忌道听途说

有的谈判者在谈判时往往利用一些未经证实的信息作为向对方讨价还价的依据，缺乏确凿证据的材料很容易使对方抓住你的谈话漏洞或把柄向你进攻。就个人形象来讲，也会使对方感觉到你不认真、不严谨、不严肃、不值得充分信赖。因此，在商务谈判中更应避免用“据说”之类的字眼。

4. 忌攻势过猛

某些谈判者在谈判桌上争强好胜，一切从“能压住对方”出发，说话尖利刻薄，频繁地向对方发动攻势，在一些细枝末节上也不甘示弱，有些人还以揭人隐私为快事。这些做法极易伤害对方自尊心。遇到生性懦弱的人可能一时得逞；遇到涵养较深的人，尽管暂时忍让，让你尽情表演，但他欲擒故纵，到关键时刻将迫使你付出代价；遇到强硬、进攻性很强的对手，小的进攻就会引起更大的反击，反而对自己不利。因此，在谈判中说话应委婉，尊重对方的意见和隐私，不要过早地锋芒毕露、急切表现，避免言语过急过猛，伤害对方。

5. 忌含糊不清

有的谈判者由于缺乏对双方谈判条件的具体分析，加之自身不善表达，当阐述自身立场、观点或回答问题时，或者语塞，或者含含糊糊、模棱两可，或前言不搭后语、相互矛盾。模棱两可的语言容易给对方留下一种“不痛快”“素质不高”的感觉，也容易使对方钻空子，使自己陷入被动挨打的境地。所以，谈判者事前应做好充分的思想准备和语言准备，对谈判条件进行认真分析，把握住自身的优势和劣势，对谈判的最终目标和重要交易条件做到心中有数。同时做一些必要假设，把对方可能提出的问题和可能出现的争议想在前面，这样，在谈判中不管出现何种复杂局面，都能随机应变，清楚地说明自己的观点，准确明了地回答对方提问。尤其在签订协议时，能够把握关键，使合同条款订得具体、完善、明确、严谨。

6. 忌以我为主

在商务谈判中，有些人随意打断别人的话；有些人在别人说话时不够专注；有些人自己说个滔滔不绝、没完没了，而不考虑对方反应和感受；尤其当洽谈某些交易条件时，只站在自己立场上，过分强调自身需要，不为对方着想，这些做法极易引起对方反感。所以，谈判者应学会倾听别人谈话，对别人的谈话表现出浓厚兴趣，多进行一些角色互换，语言应委婉，留有商量的余地，这样既表明自己有修养，赢得对方的喜爱，同时也能更好地了解对方，摸清对方的底细和意图，一举多得。

7. 忌枯燥、呆板

某些人在谈判时非常紧张，说起话来表情呆板，过分地讲究针对性和逻辑性，这对谈判也很不利。商务谈判不同于某些对抗性很强的政治谈判，它是一种合作性的交往，应该在一种积极、友好、轻松、融洽的气氛中进行。因此，谈判者在谈判开始前应善于营造一种良好的谈判气氛，在谈判过程中也应恰当运用一些比喻，善于开一些小玩笑，使话语生动、形象、诙谐、幽默、有感染力。通过活泼的语言创造并维持一种良好的谈判气氛，这对整个谈判格局及前景会起到重要的促进作用。

技能操作

操作内容：合同的谈判

1. 操作标准

准备实训物品：谈判桌椅、中美国旗、标的物、文件夹、纸、笔等。

训练方法：将学生分成训练小组。每组设计商务谈判情境，进行商务谈判实训。操作过程中要充分体现商务谈判的原则、态度和语言礼仪，并注意得体的商务形象、恰当的身体姿态和面部表情。学生进行相互评价，教师最后总结点评操作中的共性、个性问题。

商务谈判演示

2. 操作示范

（1）做好谈判前的准备

谈判前，要对对方的情况做充分的调查了解，分析他们的强弱项，分析哪些问题是可以谈的，哪些问题是没有商量余地的；还要分析对于对方来说，什么问题是重要的，以及这笔生意对于对方重要到什么程度等。同时也要分析自己的情况。

假设我们将与一位大公司的采购经理谈判，首先就应自问以下问题：

① 要谈的主要问题是什么？

② 有哪些敏感的问题不要去碰？

③ 应该先谈什么？

④ 我们要了解对方哪些问题？

⑤ 自上一笔生意后，对方又发生了哪些变化？

⑥ 如果谈的是续订单，以前与对方做生意有哪些经验教训要记住？

⑦ 与我们竞争这份订单的企业有哪些强项？

⑧ 我们能否改进自己的工作？

⑨ 对方可能会反对哪些问题？

⑩ 在哪些方面我们可让步？我们希望对方做哪些工作？

⑪ 对方会有哪些需求？他们的谈判策略会是怎样的？

列出一份问题清单，要问的问题都要事先想好。

不少商务谈判因缺乏谈判技巧而失败。进出口商通过培养倾听和提问的能力，通过掌握上述的技巧，就可以在谈判中掌握主动、获得满意的结果。

（2）谈判模拟演练

① 3 月 1 日上午，某外贸公司业务员小李（假如你是小李，下同）负责接待前来商务谈判的客人。以下情况你将怎么选择？为什么？

A. 先接站，然后根据客人的需要安排

B. 与对方公司沟通后，提前安排好

C. 请示领导如何安排

D. 按惯例安排

② 3 月 2 日下午，得知该公司客人只有 3 天时间进行谈判，以下情况你将如何选择？为什么？

A. 立即进行谈判

B. 离开前谈判

C. 无所谓

D. 由领导安排

③ 3 月 3 日，我方公司参加人员为总经理、财务部长、业务部长和办公室主任，你认为如何分配“红脸”“黑脸”角色？为什么？

④ 制订一个简单的商务谈判工作计划。

⑤ 谈判出现僵局。原因是价格比计划低了 10%，但是可以签 5 年合同，如果我方坚持价格不变，合同只能签 1 年。试分析如何打破僵局，才能使我方获得最大的利益？

⑥ 与对方公司沟通后，提前安排好谈判红脸为总经理；黑脸为办公室主任，因为什么事情要他来通知。领导者要制定谈判操作方案，而谈判操作都是以目标的实现为导向的。这一目标体系通常有三个层次：第一目标，即基本目标，这是谈判必须达到的利益标准，它的实现决定着谈判的价值；第二目标，即一般目标，这是要争取达到的利益目标，通常是不到万不得已时不予放弃；第三目标，即理想目标，这是不影响整体利益的目标，在必要时可以酌情放弃。显然，第一目标是达成谈判协议的最起码要求，也是三个目标中最基本的一个，它的选择一定要拿准。领导者应设法了解对手的各种情况，摸清谈判对方的底细，包括对方的目的、意图、策略及相关的各种材料。情报的积累和分析可使领导者在谈判中胸有成竹、占据优势。

Robert（以下简称 R）：Kevin 先生，本公司对贵公司的提案很有兴趣。我们想与您仔细商量这一提案。

Kevin（以下简称 K）：Robert 先生，我们在亚洲各地寻找制造商，而贵公司是最合适者之一。

R：如果我们能解决几个基本问题，我敢说我们的条件是最适合贵公司的。

K：希望如此。你们想了解哪些基本问题呢？

R：首先，贵公司是否有意投资本公司？

K：不，这个案子纯粹只是代工。

R：我懂了。那么，最重要的问题就是贵公司的订单量。因为我们得为新的生产活动投下大笔的资金。

K：只要贵公司能保证稳定的品质，我们就可以签订为期5年、每年75 000件的合约。

R：若每件1 000美元的话，我们的平均收益也不过是4%，这对我们的财力负担太大了。

K：我会去查一下你说的数字，那你有何提议？

R：我想贵公司可以这样表示合作此案的诚意：合约为期10年，提高单价，并且提供技术转移。

⑦ Robert在最后提出签约10年的要求，Kevin会不会答应呢？如果答案是否定的话，Robert又有何打算？他一心为公司的利益打算，极力争取技术转移的协议，而对方会甘心出让此项如此珍贵的资产吗？请看以下分解：

K：我们无法签10年的合约。但如果第一年后，贵公司产品的品质确实优良，我们可以再延长合约期限，并逐年增加购买量。

R：听起来蛮合理。不过您能否透露贵公司的订单量？

K：如果我们满意贵公司的品质，就很有可能把采购量提高为每年10万件，而且为期2年。

R：对不起，Kevin先生。这样子我觉得我们似乎让步太大了。就只为了逐年增加的定货量，我们得放弃原来连续5年采购的保证！

K：Robert先生，有所得必有所失呀！

R：如果贵公司要我们为了两年的生意冒这么大的险，很抱歉，我们无法接受。

K：那要如何才能让你们对这笔生意还有兴趣呢？

R：要3年保证，不是2年。另外，1年后你们可以派品质检验团来，不过希望成员要包含本公司的人。

K：可以，还有其他条件？

R：我们会因设立新的生产线而投下大笔资金，所以希望能与贵公司签订技术转移合约，好帮助我们起步上轨道。

行至此处，谈判都还算是在和谐的气氛下进行，双方各自寻求得利的方案。但针对技术转移这一项，Robert所提的保证与要求能否消除Kevin心中的顾虑，而令此谈判终露曙光呢？

K：如果我们转移技术与研发给你们，如何能防止贵公司不生产相同的产品？

R：我们愿意签约保证，与贵公司的代工合约期满后，5年之内决不仿冒贵公司的运动型“磁质石膏护垫”。

K：若是说不生产“类似”产品，那就比较好办。不过，我们得坚持要10年的期限。

R：没问题。我们并不想成为贵公司的竞争对手。

K：好！那我们来确定有关技术转移的细节问题。

R：我们需要贵公司派些主要人员帮我们选购设备并训练技术人员。你预计这要花多少时间？

K：成立小组需要一个星期，另外三个星期的时间训练贵公司的人员。如果是这样，你预计什么时候能开始生产？

R：首轮生产行动应该会在小组训练结束后的一个星期内开始。我希望贵公司的小组能再多停留一个星期，以便处理任何突发状况。

K：行。似乎所有问题都解决了，Robert。那我明天带一份合约草案来，如果你愿意，我们就可以当场签约。

（3）思考训练

以上案例中，双方都运用了哪些商务谈判的技巧？有哪些不足之处？

思路参考：

第一，在谈判过程中，希望用佯装退出谈判以迫使对方做出让步，无奈在对方以资料为基础辨别出其佯装的情况下，该策略失败。其次，成功的最关键一点在于对对方信息的收集整理，用大量客观的数据给对方施加压力，从收集的内容可看出，不仅查出了美方与他国的谈判价格（援引先例），也设想到了对方可能会反驳的内容，并运用相关数据加以反击（援引惯例，如6%），对客观标准做了恰到好处的运用，真可谓做到了“知己知彼，百战不殆”。当然，除这个原因外，谈判的成功还在于多种谈判技巧的运用。

① 谈判前，评估双方的依赖关系，对对方的接收区域和初始立场（包括期望值和底线）做了较为准确的预测，由此才能在随后的谈判中未让步于对方的佯装退出。

② 谈判中，依靠数据掌握谈判主动权，改变了对方不合理的初始立场。

③ 在回盘上，从结果价大概处于比对方开价一半略低的情况可推测，中方的回盘策略也运用得较好。

总结：商务谈判中的各种技巧对于在各种商战中为自己赢得有利位置、实现自己利益的最大化有着极其重要的作用，但需要注意的是，技巧与诡计、花招并不相同，前者要求的是恰如其分，既要赢，也要赢得让对方心服口服，赢得有理有据。只有这样，对于谈判技巧的运用才是真正的游刃有余。

第二，收集、整理对方信息上没有做到准确，详尽，全面。从上述模拟演练来看，重要的原因可能是：没有认清谈判对象的位置。美商凭借其技术的优势性以及多次进行相类似交易的大量经验，轻视对手，谈判前就没有做好信息收集工作，于是在谈判中步步在对方的大量信息面前陷于被动，一开始就丧失了整个谈判的主动权。

第三，谈判方案的设计上，没有做到多样与多种。美方在对方的多次反击中，仓促应对。其谈判方式设计的单一化有以下几个原因：（1）过早地判定问题，从文中可推测出，美方一开始就认为此行不会很难，谈判结果应该是对己方更有利；（2）只关心自己的利益，美方以其组合炉技术的先进为最大优势，铁定会卖个高价，但并未考虑到中方对此的急迫需求与相应的谈判准备，在对方信息攻击下，频频让步。

学生训练

运用判断

1. 刚毕业的大学生大鹏形象很潇洒，分配到外贸公司工作后第一次参加谈判，为了给外商留下好的印象，他把头发染成了黄色。

2. 大鹏谈判中穿着西装，和高领衫搭配，自我感觉良好。

3. 大鹏谈判中穿着近几年流行的有花格子的颜色非常艳丽的西服，很时髦。

4. 小飞谈判时穿西服、打领带，脚上穿名牌运动鞋。

5. 晓红是个爱美的人，谈判中担任商务秘书，她每次谈判都要化好浓妆，身着漂亮的花裙子，穿上高跟鞋，高高兴兴地与外商谈判。

6. 在一次商务洽谈中，为了显示公司的实力，静静戴上了结婚时的钻戒、姥姥传下的玉手镯和克数很大的金项链。

7. 在谈判中，小张认为要和对方有一个目光交流，就要做到眼神左顾右盼、神采飞扬。

8. 为表达对客户的盛情，建中先生与外商希拉里女士握手时使劲地上下摇动。

9. 为工作方便，小王穿着西装时口袋中总是装着手机、钱包、名片等各种物品，以方便在商务场合中使用。

10. 谈判中，外商一直很傲慢，小包终于忍无可忍，呵斥外商注意素质。

案例分析

1. 如何处理谈判中的“迟到”

【案例 1】

巴西一家公司到美国去采购成套设备。巴西谈判小组成员因为上街购物耽误了时间，当他们到达谈判地点时，比预定时间晚了 45 分钟。美方代表对此极为不满，花了很长时间来指责巴西代表不遵守时间，没有信用，谈判开始以后似乎还对巴西代表来迟一事耿耿于怀，一时间弄得巴西代表手足无措。巴西代表感到理亏，只好不停地向美方代表道歉，说话处处被动，无心与美方代表讨价还价，对美方提出的许多要求也没有静下心来认真考虑，匆匆忙忙就签订了合同。等到合同签订以后，巴西代表平静下来，头脑不再发热时才发现吃了大亏，上了美方的当，但已经晚了。

资料来源：商务谈判的磋商案例．百度，http://zhidao.baidu.com/question/51733305.html.

【案例 2】

日本有一家著名的汽车公司在美国刚刚“登陆”时，急需找一家美国代理商来为其销售产品，以弥补他们不了解美国市场的缺陷。当日本汽车公司准备与美国的一家公司就此问题进行谈判时，日本公司的谈判代表路上塞车迟到了。美国公司的代表紧紧抓住这件事不放，想要以此为手段获取更多的优惠条件。日本公司的代表发现无路可退，于是站起来说：“我们十分抱歉耽误了你的时间，但是这绝非我们的本意，我们对美国的交通状况了解不足，所以导致了这个不愉快的结果，我希望我们不要再为这个无所谓的问题耽误宝贵的时间了，如果因为这件事怀疑到我们合作的诚意，那么，我们只好结束这次谈判。我们所提出的优惠代理条件是不会在美国找不到合作伙伴的。”日本代表的一席话说得美国代理商哑口无言，美国人也不想失去这次赚钱的机会，于是谈判顺利地进行了下去。

案例分析：

案例 1 是一个挑剔式开局策略的运用，在一开始的时候对对手的某项错误或礼仪失误严加指责，使其感到内疚，从而达到营造低调气氛、迫使对方让步的目的。美国谈判代表成功地使用挑剔式开局策略，迫使巴西谈判代表自觉理亏，在来不及认真思考的情况下匆忙签下对美方有利的合同。但是与此同时我们更需注意的是，这也是一个关于国际商务谈判原则的应用问题，其中巴西代表就没有很好地做好谈判前的准备，未在谈判之前了解对方的文化，并且未想好迟到的情况下应该如何处理，如何应对这种文化上的差异。

案例 2 中的日本代表处理得非常正确，即使迟到事实发生了，谈判中也不忘“对事不对人”的原则，心平气和地进行谈判。因此，在谈判中要避免从个人利益和观点出发来理解对方的提议，要很好地区分谈判中的人与谈判中事的问题，不能混淆人与事的相互关系，把对谈判中问题的不满意发泄到谈判者的个人头上，把对谈判者个人的看法转嫁到对谈判议题的态度上，这些都不利于谈判的进行。

2. 谈判中如何做到立场与利益分开

【案例 3】

据记载，一个美国代表被派往日本谈判，日方在接待的时候得知对方需于两个星期之后返回。日本人没有急着开始谈判，而是花了一个多星期的时间陪他在国内旅游，每天晚上还安排宴会。谈判终于在第 12 天开始，但每天都早早结束，为的是客人能够去打高尔夫球。终于在第 14 天谈到重点，但这时候美国人已经该回去了，已经没有时间和对方周旋，只好答应对方的条件，签订了协议。

资料来源：商务谈判案例分析题．雅虎，http://i.cn.yahoo.com/ruby.success/blog/p_13/.

案例分析：

日方采取了很高明的谈判手段即拖延战术中的拖延谈判时间，这个战术最能稳住谈判对手。日方在谈判中没有急于将谈判事项第一时间放在谈判桌上，而是先带着谈判对手到处游玩及参加各种宴会，这一手段不仅能拖延时间，更重要的是能软化人的心理，对方如果接受了他们的邀请，这已经实现了日方的第一步。直到最后一天日方才谈到重点，其实这正是体现了拖延战术的真正效果，他紧紧抓住了对方的心理，美国人急于回去，已经没有时间和日方周旋；另一方面，他也不好意思拒绝对方的要求，毕竟“吃人家嘴软，拿人家手短”，其实美国人已经违背了商务谈判的原则，他没有把公私分开，没有把立场与利益分开，私利是公事的辅佐，而公事决不能成为私利的牺牲品，这关系到一个谈判者的根本素质。谈判人员应充分了解对方信誉、身份背景、资信、惯用的谈判手段、性格特征以及他们善用的谈判手法、谈判的目的；同时也应了解市场行情，客观了解对方以及在谈判中出现争议的议题的解决方案，时时关注对方的一举一动，及时做出反应。

演练考核

1. 商务谈判礼仪测试

有一个做粮食贸易的商人，是一个大批发商，他经常从北方购进玉米，卖到南方小规模的饲料加工厂。每当他以较低的价格买进后，便分别拜访那些饲料加工厂的负责人，并且开价格单给对方。他拜访的时间多选择在中午，并且很自然地请对方吃饭，或被对方请。按照习惯，吃饭时喝一点酒是正常的，而他是有酒必喝，喝酒必醉，醉后失态，神志不清，结果把其他人给他的还价单忘在饭桌上的公文包内，恍惚而返，到了晚上才打电话给对方，当然是索要他的公文包了，同时提及成交价格，而那些饲料厂的负责人以为他真的醉了，常常会以大大高于他的成交底价的价格与他达成最终协议。

问题：

（1）阅读此案例后谈谈你对商务谈判心理的认识。

（2）一个成功的商务谈判者应注重收集哪些信息？

（3）该商人运用了什么技巧？

（4）运用上述技巧时需要哪些前提条件？在商务谈判中可使用哪些方法来破解上述技巧？

2. 模拟谈判

自主设定商务情境和内容，每8人一组模拟谈判，现场点评谈判礼仪是否符合规范。

3. 观看录像

观看商务谈判录像资料，对比找出自己的差距，并模仿表演。

任务9　商务仪典礼仪

知识树

任务驱动

1. 目标要求

◆ 掌握商务仪典的基本准备；

◆ 熟悉商务仪典的礼仪要求；

◆ 设计商务仪典的基本程序。

2. 任务导入

张罗是刚应聘到某著名外企的行政助理，主要负责商务仪典方面的策划和实施工作，他需要具备哪些商务仪典的知识才能胜任这份工作？

知识掌握

仪典又称仪式，是指在商务交往中，特别是在一些重大、庄严、隆重、热烈的正式场合，为激发出席者的某种情感或引起重视，而郑重其事地参照合乎规范与管理的秩序，按部就班地举行的某种活动的具体形式。商务人士参加的商务仪典活动主要有签字仪式、开业仪式、剪彩仪式和新闻发布会仪式等。商务活动中恰到好处地应用仪式礼仪，既能表明公司认真严肃的态度，树立良好的公司形象，又能借此宣传公司产品和服务，扩大公司影响力，提高公司知名度。

9.1　签约仪式礼仪

为使有关各方重视合同、遵守合同，在签署合同时，应举行郑重的签字仪式，即所谓签约仪式。为郑重起见，在具体签署合同之际，往往会依例举行一系列的程式化活动，即所谓签约的仪式，可分为草拟阶段与签署阶段两部分。

9.1.1　草拟合同的礼仪

1. 明确合同的种类

在现实生活中，商界人士所接触到的商务合同种类繁多，常见的有购销合同、借贷合同、租赁合同、协作合同、加工合同、基建合同、仓保合同、保险合同、货运合同和责任合同等。

2. 遵守合同的格式

从格式上讲，合同的写作有一定的规范。要求：目的明确，内容具体，用词标准，数据精确，项目完整，书面整洁。

从具体的写法上来说，合同大体上有条款式与表格式两类。所谓条款式合同，指的是以条款形式出现的合同。所谓表格式合同，则是指以表格形式出现的合同。

条款式合同与表格式合同在写法上都有各自的具体规范，对此在实践中要严格遵守，不可以随意改动。一般来说，标的、费用与期限被称作合同内容的三大要素。在任何一份合同中，都应当三者齐备、缺一不可。如果从具体的条款撰写上来讲，则一项合同至少需要具备标的、数量或质量、价款或酬金、履约的期限与地点及其方式、违约责任五大基本内容。对于这种规范，商界人士必须自觉地遵照执行。

3. 拟定合同应注意的问题

在草拟合同时，除了在格式上要标准、规范之外，还必须注意遵守法律、符合惯例、合乎常识、顾及对手四个方面的问题。

（1）草拟合同必须遵守法律。在商务交往中，所有正式的合同都具有法律约束力，一旦订立，任何一方都不可擅自变更或解除。因此，商务人员必须熟悉国家的有关法律与法规，以便充分地运用法律来维护自身的正当权益。

从实际状况来看，商务人员在拟定合同时必须遵守有关法律、法规，主要涉及商品生产、技术管理、外汇管制、税收政策以及商检科目五个方面。

在草拟涉外商务合同时，还必须遵循我国法律与国际条法。遵循我国法律，是国家主权原则的体现，也是为了不损害我国的社会公共利益；遵循国际条法，则是为了在对外交往中更好地与国际社会接轨，在国际经济合作中少走弯路。

（2）草拟合同必须符合惯例。草拟合同时，遇上有关法律、法规尚未规定的，则可采用公认的国际惯例。所谓国际惯例，是指那些为国际社会所普遍接受的、约定俗成的常规做法。例如，在商务交往中政治与经济应当分开，不允许借商务往来之便干涉他国的内部事务，或是伺机影响他方的内政。

又如，买方在签署合同后，应当按照合同规定的期限向银行开立信用证。开立信用证，应填写申请书，当银行同意接受后，将依交易金额收取一定比例的开证费，并根据客户的资信收取一定数额的押金，然后按进口方的要求向出口方开出信用证。信用证一经开出，对方往往会要求进行某种程度的改动，需要注意的是，只有确系开证时疏漏之处方可同意修改，反之是不宜贸然应允的。

一般而言，国际惯例是维系商务交往正常化的基石，所以商界人士在草拟合同时应当以它来协调自己的行动，对此不甚了解而贸然行事，必定会吃大亏。

（3）草拟合同必须合乎常识。商界人士在草拟合同时应当具备的常识是指与其业务有关的专业技术方面的基础知识，包括商品知识、金融知识、运输知识、保险知识和商业知识等。

商品知识其实是一个整体性的概念，它包括产品的生产过程和管理以及产品本身的一切知识；金融知识是指与货币的发行、流通、回笼有关的一切知识，具体来说，它主要是指货币、汇率、信贷等知识；运输知识包括运输具体方式的选择、运输中商品形态的具体要求、运输的特殊条件以及运输的责任方等知识，它们与仓储一样，都是必须考虑的；商业知识是指与商品流通各环节有关的知识，它对合同的草拟也有一定的帮助。

在商务交往中，没有知识就等于没有实力。具备上述各方面的常识，将有助于商业人士在工作中得心应手，并且更好地为交往对象所敬重。

（4）草拟合同必须顾及对手。正式合同的一大特征是有关各方面必须协商一致。如果把自己的意志强加于他方，强迫他人与自己订立"城下之盟"，那么合同即使勉强签署，事后亦必发生纠纷，对各方都会不利。

因此，商务人员在草拟合同的具体条款时，既要"以我为中心"，优先考虑自己的切身利益，又要替他方多着想，尽可能照顾他方利益，这是促使合同为对方所接受的最佳途径。

通常，合同的成立生效需要履行一定的手续。依照我国的有关法律规定，当事人就合同条款的书面形式达成协议并且签字，即为合同成立。假如通过信件、电报、传真、电传达成了协议，一方当事人要求签订确认书的，则签订确认书时视为合同成立。这种规定，实际上有双重含义：一方面，我国只承认书面的合同；另一方面，唯有经过有关当事人正式签字，合同才正式成立并生效。

9.1.2　签署阶段礼仪

1. 签约仪式的准备

（1）要布置好签字厅。签字厅有常设专用的，也有临时以会议厅、会客厅来代替的。布置时要遵循庄重、整洁、清静的原则。

一间标准的签字厅应当室内铺满地毯，除了必要的签字用桌椅外，其他一切的陈设都不需要。正规的签字桌应当为长桌，其上最好铺设深绿色的台布。按照仪式礼仪的规范，签字桌应当横放于室内，在其后可摆放适量的座椅。签署双边合同时可放置两张座椅，供签字人就座。签署多边合同时，可以仅放一张座椅，供各方签字人签字时轮流就座；也可以为每位签字人都各自提供一张座椅。签字人在就座时，一般应当面对正门。

在签字桌上，应事先安放好待签的合同文本以及签字笔、吸墨器等签字时所用的文具。与外商签署涉外商务合同时，还需在签字桌上插放有关各方的国旗。插放国旗的位置与顺序必须按照礼宾序列而行。例如，签署双边涉外商务合同时，有关各方的国旗需插放在该方签字人座椅的正前方。

（2）要安排好签字时的座次。在正式签署合同时，各方代表对于礼遇均非常在意，因而商务人员对于在签字仪式上最能体现礼遇高低的座次问题应当认真对待。

签字时各方代表的座次是由主方代为先期排定的。合乎礼遇的做法是：在签署双边性合同时，应请客方签字人在签字桌右侧就座，主方签字人则应同时就座于签字桌左侧。双方各自的助签人应分别站立于各自一方签字人的外侧，以便随时对签字人提供帮助。双方其他的随员可以按照一定的顺序在己方签字人的正对面就座；也可以依照职位的高低，依次自左至右（客方）或是自右至左（主方）地列成一行，站立于己方签字人的身后，当一行站不完时，可以按照以上顺序并遵照“前高后低”的惯例，排成两行、三行或四行。原则上，双方随员人数应大体上相近。

2. 签约仪式的程序

签字仪式是签署合同的高潮，它的时间不长，但程序规范、气氛庄严而隆重热烈。签字仪式的正式程序如下：

（1）签字仪式正式开始。各国签字仪式的程序大同小异，以我国为例：双方参加签字仪式的人员步入签字厅；签字人入座；双方的助签人员分别站立于签字人员的外侧，协助翻揭文本及指明签字处；其他人员分主方、客方按身份顺序站立于后排，客方人员按身份高低从中间向右边排，主方人员按身份高低由中间向左边排。

（2）签字人正式签署合同文本。通常的做法是先签署己方保存的合同文本，再接着签署他方保存的合同文本。每个签字人在由己方保留的合同文本上签字时，按惯例应当名列首位。因此，每个签字人均应首先签署己方保存的合同文本，然后再交由他方签字人签字（由助签人交换），其含义是在位次排列上，轮流使有关各方有机会居于首位一次，以显示机会均等、各方平等。

（3）签字人正式交换已经有关各方正式签署的合同文本。此时，各方签字人应热烈握手，互致祝贺，并可相互交换各自签字时使用过的签字笔，以示纪念。全场人员应鼓掌，表示祝贺。

（4）饮香槟酒祝贺。交换已签的合同文本后，有关人员（尤其是签字人）当场干一杯香槟酒是国际上通行的用以增添喜庆色彩的做法。

（5）有秩序退场。请双方最高领导者及客方先退场，然后东道主再退场。

签约仪式演示

整个签字仪式以半小时为宜。在一般情况下，商务合同在正式签署后应提交有关方面进行公证才正式生效。

9.2 开业庆典礼仪

开业庆典又称“开张庆典”，主要为商业性活动，小到店面开张，大到酒店、超市、商场开业等商务活动。开业庆典不只是一个简单的程序化庆典活动，而是一个经济实体、形象广告的第一步，它标志着一个经济实体的成立，昭示社会各界人士——它已经站在了经济角逐的起跑线上。开业庆典的规模与气氛代表了一家企业的风范与实力。公司通过开业庆典的宣传告诉世人，在庞大的社会经济肌体里，又增加了一个鲜活的商业细胞。

从客观上来看，一个单位的开业庆典就是这个单位的经济实力与社会地位的充分展示。从来宾出席情况到庆典氛围的营造以及庆典活动的整体效果都会给人一个侧面的诠释。通常来说，人们习惯对开业庆典进行对比，比如某商场举行开业庆典，人们首先想到的是，与其同等规模的其他商场开业时的情形，对比之下，人们会对新开业的商场持有一种看法，也就是认知程度的问题，如果印象比较好，对商场信赖程度就会提高，无形之中成为一种潜在的顾客。

开业庆典是一个经济实体的外貌，要迈好这树立形象的第一步，庆典仪式方案及与之相关的庆典道具运用无疑是挂“帅”点“将”，十分重要。

9.2.1 开业庆典的筹备

举行开业庆典要遵循“热烈、隆重、节俭”的原则。

1. 做好开业庆典的舆论宣传工作

一是选择有效的大众传播媒介进行集中性的广告宣传。企业可在报纸、电台、电视台广泛发布广告或在告示栏中张贴开业告示，其内容包括开业庆典举行的日期及地点、开业之际对顾客的优惠、开业单位的经营范围及特色等，以引起公众的注意。开业广告或告示发布时间一般在开业前的3天内为宜；二是邀请有关的大众传播界人士，在开业庆典举行时到场进行采访、报道，以期对本单位做进一步的宣传。

2. 做好来宾邀请工作

开业庆典影响力的大小往往取决于来宾的身份高低与数量多少。在力所能及的条件下，要力争多邀请一些来宾参加开业庆典。地方领导、上级主管部门与地方职能管理部门的领导、合作单位与同行单位的领导、社会团体的负责人、社会名流、新闻界人士等，都是邀请时应预先考虑的重点。其中，新闻界人士是邀请的首要对象。

3. 发放请柬

请柬应提前一周发送，便于被邀者及早安排和准备。请柬的印制要精美，内容要完整，文字要简洁，措辞要热情。被邀者的姓名要书写整齐，不能潦草马虎。一般的请柬可派人送达，也可通过邮局邮寄，给有名望的人士或主要领导的请柬应派专人送达，以表示诚恳和尊重。

4. 布置现场

应突出喜庆、热闹的气氛，营造出一种隆重而令人振奋的氛围。开业庆典多在开业现场举行，需要较为宽敞的活动空间，所以正门之外的广场、正门之内的大厅、展厅门前等处均可作为开幕仪式的举行地点。按照惯例，举行开业典礼时宾主一律站立，故一般不设置主席台及座椅。为显示隆重与敬客，可在来宾尤其是贵宾讲话之处铺设红色地毯，并在场地四周悬挂横幅、标语、气球、彩带、宫灯。此外，还应当在醒目之处摆放来宾赠送的花篮、牌匾等。

5. 准备开幕词、致辞

仪式开始，举办单位的负责人致辞，向来宾表示感谢，并介绍本单位的经营特色和服务宗旨等。上级领导和来宾可在会上致辞祝贺，在祝贺中应多讲一些祝愿的话，但要注意限制发言时间。开幕词、致辞要言简意赅、热情庄重，起到密切感情、增加友谊的作用。

6. 做好接待服务工作

接待人员在会场门口接待来宾，待来宾签到后，引导来宾就位。重要来宾需由本单位主要负责人亲自出面接待，其他来宾可由本单位的礼仪小姐负责接待。若来宾较多，应准备好专用的停车场、休息室，并应为其安排饮食。

7. 要做好礼品馈赠工作

开业庆典赠与来宾的礼品应具有如下三大特征：一是宣传性。可在礼品及其外包装上印上本单位的标志、广告用语、产品图案、开业日期等。二是荣誉性。要使之具有一定的纪念意义，让拥有者对其珍惜、重视，并为之感到光荣和自豪。三是独特性。应当与众不同，具有本单位的鲜明特色，使人爱不释手。

8. 拟定典礼程序

从总体上来看，开业庆典都由开场、过程、结局三个阶段构成。（1）开场。奏乐，邀请来宾就位，宣布仪式正式开始，介绍主要来宾。（2）过程。这是开业庆典的核心内容，它通常包括本单位负责人讲话、来宾代表致辞、启动某项开业标志等。（3）结局。包括开业庆典结束后宾主一道进行现场参观、联欢、座谈等。它是开业庆典必不可少的内容。

9. 做好各种物资准备

（1）用品准备。如来宾的签到簿、本单位的宣传材料、待客的饮料等。（2）设备准备。对于音响、录音录像、照明等设备及开业典礼所需的各种用具、设备必须认真检查、调试，以防在使用时出现差错。一般在开会前一小时应再验收一遍。

9.2.2 开业庆典的礼仪

1. 主办方礼仪

主办方礼仪主要包括以下内容：（1）仪容整洁。出席典礼的人员事前要做适当修饰。女士要适当化妆，男士应梳理好头发，刮净胡须。（2）服饰规范。最好着统一式样的服饰。如果着装不统一，也至少要保证男士穿深色西装或中山装，女士穿深色西装套裙或套装。（3）准备充分。请柬的发放应及时，无遗漏；安排好桌位、座次；安排好来宾的迎送车辆等。（4）遵守时间。不得迟到、无故缺席或中途退场。仪式应准时开始，准时结束。（5）态度友好。见到来宾要主动热情地问好，对来宾提出的问题应予以友善的答复。当来宾发表贺词后，应主动鼓掌表示感谢。不能随意打断来宾的讲话，提出挑衅性质疑，或是对来宾进行人身攻击。来宾致词中如有不能接受的内容，当场一般不加理睬，如果敌意过于明显，应以委婉而简短的语言引开话题。（6）行为自律。主办方人员不得嬉笑打闹，不要东张西望，表现出心不在焉的样子。

2. 宾客礼仪

宾客礼仪包括如下内容：（1）准时参加。如有特殊情况不能到场，应尽早通知主办方，说明理由并表达歉意。（2）最好送贺礼。贺礼可以选择花篮、镜匾、楹联等，以表示对开业方的祝贺，并在贺礼上写明庆贺对象、庆贺缘由、贺词及祝贺单位。（3）恭致祝词。致贺词要简短精练，以贺顺利、发财、兴旺的吉利话为主，不能随意发挥。（4）广交朋友。到场后应礼貌地与周围人打招呼，可通过自我介绍、互换名片等方式结识更多的朋友。（5）礼节性支持。如鼓掌、合影、跟随参观、写留言等。（6）礼貌告辞。仪式结束后应和主办人握手告别，并致谢意。

9.3 剪彩仪式礼仪

剪彩仪式是指商界有关单位为了庆贺公司设立、企业开工、宾馆落成、商店开张、银行开业、大型建筑物的启用、道路或航线的开通、展销会或博览会的开幕等而隆重举行的一项礼仪性程序，因其主要活动内容是约请专人使用剪刀剪断被称作“彩”的红色缎带，故此被称为剪彩。

礼仪小博士

剪彩仪式的由来

1912年，在美国的圣安东尼州的华狄密镇上，有家百货商店即将开业。店主威尔斯为了阻止蜂拥而至的顾客在正式营业前闯入店内，以防将用以优惠顾客的便宜货争购一空，便随便找来一条布带子拴在门框上。谁曾料到这项临时性的措施竟然更加激发了挤在店门之外的人们的好奇心，他们想更早一点进入店内，对即将出售的商品先睹为快。

正当店门之外的人们有些迫不及待的时候，店主的小女儿牵着一条小狗突然从店里跑出来，将拴在店门上的布带子碰落在地。人们误以为这是该店为了开张志喜所搞的“新把戏”，于是立即一拥而入，大肆抢购。让店主转怒为喜的是，他的这家小店在开业之日的生意居然红火得令人难以置信。他认为自己的好运气全是由那条被小女儿的小狗碰落在地的布带子所带来的。此后在他的几家“连锁店”陆续开业时，他便将错就错地如法加以炮制。久而久之，剪彩，从一次偶然的“事故”发展为一项重要的活动程序，再进而演化为一项隆重而热烈的仪式的过程，其自身也在不断发展、不断变化。例如，剪彩者先是由专人牵着一条小狗来充当，让小狗故意去碰落店门上所拴着的布带子；接下来，改由儿童担任，让他单独去撞断门上拴着的一条丝线；再后来，剪彩者又变成了妙龄少女，她的标准动作是当众撞落拴在门口上的大红缎带；最后，剪彩则被定型为邀请社会贤达和当地官员用剪刀剪断礼仪小姐手中所持的大红缎带。

资料来源：剪彩的由来．百度知道，www. zhidao. baidu. com/question/20827151. html.

从剪彩的发展过程来看，它最初只不过是人们用以促销的一种手段，到了后来，它才渐渐演变为商务活动中的一项重要仪式。在一般情况下，在各式各样的开业仪式中，剪彩都是一项极其重要的、不可或缺的环节。尽管它往往也可以被单独地分离出来，独立成项，但在更多时候，它是附属于开业仪式的，这是剪彩仪式的重要特征之一。

具体而言，剪彩一直长盛不衰并仍被业内人士看好，主要是基于如下三方面原因：第一，剪彩活动热热闹闹、轰轰烈烈，既能给主人带来喜悦，又能令人产生吉祥如意之感；第二，剪彩不仅是对主人既往成绩的肯定和庆贺，而且也可以对其进行鞭策与激励，促使其再接再厉、继续进取；第三，剪彩可借此活动良机，向社会各界通报自己的“问世”，以吸引各界人士对自己的关注。

目前，剪彩仪式上有众多的惯例、规则必须遵守，其具体的程序亦有一定要求。目前所通行的剪彩礼仪主要包括剪彩的准备、剪彩的人员、剪彩的程序、剪彩的礼仪规范四方面的内容。

9.3.1 剪彩的准备

剪彩仪式有大量的准备工作需要做好，其中主要涉及场地布置、环境卫生、灯光与音响准备、媒体邀请、人员培训等。准备时必须认真细致、精益求精。除此之外，尤需对剪彩仪式上所需使用的某些特殊用具，诸如红色缎带、新剪刀、白色薄纱手套、托盘以及红色地毯等进行仔细选择与准备。

1. 红色缎带

红色缎带亦即剪彩仪式之中的“彩”。作为主角，它自然是万众瞩目之处。按照传统做法，它应当由一整匹未曾使用过的红色绸缎在中间结成数朵花团而成。目前，有些单位为了厉行节约，代之以长度为两米左右的细窄的红色缎带，或者以红布条、红线绳、红纸条作为其变通，也是可行的。一般来说，红色缎带上所结的花团不仅要生动、硕大、醒目，而且其具体数目往往还同现场剪彩者的人数直接相关。红色缎带上所结的花团的具体数目有两类模式可依：其一，是花团的数目较现场剪彩者的人数多一个；其二，是花团的数目较现场剪彩者的人数少一个。前者可使每位剪彩者总是处于两朵花团之间，尤显正式；后者则不同常规，亦有新意。

2. 新剪刀

新剪刀专供剪彩者在剪彩仪式上正式剪彩时使用。它必须是每位现场剪彩者人手一把，而且必须崭新、锋利而顺手。事先，一定要逐把检查用以剪彩的剪刀是否已经开刃，好不好用。务必要确保剪彩者在正式剪彩时可以“手起刀落”、一举成功，而切勿一再“补刀”。在剪彩仪式结束后，主办方可将每位剪彩者所使用的剪刀经过包装之后送给对方以资纪念。

3. 白色薄纱手套

白色薄纱手套是专为剪彩者所准备的。在正式的剪彩仪式上，剪彩者剪彩时最好每人戴上一副白色薄纱手套，以示郑重。在准备白色薄纱手套时，除了要确保其数量充足之外，还需使之大小适度、崭新平整、洁白无瑕。有时，亦可不准备白色薄纱手套。

4. 托盘

在剪彩仪式上托盘是托在礼仪小姐手中为盛放红色缎带、剪刀、白色薄纱手套之用的。在剪彩仪式上所使用的托盘最好是崭新、洁净的，它通常首选银色的不锈钢制品。为了显示正规，可在使用时上铺红色绒布或绸布。就其数量而论，在剪彩时，可以一只托盘依次向各位剪彩者提供剪刀与手套，并同时盛放红色缎带；也可以为每一位剪彩者配置一只专为其服务的托盘，同时使红色缎带专由另一只托盘盛放。后一种方法显得更加正式一些。

5. 红色地毯

红色地毯主要用于铺设在剪彩者正式剪彩时的站立之处。其长度可视剪彩者人数的多寡而定，其宽度则不应在 1 米以下。在剪彩现场铺设红色地毯主要是为了提升档次，并营造一种喜庆的气氛，有时亦可不予铺设。

9.3.2　剪彩人员的确定

剪彩的人员必须审慎选定。在剪彩仪式上，最为活跃的是人而不是物，因此对剪彩人员必须认真进行选择，并于事先进行必要的培训。除主持人之外，剪彩的人员主要是由剪彩者与助剪者两部分人员构成，对其的主要礼仪要求如下。

1. 剪彩者礼仪

在剪彩仪式上担任剪彩者是一种很高的荣誉。剪彩仪式档次的高低往往也同剪彩者的身份密切相关。因此，在选定剪彩的人员时，最重要的是要把剪彩者选好。

剪彩者，即在剪彩仪式上持剪刀剪彩之人。根据惯例，剪彩者可以是1个人，也可以是几个人，但是一般不应多于5个人。通常，剪彩者多由上级领导、合作伙伴、社会名流、员工代表或客户代表所担任。

确定剪彩者名单必须是在剪彩仪式正式举行之前。名单一经确定，即应尽早告知剪彩者，使其有所准备。在一般情况下，确定剪彩者时必须尊重对方的意见，切勿勉强。需要由数人同时担任剪彩者时，应分别告知每位剪彩者届时他将与何人同担此任，这样做是对剪彩者的一种尊重。千万不要“临阵磨枪”，在剪彩开始前方才强拉硬拽，临时找人凑数。

剪彩者是剪彩仪式上的关键人物。剪彩者的仪表和举止直接影响剪彩仪式的效果。因此，剪彩者应当讲究有关礼仪。必要时，可在剪彩仪式举行前，将剪彩者集中在一起，告知对方有关的注意事项，并稍事排练。按照常规，剪彩者应着套装、套裙或制服，并将头发梳理整齐。不允许戴帽子，或者戴墨镜，也不允许穿着便装。剪彩者穿着要整洁、庄重，精神要饱满，给人以稳健、干练的印象。剪彩者走向剪彩用的绸带时应面带微笑、落落大方。当工作人员用托盘呈上剪彩用的剪刀时，剪彩者应向工作人员点头致意，并向左右两边手持彩带的工作人员微笑致意，然后全神贯注，把彩带一刀剪断。剪彩完毕，放下剪刀，应转身向四周的人鼓掌致意。

2. 剪彩者位次安排

若剪彩者仅为1个人，则其剪彩时居中而立即可。若剪彩者不止1个人时，则对上场剪彩时位次的尊卑必须予以重视。一般的规矩是：中间高于两侧，右侧高于左侧，距离中间站立者愈远位次便愈低，即主剪者应居于中央的位置。需要说明的是，之所以规定剪彩者的位次“右侧高于左侧”，主要缘于国际惯例。若剪彩仪式并无外宾参加时，执行我国“左侧高于右侧”的传统做法亦无不可。

3. 助剪者礼仪

助剪者指的是在剪彩者剪彩的一系列过程中从旁为其提供帮助的人员。一般而言，助剪者多由东道主一方的女职员担任，现在，人们对她们的常规称呼是礼仪小姐。

具体而言，在剪彩仪式上服务的礼仪小姐可以分为迎宾者、引导者、服务者、拉彩者、捧花者、托盘者。迎宾者的任务是在活动现场负责迎来送往。引导者的任务是在进行剪彩时负责带领剪彩者登台或退场。服务者的任务是为来宾尤其是剪彩者提供饮料，安排休息之处。拉彩者的任务是在剪彩时展开、拉直红色缎带。捧花者的任务则是在剪彩时手托花团。托盘者的任务是为剪彩者提供剪刀、手套等剪彩用品。

在一般情况下，迎宾者与服务者应不止1个人。引导者既可以是1个人，也可以为每位剪彩者各配1个人。拉彩者通常应为两个人。捧花者的人数则需要视花团的具体数目而定，一般应为一花一人。托盘者可以为1个人，亦可以为每位剪彩者各配1个人。有时，礼仪小姐亦可身兼数职。

礼仪小姐的基本条件是，相貌较好、身材颀长、年轻健康、气质高雅、音色甜美、反应敏捷、机智灵活、善于交际。在我国，礼仪小姐的最佳装束应为：化淡妆、盘起头发，穿款式、面料、色彩统一的单色旗袍，配肉色连裤丝袜、黑色高跟皮鞋。除戒指、耳环或耳钉外，不佩戴其他任何首饰。有时，礼仪小姐身穿深色或单色的套裙亦可。但是她们的穿着打扮必须尽可能地整齐划一。必要时，可向礼仪公司聘请礼仪小姐。

9.3.3 剪彩仪式的程序

剪彩的程序必须有条不紊。在正常情况下，剪彩仪式应在即将启用的建筑、工程或者展销会、博览会的现场举行。地点一般选在正门外的广场、正门内的大厅等地。在活动现场可略做装饰，在剪彩之处悬挂写有剪彩仪式的具体名称的大型横幅更是必不可少。

一般来说，剪彩仪式宜紧凑、忌拖沓，在所耗时间上愈短愈好。短则1刻钟即可，长则不宜超过1个小时。

按照惯例，剪彩既可以是开业仪式中的一项具体程序，也可以独立出来，由其自身的一系列程序所组成。独立而行的剪彩仪式通常应包含如下六项基本的程序。

（1）请来宾就位。在剪彩仪式上，通常只为剪彩者、来宾和本单位的负责人安排座席。在剪彩仪式开始时，即应敬请大家在已排好顺序的座位上就座。在一般情况下，剪彩者应就座于前排，若超过1个人时，则应使之按照剪彩时的具体顺序就座。

（2）宣布仪式正式开始。在主持人宣布仪式开始后，乐队应演奏音乐，现场可燃放鞭炮（不禁放的情况下），全体到场者应热烈鼓掌。此后，主持人应介绍到场的重要来宾。

（3）奏国歌。此刻需全场起立。必要时，亦可随之演奏本单位标志性歌曲。

（4）进行发言。发言者依次应为东道主单位的代表、上级主管部门的代表、地方政府的代表、合作单位的代表等。发言的内容应言简意赅，每人不超过3分钟，内容应包括介绍、道谢与致贺。

（5）进行剪彩。此刻，全体应热烈鼓掌，必要时还可奏乐或燃放鞭炮（不禁放的情况下）。在剪彩前，需向全体到场者介绍剪彩者。

（6）进行参观。剪彩之后，主人应陪同来宾参观，仪式至此宣告结束。随后东道主单位可向来宾赠送纪念品，并以自助餐款待全体来宾。

9.3.4 剪彩的礼仪规范

进行正式剪彩时，剪彩者与助剪者的具体做法必须合乎规范，否则就会使其效果大受影响。

1. 剪彩服务人员的礼仪规范

当主持人宣告进行剪彩之后，礼仪小姐即应率先登场。在上场时，礼仪小姐应排成一排行进。一般从两侧同时登台，或是从右侧登台。登台之后，拉彩者与捧花者应当站成一行，拉彩者处于两端拉直红色缎带，捧花者各自双手捧着一朵花团。托盘者需站立在拉彩者与捧花者身后1米左右，并且自成一行。

2. 剪彩者的礼仪规范

在剪彩者登台时，引导者应在其左前方进行引导，使之各就各位。剪彩者登台时，宜从右侧出场。当剪彩者均已到达既定位置之后，托盘者应前行一步，到达前者的右后侧，以便为其递上剪刀、手套。

剪彩者若不止一人，则其登台时亦应列成一行，并且使主剪者行进在前。在主持人向全体到场者介绍剪彩者时，剪彩者应微笑并向大家欠身或点头致意。

剪彩者行至既定位置之后，应向拉彩者、捧花者含笑致意。当托盘者递上剪刀、手套，亦应微笑着向对方道谢。

在正式剪彩前，剪彩者应首先向拉彩者、捧花者示意，待其有所准备后，集中精力，右手手持剪刀，表情庄重地将红色缎带一刀剪断。若多名剪彩者同时剪彩时，其他剪彩者应注意主剪者动作，主动与其协调一致，力争大家同时将红色缎带剪断。

按照惯例，剪彩以后红色花团应准确无误地落入托盘者手中的托盘里，而切勿使之坠地，这需要捧花者与托盘者合作。剪彩者在剪彩成功后，可以右手举起剪刀，面向全体到场者致意，然后放剪刀、手套于托盘之内，举手鼓掌。接下来，可依次与主人握手道喜，并列队在引导者的引导下退场。退场时，一般宜从右侧下台。

3. 剪彩退场的礼仪规范

待剪彩者退场后，其他礼仪小姐方可列队由右侧退场。不管是剪彩者还是助剪者在上、下场时都要注意井然有序、步履稳健、神态自然。在剪彩过程中更是要表现得不卑不亢、落落大方。

9.4 新闻发布会礼仪

新闻发布会又称记者招待会，是一个社会组织直接向新闻界发布有关组织信息、解释组织重大事件而举办的活动。新闻发布会有以下几个特点。

（1）正规隆重。形式正规，档次较高，地点精心安排，邀请记者、新闻界（媒体）负责人、行业部门主管、各协作单位代表及政府官员参加。

（2）沟通活跃。双向互动，先发布新闻，后答记者问。

（3）方式优越。新闻传播面广，报刊、电视、广播、网站集中发布（时间集中、人员集中、媒体集中），迅速扩散到公众。

9.4.1 新闻发布会的筹备

1. 新闻发布会的形式和要素

新闻发布会的形式包括记者招待会、新闻发布会、酒会等。一般来说，记者招待会是专题性的，以“答记者问”为主要特色；新闻发布会由公关负责人执行即可；而记者招待会一般有更高层次官员出席。与前两种形式相比，酒会非正式一些，气氛也相对轻松一些，显得更自由、随意。它可以单独召开，也可以附属于其他形式。比如，有的在招待会后举行酒会或茶会。在这些形式中，最为常见的是新闻发布会。

新闻发布会的要素包括目的、信息发布的目标受众、拟邀请对象、发布会规模等。

新闻发布会涉及的事情大同小异，一般来说，包括活动策划与主题确定、节目策划与议程安排、资料准备、与会人员邀请、沟通与确定、时间及场地落实与场景布置、产品展示、演示与信息发布和现场气氛控制等部分。

2. 新闻发布的筹备过程

（1）根据发布会所要达成的目标、发布会的类型，确定其规格、方向和基本风格。

大体上，新闻发布会可以分为如下几个类别，而且风格也基本沿用下述类型。

政治类——严肃感；

高科技产品类——正规中带有活泼；

农业类——亲切、环保；

文化类——文化感、历史感；

一般工业品类——科技感、品质感；

娱乐类——活泼，前卫；

时尚产品类——经典中带有时代气息；

工艺品类——经典、古拙；

其他类别——相应的风格。

（2）成立筹委会，组织相关人员，确定组织、人员保障。

一场发布会牵涉到方方面面，各项工作相互链接、相互联系、彼此交叉，必须统筹安排、多管齐下、同时进行，仅凭一己之力，很难完成。

建立组织的原则：一是“专业原则”。专业的人做专业的事，知人善任。比如，经销商的沟通，市场销售部门是对口部门；专家、官员沟通一般要公关负责人、企业高层出面，不另设组；新闻界的沟通与资料的准备都是公关部门人员的专业特长，故新闻界的沟通也不另设组。二是“平衡原则”。因事设组，每个组的工作量相对平衡。三是“分工原则”。分工应该明确，职责分明，以防互相推诿的现象。隶属分工和横向协作都要明确。四是“扁平原则”。一般在大型活动中有多层次的“金字塔”结构；但在中型的活动中，不宜层级太太多，以保证灵活机动；人员不要太多，以精干、高效为主。五是“制度原则”。尽管是临时性组织，但一旦加入组织机构，人员就应受规章制度的约束。

发布会通常牵涉到各个部门，一般来说，公司或组织的高层及分管副总会在筹委会中担任一定的职务，公司高层，甚至最高领导会有些讲话和表态。在整个活动中，相关部门人员的工作可能在时间上会与其日常工作相冲突，因此赢得各个部门的理解和支持很重要。

筹办新闻发布会牵扯的精力和时间比较多，条件许可的话，应该请专业公司代理。

（3）确定时间、流程与目标管理，并做好反馈、调整。

时间的控制，一般以时间进度表（倒计时）的方式来表现。注意在安排时间上要合理，同时要留有余地。一般来说，前面的时间、进度要安排得紧凑一些，保证后面有时间来调整、完善。整个活动是一个系统工程，流程管理是指在活动中各项工作内容之间的相互衔接、协调和配合关系及其有机组合的过程管理。比如在活动中，主题内容、意义确定才能确定议程、规格，规模、规格确定才能确定人数，人数确定才能落实场地，场地落实才能布置现场等。流程管理使总协调人对于整个活动的各个部分有着清晰的认识，便于找出工作的关键点、重点、难点，一般以程序框图表现。

（4）活动策划、确定活动主题。

活动策划主要包括如下内容：

一是会议议程策划安排。大多数发布会整个过程就是讲话、念稿件、例行演示。实际上，尽管发布会是一个正式的会议，但可以做得更活跃一些，尤其是会议的开幕。在会议议程安排时注意紧凑、连贯，从实践来看，一般控制在1~2小时为宜。特别是发言的时间，演讲稿件字数应该控制在把问题讲清楚的长度，不宜太长，也不宜太短，实践中，15~20分钟比较合适。

二是策划发布会的主题。可以有多种取法，常见的是在主题中直接出现“×××发布会”字样；也有的有一个大的主题，下面为正题；也有两者的结合。

另外，按照国家新闻出版部门的规定，凡是主题中有“新闻”字样的发布会，需经国家新闻出版部门的审批。实践中很多企业略去“新闻”字样，采用其他称法。

确定参会人员是一项很重要的工作，也是一个变化较多的因素，而它的变化将影响到整个发布会的规格与规模，进而影响发布会的各个因素。比如，重要人物的出席和缺席可能影响规格，有时为方便起见，会议地点或会议的一部分内容会改在机场、贵宾室进行，或者调整时间等。这是总协调工作控制的“关键点”，宜重点来抓。

在参会人员的选择上，采取服务发布内容需要的原则，选择相关性强的人员参加。一般来说，官员都选择讲话较有分量的人物，而专家则是在该领域有建树或名气大的人。

新闻记者则是发布会的重头，一般来说，先打印一份拟邀请的名单，至少提前一周时间发出邀请函，然后电话落实；时间较突然的新闻事件可以采用电话和传真的方式。落实好后做好分类统计工作。

（5）拟定活动策划案和具体操作方案。

活动策划案是指导整个活动的战略、战术的文本，供策划活动使用，一般来说只为会议核心成员提供。具体操作方案则是用于企业内部或者协助代理公关公司指导整个活动的具体操作，一般比较详细，具体到每一个人每一步，甚至具体到胸卡的内容，时间上具体到分钟。一般会议人员人手一份。

9.4.2 新闻发布会的礼仪规范

新闻发布会的礼仪规范主要有以下几个方面。

（1）主题明确。新闻发布会的组织者一定要明确主题，以便确定邀请记者的范围，做到有的放矢。如果主题不明，新闻记者就不可能按照组织者的目的传播信息，甚至会弄巧成拙，损害组织在公众中的形象。

（2）准备好资料。认真准备好新闻发布会所需的各种资料，如会议所需要的字、图片，主持人的发言稿，发言人答记者问的备忘提纲，新闻统发稿以及其他背景材料、照片、录音、录像等，以便开会前分发给记者，供他们撰写新闻稿时参考。

（3）选择好发言人。举办新闻发布会，一般由单位指定的发言人发布信息回答记者提问，因此，事先确定好新闻发布会的发言人至关重要。发言人要随机把握会场气氛，措辞文雅而有力，风趣而庄重，头脑要机敏，口齿清楚并具有较强的口头表达能力，尤其是当记者提出一些棘手的、尴尬的或涉及秘密的问题时，发言人更要头脑冷静，要么随机应变，要么用躲闪的方式回答，绝对不能认为这是记者在无理取闹而横加指责。总之，新闻发布会是塑造良好社会形象的重要活动，可以有效地提高举办方的知名度和美誉度。

技能操作

操作内容：组织一次博览会开幕仪式

1. 操作标准

将学生按每组4~6人分组，每组模拟博览会开幕仪式现场演示。要求编制一份开幕式程序，按照程序进行；可由学生自己拟定重要领导和来宾名单并分别扮演相关角色。用摄像机、数码相机或手机记录博览会开幕式过程，开幕式结束后回放过程，学生进行相互评价，教师最后总结点评操作中的共性、个性问题。

2. 操作示范

组织博览会开幕式是开业仪式常见的形式之一，通常要注意以下几点。

（1）举办活动应及早筹划与确定。邀请国外、境外人士前来参加活动，至少于半年前发出邀请，并寄送相关说明资料。

（2）由多个机构共同举办的活动，要事先明确各自职责分工，避免多头指挥、多头对外，让嘉宾无所适从。

（3）确定开幕时间应充分考虑当地交通、气候及工作习惯等因素，开幕式尽量按原定时间举行，避免时间过长。

（4）开幕式主持人应以适当方式说明自己的身份（请礼仪小姐担任主持人除外）。

（5）开幕式宣布的出席活动的领导人名不宜过多。在介绍“出席××活动的领导、贵宾”中不应包括主办单位的领导，应是外宾、外单位领导。一般情况下各主办单位领导应排在宾客后面（主办单位领导是国家领导的则应先报）；如有外国驻华大使参加的，其位置则应提前（因其是外国元首的代表）。

（6）开幕式剪彩活动能免则免，确需安排剪彩的，剪彩人不宜多。为节约起见，应以彩带代替绸带。

（7）在开场称呼中，可按国际惯例称“女士们、先生们”，或“贵宾们、女士们、先生们”，后面不必再加“朋友们、同志们”。

（8）讲话中“欢迎”“感谢”之类的句子要尽量归纳，以节省鼓掌时间。使用现场翻译时，应尽量控制场面，使讲话人与译员相配合，不要在中文讲完时中方人士立即鼓掌，应在翻译完后中外双方共同鼓掌，以示对外宾的尊重。

（9）考虑到翻译上的困难，讲话中避免使用国内工作中常用的缩略语或惯用语（如“三改一加强”“扫黄打非”等）。

（10）对外讲话中（含文件、资料），宜用“中国”“中国政府”等。

（11）介绍地方或企业情况时，要突出重点，语言简练，一忌长篇大论，由古至今，人文地理，面面俱到；二忌数字堆砌（如有必要，可提供文字资料）。

（12）展览开幕式不同于报告会，主办者或领导不宜长篇发言。要尽量简明具体，不必多说客套话。

（13）重要活动中，要适时提醒出席者关掉手机等，或将其调至静音状态。

（14）严格按展览规定的时间参展和撤展，不迟到，不早退。

（15）展出时，接待观众要热情、主动、耐心，不要在馆内扎堆聊天或在摊位间相互乱窜，出现摊位无人照管现象。展馆和展位应保持清洁，注意防火、防盗。

学生训练

运用判断

1. 举办新闻发布会，一般由单位指定的发言人发布信息回答记者提问。

2. 举办新闻发布会，在参会人员的选择上采取服务发布内容需要的原则，选择一些不相关性的人员参加亦可。

3. 按照惯例，剪彩以后红色花团应准确无误地落入托盘者手中的托盘里，而切勿使之坠地。

4. 剪彩者若不止一人，则其登台时亦应列成一行，并且使主剪者行进在后。

5. 剪彩者的位次“右侧高于左侧”，主要是因为这是一项国际惯例，剪彩仪式理当遵守。若剪彩仪式并无外宾参加时，执行我国“左侧高于右侧”的传统做法亦无不可。

6. 剪彩仪式是附属于开业仪式的，这是剪彩仪式的重要特征之一。

7. 按照惯例，举行开业典礼时宾主一律站立，故一般不设置主席台及座椅。

8. 举办开业庆典，要遵循“热烈、隆重、节俭”的原则。

9. 通常的做法，是先签署对方保存的合同文本，再接着签署己方保存的合同文本。

10. 在签署双边性合同时，应请客方签字人在签字桌右侧就座，主方签字人则应同时就座于签字桌左侧。

案例分析

十堰美的制冷产品销售有限公司与××公司
签约仪式方案

一、签约名称单位

十堰美的制冷产品销售有限公司、××公司。

二、签约时间、地点、主持人

时间：________年____月____日（星期____）上午____时—____时。

地点：××（售楼部现场或酒店）。

主持人：×××。

三、参加人员

十堰茅箭区有关领导，十堰房产管理局相关领导，十堰美的制冷产品销售有限公司董事长、总经理及相关部门负责人，××公司总经理、相关负责人，项目签约人员、新闻记者。

四、签约仪式议程安排

1. 主持人宣布签约仪式开始，介绍主要来宾和领导。

2. 签约：主持人做项目友好合作情况介绍，并请主签嘉宾上台。

××公司与××公司负责人×××分别签约，由礼仪小姐引导并摆放签约文件夹、笔。

3. 全部项目签约结束后，礼仪小姐斟酒，嘉宾举杯庆贺。

4. 公司代表×××致辞。

5、领导×××致辞。

6. 记者自由提问。

7. 主持人宣布签约仪式结束，来宾退场，进入宴会厅进餐。

五、签约流程

10:00—10:30	嘉宾签到，进入会场
10:38—10:40	介绍与会嘉宾、领导
10:40—10:50	主持人开场白、签约项目简介
10:50—10:55	签约、合影
10:55—11:10	公司负责人发言
11:10—11:20	领导发言
11:20—11:30	记者自由提问
11:30	签约仪式结束，安排餐饮

六、主要筹备工作

1. 人员分工

（1）前期准备

总监督协调：__________

策划文案：__________

场地预订、订餐：__________

场内布置：__________

媒体邀请：__________

物资准备：__________

（2）现场活动

总指挥：____________

执行指挥：__________

总协调：____________

现场执行：__________

前台签到：__________

贵宾接待：__________

摄影摄像：__________

后勤：______________

2. 筹备工作安排

（1）确定签约人、参加仪式的主要来宾和领导（××日之前完成，责任人：________）。

（2）会场预定、会场落实及会场布置所需礼仪公司负责的细项落实（××日之前完成，责任人：________）。

3. 会场布置

（1）横幅制作、桌签、会场内摆放鲜花、贵宾胸花、香槟酒及酒杯、礼仪小姐（需4位礼仪小姐：2位贵宾签到、佩戴胸花，2位引导签约人签约、摆放签约夹）。

（2）签约台：暗红色平绒铺底，上放小型鲜花、桌签，签约台安排主持人席并配话筒，台前放绿色小型盆景。台前两侧放大型花篮。

（3）会场安排：四方布置，安排座位50个。签约台后留有余地，供助签嘉宾站在后面。（现场布置执行人员协调负责：________）

4. 其他

（1）安排礼仪小姐6名，负责迎宾、导引、签约文本交换等工作。（××日前完成，负责培训、讲解，责任人：________）

（2）1月19日前落实签约文本及人员。（责任人：________）

（3）安排迎候签到及签到册。（××日之前完成，责任人：________）

（4）确定主持人和领导讲话。（××日之前完成，责任人：________）

（5）准备签约文件夹、笔4份（签约文本各签约单位自备2份）；（××日之前完成，责任人：________）。

（6）预约媒体。（××日之前完成，责任人：________）

（7）物资准备：鲜花（小盆鲜花和大盆鲜花），胸花，香槟酒，签约文件夹，签到本，签约（签到）用笔，工作牌。（××日前完成，责任人：________）

七、费用预算（待定）

注：与礼仪公司洽谈场地时注意，除了场地使用费用外，尽量能够将席卡、礼仪小姐、会议指示牌、音响、鲜花等内容交由礼仪公司负责。

问题：

1. 这属于什么庆典仪式？
2. 它的礼仪有哪些？

任务 10　涉外商务礼仪

知识树

任务驱动

1. 目标要求

- 熟悉涉外商务交往遵循的基本礼仪原则；
- 掌握涉外商务的礼仪要求；
- 了解亚洲、欧洲、美洲、大洋洲、非洲主要贸易国家的商务礼仪习俗；
- 具备与世界各国客商进行商务交往的礼仪技能。

2. 任务导入

某葡萄酒营销公司的翻译王磊将随公司经理迎接来自法国、新西兰的 4 位客商，商谈葡萄酒加工合作事宜，王磊事前应从哪些方面入手准备接待外商？

知识掌握

10.1　涉外商务交往礼仪

10.1.1　涉外交往礼仪通则

由于地区和历史的原因，各地区、各民族对于礼仪的认识各有差异。在长期的国际往来中，逐步形成了外事礼仪规范，也叫涉外礼仪。涉外礼仪就是人们参与国际交往所要遵守的惯例，是约定俗成的做法。随着我国改革开放进一步扩大，人们在商务活动中的涉外交往日益增多，了解涉外交往礼仪的原则技巧，显得尤为重要。

礼仪小故事

温暖的重逢

2024 年 8 月 10 日，巴黎奥运会赛场上，中国男乒队以 3∶0 成绩横扫瑞典队，成功卫冕。而在赛场之外，刘国梁与佩尔森的偶遇更是传达出竞技体育承载着友谊和尊重的精神内核。

当58岁的瑞典队主教练佩尔森看到多年好友、中国队领队刘国梁时，脸上洋溢着发自内心的喜悦，他张开双臂热情拥抱了刘国梁。出于对友情的敬重，刘国梁在和佩尔森热烈交谈时，特意摘下了头上的棒球帽。这个细微的动作饱含了中国人传统的礼仪修养，体现了“礼仪之邦”的文化内涵。佩尔森看到这一幕，笑容更加灿烂，微微躬身以示谢意。正是因为具有这种友谊情怀，运动员们才能心怀宽阔、海纳百川，包容彼此的胜负得失。正如网友所点赞的那样：“刘国梁摘下帽子的小动作，体现了我们中华民族的传统美德；佩尔森对此报以微笑谢意，可见老朋友之间的友谊有多么真挚。”

点评：

涉外交往活动中，公民的言谈举止、待人接物不仅展示自己的礼仪修养，更代表国家、民族、单位、组织的形象，要做到文明友好、言行得体，热情有度，传达出对交往对象的尊重、友好和善意。

1. 维护形象

在涉外交往中，人们普遍对交往对象的个人形象倍加关注，并且都十分重视遵照规范的、得体的方式塑造、维护自己的个人形象。在涉外交往中，每个人都必须时时刻刻注意维护自身形象，特别是正式场合留给外国友人的第一印象。

个人形象包括六要素：仪容，指一个人形体的基本外观；表情，主要是一个人的面部表情；举止，指人的肢体动作；服饰，是对穿着服装和佩戴首饰的统称；谈吐，即一个人的言谈话语；态度，是指与他人相处时的表现，亦即为人处世、待人接物的态度。

2. 保守机密

涉外交往总要涉及国家、单位的一些情况，作为工作人员，在涉外交往时，一方面不要随意议论对方的礼遇与参观访问中遇到的问题，如有意见需向对方提出，应报代表团或组领导，不要擅自对外表态。对外联系要统一领导，专人负责。另一方面，必须牢记保守国家、单位的机密，绝不允许以友好、坦诚为借口，向外宾提供机密或不利我方谈判的资料。在接待国外友人参观和洽谈业务时，应从实际出发，划清机密与非机密的界限，不得泄露内部掌握的对外援助技术出口和接受外援的具体政策、规划数字、计划措施等机密事项。在国际通信中，严禁明、密电混用，传真通信不得涉及秘密内容，严禁用电话传达密电，注意计算机信息保密。

3. 不卑不亢

不卑不亢是涉外礼仪的一项基本原则，要求：每个人在参与涉外交往时都必须意识到自己在外国人的眼里是代表着自己的国家、民族、工作单位的，因此其言行应当从容得体。遇到强者不自惭，遇到磨难不气馁，遇到侮辱敢于挺身反击，遇到弱者会伸出援助之手。

周恩来总理曾经要求我国的涉外人员“具备高度的社会主义觉悟，坚定的政治立场和严格的组织纪律，在任何复杂艰险的情况下，对祖国赤胆忠心，为维护国家利益和民族尊严，甚至不惜牺牲个人一切”。江泽民同志则指出，涉外人员必须“能在变化多端的形势中判明方向，在错综复杂的斗争中站稳立场，在各种环境中都严守纪律，在任何情况下都忠于祖国，维护国家利益和尊严，体现中国人民的气概”。他们的这些具体要求，应当成为我国一切涉外人员的行为准则。

4. 求同存异

对于中外礼仪与习俗的差异性是应当予以承认的；在涉外交往中，对于类似的差异性，尤其是我国与交往对象所在国之间的礼仪与习俗的差异性，重要的是要了解，而不是评判是非、鉴定优劣。

在涉外交往中，究竟遵守哪一种礼仪为好呢？目前大体有三种可行方法：一是以我为主。在涉外交往中，依旧基本上采用本国礼仪。二是兼及他方。在采用本国礼仪的同时，适当地采用一些交往对象所在国现行的礼仪。三是求同存异。在涉外交往中为了减少麻烦，避免误会，最为可行的做法是既对交往对象所在国的礼仪与习俗有所了解并予以尊重，更要对国际通行的礼仪惯例认真加以遵守。

5. 入乡随俗

在涉外交往中，要真正做到尊重交往对象，首先就必须尊重对方所独有的风俗习惯，“入境而问禁，入国而问俗，入门而问讳”，主要原因有两点：一是因为世界各国、各地区、各民族在其历史发展的具体进程中形成各自的宗教、语言、文化、风俗和习惯，并且存在不同程度的差异，“十里不同风，百里不同俗”，难以强求统一；二是在涉外交往中，尊重外国友人特有的习俗，容易增进双方之间的理解和沟通，有助于更好地向外国友人表达亲善友好之意。

6. 信守约定

信守约定是指在一切涉外交往之中，都必须认真而严格地遵守自己的所有承诺。说话务必要算数，许诺一定要兑现，约会必须如约而至，在一切有关时间方面的正式约定之中，尤其需要恪守不怠。具体要注意：第一，在人际交往中，许诺必须谨慎；第二，对于自己已经做出的约定，务必要认真加以遵守；第三，万一由于难以抗拒的因素致使自己单方面失约或是有约难行，需要尽早向有关各方进行通报、如实解释，并且还要郑重其事向对方道歉，按照规定和惯例，主动负担给对方造成的某些损失。

7. 热情有度

热情有度是要求人们在涉外交往、同外国人打交道时，不仅待人要热情而友好，还要把握好待人热情友好的分寸，否则就会事与愿违，过犹不及。热情有度的关键是要掌握好关心有度、批评有度、距离有度、举止有度等具体的“度”。在做到举止有度时，要注意不要随便采用某些意在显示热情的动作，不要采用不文明、不礼貌的动作。

8. 不必过谦

在涉外交往中涉及自我评价时，虽然不应该自吹自擂、自我标榜，一味地抬高自己，但也没必要妄自菲薄、自我贬低、自轻自贱，过度地对外国人谦虚、客套。当面对赞美时，一定要落落大方，高兴地道一声“谢谢！”；当赴宴、馈赠时，不必说“今天没什么好菜，随便吃一点”“礼品很不像样子，真不好意思拿出手来”之类的话，而应得体大方地说“这是本地最有特色的菜”“这是这家饭店烧的最拿手的菜”“这是我特意为您挑选的礼物”；当同外国友人交往应酬时，若自己正在忙，无论如何都不要脱口而出“瞎忙”“混日子”“什么正经事都没有干”，否则，会被对方看作不务正业之人。

9. 不宜先为

该原则也被称作不为先原则，有双重含意：一方面，它要求人们在难以确定如何行动才好时，应当尽可能地避免采取任何行动、冒昧行事，免得出丑露怯；另一方面，它又要求人们在不知怎么做而又必须采取行动时，最好是按兵不动、先静观其他人的正确做法，然后加以模仿，或是同绝大多数人保持一致。如西餐宴会上女主人是第一次序，女主人就座后其他人才能就座，女主人拿餐巾表示宴会开始，女主人拿起刀叉其他人才可以吃，女主人把餐巾放在桌子上表示宴会结束。

10. 尊重隐私

在涉外交往中，务必要严格遵守“尊重隐私”这一涉外礼仪的主要原则，做到“个人隐私八不问”：不问收入、不问年龄、不问婚姻、不问健康、不问住址、不问经历、不问信仰、不问私事。此外，私人住宅在有的国家受到法律保护，擅自闯入要受到制裁。到外国人家里做客，不经主人允许和邀请，不能要求参观主人的住房。即使双方很熟悉，也不能触动书籍、花草以外的个人物品以及室内陈设的其他物品。

与外国人交往时，不仅要尊重在场人的个人隐私，对不在场人的个人隐私也应尊重。在背后议论同事的好坏、上级的能力、女人的胖瘦、路人的服饰等，都会被外国人视为喜好窥探隐私，属无聊之举。

11. 女士优先

所谓“女士优先”，是国际社会公认的一条重要的礼仪原则，它主要适用于成年的异性进行社交活动之时。

“女士优先”的含义是：在一切社交场合，每一名成年男子都有义务主动自觉地以自己的实际行动去尊重妇女、照顾妇女、体谅妇女、关心妇女、保护妇女，并且还要想方设法、尽心竭力地去为妇女排忧解难。倘若因为男士的不慎而使妇女陷于尴尬、困难的处境，便意味着男士的失职。女士优先原则还要求在尊重、照顾、体谅、关心、保护妇女方面，男士们对所有的妇女都要一视同仁。

12. 以右为尊

正式的涉外交往中，依照国际惯例，将多人进行排列时，最基本的规则是右高左低，即以右为上，以左为下；以右为尊，以左为卑。大到政治磋商、商务往来、文化交流，小到私人接触、社交应酬，但凡要确定位置的主次尊卑时，“以右为尊”都是普遍适用的。

13. 爱护环境

“爱护环境”的主要含意是：在日常生活里，每一个人都有义务对人类赖以生存的环境自觉地加以爱惜和保护。

在涉外交往中，之所以要特别讨论“爱护环境”的问题，除了因为它是作为人所应具备的基本的社会公德之外，还在于，在当今国际舞台上，它已经成为舆论倍加关注的焦点问题之一。中国人在涉外交往中特别需要在“爱护环境”方面注意：不可毁损自然环境；不可虐待动物；不可损坏公物；不可乱堆乱挂私人物品；不可乱扔乱丢废弃物品；不可随地吐痰；不可到处随意吸烟；不可任意制造噪声。

礼仪小故事

习近平按民俗礼仪接斐济原住民献礼

习近平总书记在党的二十大报告中强调“促进各国人民相知相亲，尊重世界文明多样性，以文明交流超越文明隔阂、文明互鉴超越文明冲突、文明共存超越文明优越”。在涉外交往中，习近平非常注重求同存异，尊重中外礼仪与习俗的差异性，做到入乡随俗。

2014 年 11 月，习近平对斐济进行国事访问。对于中国国家主席的首次到访，斐济高度重视。习近平乘坐的专机抵达楠迪国际机场后，在跑道上滑行穿过“水门”。这是当地给予最尊贵客人的礼遇，表达为客人“洗尘”。抵达当晚，斐济还举行了一场别开生面的传统欢迎仪式。习近平身着斐济民族服装“布拉衫”，按当地礼仪接受了斐济原住民“五重大礼”。

1. 献鲸鱼牙

欢迎仪式第一个项目是一名斐济原住民上前用斐济语向习近平表示欢迎并献上鲸鱼牙。习近平左手手心向上接过鲸鱼牙，右手握住系鲸鱼牙的绳子，将鲸鱼牙转交给右前方的斐济礼宾官。之后，礼宾官向献礼人拍掌并表示感谢。

2. 献草席

第二个环节是向习近平敬献草席。一名斐济原住民将草席献至习近平面前，另一人手持鲸鱼牙向习近平致祝福语并献上鲸鱼牙。习近平接过鲸鱼牙再次转交给斐济礼宾官，礼宾官向献礼人拍掌并表示感谢。之后，斐济原住民将草席撤下。

3. 献洋格纳树

洋格纳树是南太平洋地区的一种灌木。斐济原住民再次出场将一捆洋格纳树放在地上，一人跪地祝福。习近平点头致意。斐济礼宾官上前代表习近平接受洋格纳树并致谢。随后，原住民抬走洋格纳树。鲸鱼牙、草席、洋格纳树寓意着平安吉祥。

4. 献卡瓦汁

卡瓦汁是由洋格纳树根茎经手工加工制成的一种橙黄色饮料。从斐济民族社会起，族民就有向酋长和长老献卡瓦汁的传统并形成一种庄严、神圣的仪式，由此演变为对贵宾的高尚礼仪，被誉为斐济国粹。习近平先拍掌一次，双手拿起桌上的空碗，对方将卡瓦汁倒入碗后，向姆拜尼马拉马总理说一句斐济土著语——“布拉”（你好），然后慢慢把卡瓦汁饮尽，把空碗放回桌上，再拍掌三次致谢。

5. 献芋头等食物

喝完卡瓦汁，斐济原住民又把芋头等抬上来，一名原住民上前向习近平主席夫妇致祝福语。习近平点头致意。斐济礼宾官代表习近平接受献品并致谢。然后，原住民将食物抬下。

至此，富有浓郁斐济民族特色的传统仪式宣告结束。

资料来源：京华时报，2014-11-22。

点评：

中外礼仪与习俗具有差异性，在涉外交往中要客随主便、求同存异、入乡随俗，了解并尊重对方所在国的礼仪、风俗习惯，有助于更好地表达亲善、友好之意。

10.1.2 涉外接待礼仪

1. 注意邀请的方式

外宾来访，通常要由东道国先发出邀请，这既是礼节，也是一项必要的手续。邀请一般应以书面方式进行，被邀者在接到邀请函后应及时给予答复，并据此办理有关手续。邀请函除表示欢迎之意外，也表明被邀请者的身份、访问的性质以及访问的日期和时间等内容。有时为了表示客气，也可请被邀者在他认为“方便的时候”来访，或将时间留待以后“另行商定”。

2. 充分做好接待准备

在外宾抵达以前，就应做好充分的接待准备工作。首先，要搞清楚来访外宾或代表团的基本情况。例如，来访外宾的总人数，是否包括主宾和其他人员的配偶，来访人员的职务、性别、礼宾次序等情况，这些均可请对方事先提供。对于外宾的饮食爱好、宗教禁忌以及是否有其他特殊的生活习惯等也可事先向对方探询，必要时，还可向对方索要来访者的血型资料。拟订来宾访问日程前，还要向对方了解清楚抵离的日期和时间、交通工具和旅行路线、对参观访问的具体愿望等。飞机起降的具体时间可经由民航部门密切掌握。

3. 合理安排访问日程

访问日程一般应由邀请方首先提出，日程草案拟订后，可先将主要内容告知对方，听取对方意见，并使对方有所准备。在拟订日程草案时，除了遵循通常的礼仪程序以外，还要考虑以下一些因素：（1）访问的目的和性质；（2）访问者的愿望；（3）访问者同东道国的哪些人和事有特殊的关系；（4）访问者过去是否曾经来访过，哪些项目过去已经看过，如何使本次访问更具特色；（5）来访者的年龄及身体状况能适应的活动限度；（6）代表团其他成员的特殊要求与安排，特别是主宾的夫人，有时可以另行排一些有意义的活动。

日程安排的松紧应适当。活动安排太少，让客人有时在宾馆里无所事事，会感到受冷遇；活动安排太多，又会令客人筋疲力尽。要保持日程安排适当平衡确非易事。为了让客人在有限的时间内多看一些东西、多接触一些人，常常容易把日程排得太满，没有轻松休息的时间。有些大型代表团来访，为了达到更好的效果，可以安排他们分组活动；有的次要活动，可以安排代表团其他成员参加，以减轻主宾的劳累。

4. 注意接待规格

接待规格的高低体现了对来访客人的重视程度和欢迎程度。来访者对于接待规格的高低也往往比较敏感，因此，对于来访客人的接待规格要妥善掌握。接待规格的高低常常从各方面表现出来，例如，宴会规模的大小、出席宴会的主方人员的身份、某些礼仪活动的隆重程度等，甚至有时住房和交通工具的安排也会被人视为接待规格高低的反映。

5. 确保外宾安全

各国对来访外宾，尤其是国宾的安全，都特别重视。按照国际上通常的做法，外宾自入境之时起，其安全保卫由东道国负责。接待部门在考虑日程和活动现场的安排时，也应将安全因素考虑在内。

6. 重视生活接待

外宾来访期间的生活接待十分重要。住房、坐车、生活起居，要尽量使其舒适、方便、安全，饮食应当可口。关于饮食，应按外宾的习惯和爱好尽量准备好；还应按外宾习惯，在房间内准备一些饮料、水果等，供其随时取用。住地应当选择在环境优美安静的地段，以便来宾在繁忙紧张的活动之后得到适当的歇息。常年有外宾居住的高级宾馆、饭店都应把搞好生活接待、不断提高服务质量作为其孜孜不倦的奋斗目标，不但要配备先进的生活设备，还要对客人体贴周到，于细微处见精神。有一位纽约商人是泰国曼谷东方饭店的常客，一次，他在星期五住进这家饭店，发现饭店把他的房间安排在二楼靠近楼梯的地方，他见此深受感动，因为基于宗教的缘由，他在星期五不能搭乘电梯。事情虽小，其情可嘉。

礼仪小博士

出国参加展览会的外事纪律及注意事项

一、外事纪律

涉外商务礼仪介绍

（1）严格遵守国家法令和外事纪律及外事授权规定，一切行动听指挥。

（2）维护民族尊严、国家利益和公司信誉，不做任何有损国格和公司信誉的事情。

（3）参加谈判、签订协议等重要活动时要有谈话记录，不得利用工作之便谋求私利，不得背着组织与外商私下交往。

（4）参加外事活动，与外宾接触，言谈要有分寸，礼貌要合乎常规。对客户和参观者的询问要热情回答，不得冷落客人。

（5）严守国家机密，严防窃照、窃听、泄露国家机密。对外谈判不要涉及内部机密。与外商谈判时不要把机密文件放在桌上。出国不得携带内部机密文件，包括本公司扩印的内部资料、内部报刊或记有内部情况的笔记本。

（6）出国人员不得擅自离开驻地。一般情况下不得个人单独行动，如有特殊事情，需要通过正当程序向团长请假，其他人一律没有批准个人外出的权力。未经许可不得擅自与外国任何机构和个人联系。

（7）出国人员的个人行李物品要严格保管、加锁，提高警惕，发现可疑情况要立即报告并进行检查。

（8）出国人员不得进入不健康的场所，不准购买黄色书刊、图片出入境。

二、对外礼仪

在国际交往中，每个人都在一定程度上代表着国家和民族，因而要掌握国际交往常识和社交礼节。

（1）尊重各国风俗习惯，遵守社会公德。

（2）举止端庄，注意言行，不要用手指指人、不喧哗、不放声大笑、不要近距离大声喊人。

（3）切勿随地吐痰，不要乱扔烟蒂或其他废弃物品。

（4）国外许多场合禁止吸烟，要注意是否有禁烟标志。

（5）进餐时要文雅，切勿高声喧哗。吃自助餐，不要一次盛得过多，不要将食物带走。

（6）初次相识，一般由第三者介绍或自我介绍。为他人介绍，应把身份低、年纪轻的人先介绍给身份高、年纪大的，把男士先介绍给女士。

三、旅行常识

（1）乘飞机时尽量轻装，手提物品尽量要少。国际航线普通行李免费托运限额一般为：头等舱和公务舱，两件行李，每件不超过 32 千克；经济舱，两件行李，每件不超过 23 千克。禁止携带危险品。

（2）请参展人员妥善保存好自己的物品，贵重物品请寄存在酒店的保险柜内或随身携带。

（3）个人卫生用品，如牙刷、牙膏、拖鞋、毛巾等自备。

（4）爱护酒店设施，注意公共道德。如损坏设备，按酒店规定由责任者赔偿。

资料来源：百度文库,https：//wenku. baidu. com/view/4b8d722a5901020207409c52. html.

10.2 涉外商务出国礼仪

10.2.1 出国前的准备

1. 凭国外邀请函到主管部门申请任务批件

任何因公出访的商务活动都必须由出访单位凭材料到外事办申报，取得任务批件后才能申办护照签证。需提供的材料包括：（1）发自被访国家的邀请函原件；（2）《任务审批程序表》；（3）出境人员审查批件或备案表原件；（4）身份证复印件，开具出国证明（前往免签证国家）。

2. 申办护照

护照是各主权国家发给本国公民出入境和在国外的身份证件。凡出国人员均持有护照，以便有关当局检验时出示。任何国家都不允许没有护照的人进入其国境。各国对护照的检验也较严格，防止持有过期、失效甚至伪造护照的人进入该国国境。因公出国人员的护照，由外交部或由外交部授权的机关办理；因私出国人员的护照，由公安部授权的有关机关办理。

拿到护照后，应核查姓名、出生年月、地点是否填写正确，并在签字格上签名。出国前要凭护照去办理所去国家和中途经停国家的签证，凭护照购买国际航班机票和车船票等。在国外要凭护照住旅馆、办理居留手续等。我国护照的有效期一般为 10 年，期满后要办理延长手续。护照必须妥善保管，不得污损、涂改，严防遗失。

3. 办理签证

签证是一国官方机构对本国和外国公民出入国境或在本国停留、居住的许可证明。签证均做在护照或其他身份证件上。如前往未建交国，则用单独的签证，称另纸签证，与护照同时使用。签证的等级分为外交签证、公务签证和普通签证。入出国境的签证分为入境签证、入出境签证、出入境签证、过境签证。另外尚有居留签证。

出国前必须办妥必要的签证，也就是办理所去国家的入境或入出境签证和中途经停国家的过境签证。如持中国因私普通护照，还需向发照单位申办我国签证。办外国签证需向有关国家驻华使领馆申请办理。在国外，如需办理签证，可请我驻外使领馆协助。有些国家规定，凡停留不超过 24 小时或一定期限的，可以免办过境签证。截至 2024 年 7 月，我国已有 37 个口岸实施 144 小时过境免签政策，适用范围增至 54 个国家。有些国家之间签订了互免签证的协议，则可不办签证。例如，我国同朝鲜、罗马尼亚等国，因有协议，所以对持有外交、公务和因公普通护照的人员均免办签证。

各国的签证内容大体相同，都规定有效期和居留期限等。如途经一国的过境签证，有效期为 1 个月，过境逗留时间限 3 天，也就是说在有效期间的任何日子里均可入出该国国境，但只能逗留 3 天。又如，前往某国的入出境签证有效期为半年，居留期限为 1 个月，入出境一次，即在有效期半年内可入境并可在签证有效期内逗留 1 个月；如超过 1 个月，则须向有关单位再办理延长签证的手续。去任何国家都要注意签证问题，否则会带来很多麻烦。

4. 领取健康证明书和国际预防接种证书

为防止国际间某些传染病的流行，各国都对外国人进入本国国境所需某些接种做出了规定，主要有种牛痘、防霍乱和防黄热病的接种等。根据不同时期、不同地区和疫情的分布情况，各国对预防接种的要求也有所不同。如天花，目前在世界范围内已基本得到控制，因此很多国家已开始不要求必须接种牛痘了。有时某一地区发现霍乱，凡出入该地区的人必须注射防霍乱疫苗。所以说，出国人员办理接种手续前，应做必要的了解，到所在省、市卫生检疫机关接受健康检查、预防接种，领取健康证明书和国际预防接种证书，出境时向卫生检疫机关出示。

5. 预购机票（车、船票）

出国前，应根据实际情况选择方便、经济、合理的路线。各国航空公司给长途旅客 24 小时以内转机提供食宿方便，因此在选择换乘飞机的时间、地点时要考虑这一因素。

购买机票可通过旅行社代办，也可直接到所乘班机的航空公司、营业处购买。购买机票的同时要确认机座。拿到机票后，应检查机票填写的飞机班次、日期、途经城市、到达城市是否正确，座位是否确认（即“OK”）。只有机座得到“OK”，才可搭乘飞机。

如旅行人持联程（或往返）机票，即使购票时全程机座均已办妥（OK），但因某些航空公司对联运衔接的时限规定不尽相同，如果搭乘续程（或回程）飞机的间隔时间超过其规定的时限，需在续程（或回程）地点提早办妥机座“再证实”（Reconfirm）手续，否则就等于自动放弃。机票上都注有姓名，不可转让。

6. 了解出访国基本情况

在出国进行商务访问前，可通过上网、查询资料等方式，对出访国的气候条件、当地文化、风土人情、商务特点、礼仪禁忌等基本情况进行全面了解，以避免到时出现失礼行为。同时，也可根据了解的情况，有针对性地准备出国衣物、用品及选择赠送的礼品。出访人员较多的单位，可安排一次出国专题培训，专门介绍出国要求、安全须知、出访国礼仪等。

7. 准备商务出行物品

围绕商务出访目的，除了要制订详细的访问计划外，还要准备好充足的资料和适当的行李。

（1）必要的证件：护照、签证、健康证明书、预防接种证书、机票等。

（2）费用：外汇现金、信用卡、旅行支票。

（3）商务用品：手提电脑、公文包、通讯录、记事本、名片夹和名片、宣传或谈判资料、钢笔、计算器、旅行日程安排、请柬或邀请函、小礼品等。

（4）衣物：轻便和无褶皱的职业套装、参加晚宴的礼服、休闲装、男士用衬衫和领带等；与服装相配套的饰品和鞋、睡衣、换洗内衣、袜子、急用药品、洗漱用品、女士用化妆用品等。

（5）行李：国际航线普通行李免费托运限额一般为：头等舱和公务舱，两件行李，每件不超过 32 千克；经济舱，两件行李，每件不超过 23 千克。行李超重部分要付超重费。行李箱最好是用轻便牢固的旅行箱，便于搬运，不怕碰压。个人的行李应有明显的标记，写上中外文姓名、到达的目的地等。集体的行李可用统一标记，以便识别。如有过多过大的行李、物品、仪器等，除随身托运外，还可提前分离托运，运费较一般航运便宜。除了行李箱外，最好再准备一个手提袋，放贵重或常用品。

10.2.2 出入境手续

各个国家（地区）对入出境旅客均实行严格的检查手续。办理这些手续的部门一般设在口岸和旅客入出境地点，如机场、车站、码头等。入出境手续包括以下几个部分。

1. 边防检查

这项检查很多国家由移民局（外侨警察局）负责。入出境者要填写入出境登记卡片（有时航空公司代发卡片，可提前填写），交验护照和签证。卡片的内容有姓名、性别、出生年月、国籍、民族、婚否、护照种类和号码、签证种类和号码、有效期限、入境口岸与日期、逗留期限等。护照、签证验毕加盖入出境验讫章。

2. 海关检查

海关检查人员一般仅询问有否需申报的物品，但有的国家要入出境者填写携带物品申报单。海关有权检查入出境者所携行李物品，有的海关对个人日用品、衣物等的检查不十分严格，对持外交护照者可以免验。各国对入出境物品管理规定不一，烟、酒、香水等物品常常按限额放行。文物、武器、当地货币、毒品、动植物等为违禁品，非经允许，不得入出国境。有些国家还要求填写外币申报单，出境时还要核查。

为了简化手续，许多国家实行红绿通关制度选择，设“红色通道”（Red Channel）和“绿色通道”（Green Channel）。选择“红色通道”（Red Channel），应填写进出境旅客行李申报单，并附其他单证，主动向海关申报；不清楚海关规定或不知如何选择通道的旅客，应选择“红色通道”通关。为逃避海关监管，故意选择“绿色通道”通关者，一经发现，将由海关严惩。

3. 安全检查

近年来，由于劫持飞机事件不断发生，因此对登机的旅客采取安全检查措施越来越普遍，手续也日趋严格，主要是禁止携带武器、凶器、爆炸物、剧毒物等。检查方式包括安全门、用磁性探测器近身检查、检查手提包、搜身等。我国也实行国际上通用的安全检查方法。

安全检查往往根据当时的局势、国际的状况以及其他方面的各种因素而定，所以有时较严、有时较松。

4. 检疫交验黄皮书

黄皮书就是预防接种书。很多国家对来往某些国家、地区的旅客免验黄皮书，但对发生疫情地区则检查特别严格，对未进行必要接种的旅客，则会采取隔离、强制接种等措施。

10.2.3　乘机礼仪

从事涉外商务活动，要经常乘坐飞机，而要想保持良好形象，避免出现尴尬局面，应当遵循以下“空中礼仪规则”。

(1) 飞机在空中飞行时，空间体积非常有限，因此，你必须让自己适当“收缩”。与你在地面上相比，你在感觉上应当占据更少的“自我空间”，这是空中旅行本身的特点。

(2) 乘坐飞机要求至少提前半小时登机。飞机场一般都设在郊区，距市区较远，在安排时间时一定要预留出充足的时间，避免由于塞车等特殊情况造成迟到，延误航班。

(3) 不要携带易燃易爆的危险物品。小刀等物品（包括女士日常使用的修眉刀与修眉剪）以及酒、洗发液等液体物品应当事先放在托运的行李当中，不要随身携带，否则，这些物品可能无法通过安全检查。

(4) 不要把体积很大的旅行包背在肩上，也不要在地上拖着走，这样做容易碰到坐在过道旁边的乘客。

(5) 把你随身携带的手提箱、衣物等整齐地放入上方的行李舱中，不要让你的东西掉下来砸到下面坐着的乘客。通常乘务员会在飞机起飞之前检查行李是否放好。不要给乘务员增添太多的麻烦，以免延误起飞时间。

(6) 坐下时可以向你旁边的乘客点头示意。如果对方没有想和你聊天的意思，不要去打扰。对于很多工作繁忙的人来说，飞机上的时间是非常宝贵的休息或放松时间。同样，假如你的邻座正在工作或思考，也不要打扰他。如果你受到了干扰，你可以直截了当地说“对不起，我必须在到达之前做完这些工作”或者“对不起，我想睡一会儿”。在用餐时间简短地聊天是不失礼的。

(7) 飞机起飞前，一般都会播放安全注意事项。此时，一定要保持安静，仔细聆听。即使你已经对安全注意事项非常熟悉，但也不要和你旁边的人说话。你旁边的人也许是第一次乘坐飞机，假如他出于礼貌而和你交谈，就会错过某些与生命安全密切相关的重要内容。按照安全要求去做，比如说飞机起落时扣好安全带、将座椅靠背放直，不要使用移动电话（这样做会对飞机信号造成干扰）等。

（8）如果你必须经常离开座位去洗手间或走动，你应当在上飞机之前申请一个靠过道的座位，否则进进出出会给别人增添很多麻烦。如果事先没有得到靠过道的座位，上飞机后可以请乘务员帮助调换座位。

（9）飞机机舱内通风不良，因此，不要过多地使用香水，也不要使用味道浓烈的化妆品。

（10）要尊重空乘人员。空乘人员承担着保护乘客安全的重要职责，不要把乘务员当成你的私人保姆，不要故意为难他们。如果有意见，可以向航空公司有关部门投诉，不要在飞机上与乘务员大吵大闹，以免影响旅行安全。按照国际惯例，所有空乘人员都不接受小费。

（11）在头等舱点餐时，不要点过多食品，能吃多少就点多少。遵循优雅的餐桌礼节，不要要求乘务员提供奇特的食品。如果在饮食上有什么要求，应当在预订座位时向航空公司事先声明。尽管头等舱酒水免费，但也不要多喝酒，在飞机上人通常处于缺水状态，酒精的危害更大一些。

（12）夜间长途飞行时，注意关闭阅读灯，以免影响其他乘客休息。

（13）不要把座椅靠背放得过低。飞机上两排座椅之间的距离通常比较狭窄，假如座椅靠背放得很低，后面乘客的腿便很难伸开，也无法看报纸了。在旅途中如果想把座椅靠背向后放下，应当先和后面的人打声招呼，看看后面的人是否方便。不要突然操作，以免碰到后面的人。进餐时要将座椅靠背放直。

（14）保持卫生间清洁。占用卫生间时间不要过长，不要在卫生间内没完没了地化妆或梳头。

（15）在飞机没有完全停稳之前不要急忙站起，这样很不安全，要等信号灯熄灭后再解开安全带。下飞机时不要拥挤，应当有秩序地依次走出机舱。

10.2.4 出国注意事项

（1）讲究礼貌。在一些出国人员身上，看不到对他人起码的尊重及礼仪，如问完路没有说一句“谢谢”就扬长而去，这样的行为是没有素质的表现。

（2）注重仪表。衣着不整不雅、衣着光鲜却举止不适当都同样令人尴尬，如有的人西装革履蹲在街头，有些人身穿睡衣在入住的酒店串门，引起其他旅客误解。

（3）注意卫生。有些人不注意公共卫生，所到之处留下满地垃圾，这样的行为是十分没素质的，应当避免。

（4）保持安静。一些人在飞机上、车船上、餐厅甚至酒店大开着门的房间里，毫无顾忌地大声喧哗，这样的行为会影响他人，应当避免。

（5）维护秩序。在航班上时常看到有人争抢行李箱空位，有的还任意摆放行李，堵塞通道，影响后来者，这样的行为是不可取的。

（6）文明理智。一些出国人员在海外遇到纠纷的时候，显得火气特别大，碰到不顺心的事，不是粗言恶语就是拳脚相加，这是极不文明的行为。

礼仪小博士

贸易访问指南

（1）与访问国驻华使领馆商务处或我国驻访问国使领馆商务处联系，请求贸易协助和牵线搭桥。

（2）与访问国的有关商业组织或商业服务机构联系，请求代为物色和联系客户。

（3）出国之前，委托商旅接待机构在访问国当地的报纸上刊登贸易访问新闻广告，用广而告之的方法向访问国当地的贸易潜在客户发布访问团将于何时带何贸易产品和合作项目访问该国，并欢迎光临及交流洽谈等新闻广告，以寻求更多的贸易客户。切忌到了访问国后再现找客户，那时已经太晚了。

（4）委托商旅接待机构在访问国当地找一个较好的洽谈场地，可以是所住宿酒店的会议室，也可以是当地商会的会议室等。此外，产品样本、样品应尽可能齐全，这样洽谈效果会更好。

（5）每年需定时定点地组织类似的贸易访问考察团去已访问国进行贸易访问考察，切忌打"游击战"，要有统一规划的长远打算，否则很难持久地打开已访问国的贸易市场。

（6）参加国外各种外贸展览会和商业研讨会，寻求更广阔的商业机会。旅行考察团在赴国外商务旅行前，务必要就此旅行的商务活动内容及行程路线等与商旅接待机构做好周密安排，否则效果会大打折扣。

资料来源：纺织服装展会网，http://info. china. alibaba. com.

10.3 中国主要贸易国家的商务礼仪习俗

在涉外商务交往中，商务礼仪因受到国别、地域、宗教信仰、文化背景、民族习俗、社会风俗和政治制度等多方面的影响而千差万别，因此，我们在涉外商务交往中必须了解和尊重有关国家的礼仪习俗，以此作为入国问俗、入国随俗的依据，从而成功地与交际对象建立良好的关系。

各国的习俗虽然各不相同，但应把握以下规律和特点：礼仪习俗受宗教信仰影响较大，即使国家、民族不同，但如果宗教信仰相同，礼仪习俗上也会有许多相同或相近之处；礼仪与民族、种族有密切关系，往往同一民族、种族的人虽然生活在不同国家，但其习俗有很多相同之处；礼仪习俗与语言关系密切，使用同一语言的人，其习俗礼节往往相似。

10.3.1 亚洲

1. 日本——商务礼仪习俗

［礼俗］

日本人平时见面要互相问候，行鞠躬礼，15°是一般礼节，30°为普通礼节，45°是最尊敬的礼节。如果熟人或老朋友见面可以握手或拥抱。初次见面要行90°鞠躬礼，男士双手垂下贴腿鞠躬，女士将左手压右手放在小腹前鞠躬，并口念“初次见面，请多关照”。在国际交往中，日本人也习惯握手礼。不能用名来称呼日本人，只有家人和非常亲密的朋友才能这样做，称呼“某某先生”要使用他的姓。

在日本，名片的使用非常普遍，特别是商人，初次见面有互换名片的习惯。一般年轻的或身份低的先递上名片，递交名片时要将正面对着对方。如果没有名片，要自我介绍姓名、工作单位和职务。

日本人办事显得慢条斯理。他们对自己的感情常加以掩饰，不易流露，不喜欢伤感的、对抗性的和针对性的言行以及急躁的风格。日本人说恭维话的方式与西方人不一样，西方人会直接表示赞赏，而日本人却常间接地表达，所以与日本人打交道要有耐心。

［着装］

日本人普遍很讲究礼节，尤其外出参加活动，男士一般是西装革履，女士一般穿和服。在商务活动或上班时男士大都身着西装、打领带，女士基本穿西服套裙或连衣裙、化淡妆。

［会谈］

日本人习惯于在会面或拜访时事前约定，并按约定时间准时到达，时间观念很强，比较忌讳迟到或突然到访。日本人坚信“优胜劣汰”，属于内向型很强的民族，他们尊敬的是强者，绝不同情弱者。同他们打交道、做生意必须多花时间去了解他们的理念和想法，尤其要十分重视建立和谐的人际关系，这样会有效地促进长期合作。

日本商人的风格是亚洲风格的典型代表。他们谨慎、坚强、耐心、自信、上进和主动。他们不容易在谈判过程中表明自己态度，这使别人觉得模棱两可。日本人谈判时间很长，喜欢请客人喝几次茶才进入正题。通过这一过程，他们可以了解对方的底细，像职位、兴趣、背景等，获得足够信息后，就会采取相应措施。签协议前，他们会经过长时间考虑，一般都很谨慎，但很重视合同履行，同时对对方履行合同也很苛求。如果让他们觉得你信誉方面有问题，那就很难长期合作下去。

到日本进行商务活动，以春季和秋季为宜，日本气候虽四季分明，但属海洋性气候，因此长年不干燥。

［宴请］

即使在商务活动中，欧美人也常常邀请谈判对手到家里做客或参加鸡尾酒会。但在日本，这样的社交活动不常见。日本人很少在家中款待客人，如被邀请到日本人家里时，要在过厅摘掉帽子与手套，然后脱鞋；习惯上不送女主人花，而是送一盒蛋糕或糖果。日本人喜欢邀请客人到饭店或餐馆吃饭，然后再到酒吧喝酒。日本商人把招待客户作为影响客户的一个手段。在日本，商界人士没有携带夫人出席宴会的习惯，宴会上通常不敬烟，也不习惯劝酒。

［送礼］

日本人喜欢送礼品，同事的荣升、结婚、生孩子、生日、过节等都会赠送礼物。送礼之习在商务交往中同样风行。给日本客人送一件礼物，即使是小小纪念品，他都会铭记心中，因为表明彼此之间的交往已超出了商务界限，说明了你对他的友情，他就没法忘记你的“恩情”。日本人不喜欢在礼品包装上系蝴蝶结，对包装纸却很讲究，黑白色代表丧事，绿色为不祥，也不宜用红色包装纸，最好用花色纸包装礼品。另外，不要给日本人送有动物形象的礼品，日本人对有狐狸图案的东西甚为反感，认为狐狸是贪婪的象征。到日本人家做客，携带的菊花只能有 15 片花瓣，因为只有皇室帽徽上才有 16 片瓣的菊花。日本人特别喜欢白兰地和冻牛排。礼品的数目是偶数，这表示能带来好运。成套的链扣、钢笔和铅笔是很好的礼品。

［禁忌］

日本人忌讳“4”，因为日语中“4”和死同音；忌讳“9”，甚至连谐音的一些词也忌讳，因为“9”与“苦”发音相近；此外还有 13、14、19、24、42 等。日本人不喜欢紫色，最忌讳绿色，忌讳荷花；探望病人时忌用山茶花及淡黄色、白色的花，也不能把玫瑰和盆栽植物送病人，一般不接受菊花和有菊花图案的东西或礼品。忌讳有狐狸和獾图案的礼品，喜欢鸭子、乌龟、松、竹等图案。忌讳别人打听他的工资收入。年轻女性忌讳别人询问她的姓名、年龄和婚否。忌讳三人一起合影，认为中间被左右夹着，是不幸的预兆。

2. 韩国——商务礼仪习俗

［礼俗］

韩国人对日常礼节相当重视。要根据身份和年龄来排定座次。身份、地位、年龄都高的人排在上座，其他人就在低一层地方斜着坐下。男女同坐时，一定是男士在上，女士在下。韩国男子见面时习惯微微鞠躬后握手，并彼此问候。当晚辈、下属与长辈、上级握手时，后者伸出手来后，前者需以右手握手，随后再将自己的左手轻置于后者的右手之上，以表示对对方的特殊尊重。韩国女士一般不与男士握手。女士之间习惯鞠躬问候，社交时则握手。

韩国人的姓名通常由两部分组成，前面是姓，然后是名。韩国人在称呼他人时爱用尊称和敬语，如“金先生”“金会长”，但很少会直接叫出对方名字。在社交场合，韩国人特别是韩国的年轻人大部分都会讲英语，并将此视为有教养、受过良好教育的标志之一。

韩国人有敬老的传统，任何场合都对长辈表示敬重。如：跟长辈同座的时候，他们总是保持一定的姿势；若要抽烟，一定要先得到长辈允许；韩国人绝不说长辈的坏话。无论什么场合，韩国人一般都不大声说笑。妇女笑时用手遮掩住嘴。韩国不谈妇女解放，进门时男人走在前面，妇女帮着男人脱大衣。韩国人与外国人交往时，可能会问及一些私人问题，对此不必介意。

［着装］

按照韩国的商务礼俗，宜穿着保守式样的正装。第一次会面时，男士可以穿深色套装和白衬衫，打一条较保守的领带，也可以将当地合作者作为参照来穿衣；女士也应穿得正式、保守一些。

［会谈］

商务活动、拜访必须预约。与韩国公司第一次交往前要由第三者介绍，约好后准时赴约。韩国人是准时赴约的。同韩国商人见面时，首先应鞠躬并有适度的眼神接触，接着握手。交换名片前也要鞠躬。名片应用英文、韩文对照。韩国人很爱面子，所以要尊重他们，不要直接指出他们的错误和缺点，不能用“不”字来拒绝，可以委婉表示不同意见。

韩国人比大多数西方人更习惯于沉默，开会时可以多次停顿。谈判中，韩国谈判者会尽量避免打扰对方；同样，访问者应等韩国合作者结束谈话后再开始讲话。韩国人的微笑通常用来掩饰不同意甚至生气。韩国人身体语言很有限，手势也很少。与韩国人谈话，要避免挥舞胳膊，或者做其他鲁莽、有力的手势。要有适度的眼神接触，谈话中大多数韩国人会有一半时间观察对方的眼睛，不要用强烈的、直接的眼神盯着对方。

韩国人重视对交易对象的印象，从事商业谈判时，若能尊重他们的生活方式，他们对你的好感将倍增。通常给韩国人递东西时，你只要用右手即可，但为了表示特别尊重，应双手递上，同时用左手托着你的右肘。安排与韩国人会谈时，一定要把中途吸烟休息考虑在内，因为在韩国吸烟非常普遍，因此这种好意会深受赞赏。大多数韩国公司认为，最终确定的合同没有双方之间的关系重要。对他们而言，法律协议和意愿的表达是相似的。所以，在任何情况发生变化时，你的韩方合作伙伴或许会试图重新谈合同。要记住，重新谈判对双方都要有利。如果韩方坚持要为了他们的利益而修改合同条款，那么一个有效的应答就是要他们也为了你方的利益而修改其他条款。

［宴请］

韩国人很重视业务交往中的接待，宴请招待甚为频繁，宴请一般在饭馆或酒吧举行，他们的夫人很少在场。宴会上，韩国人一般不把菜夹到客人盘里，而由女服务生替客人夹菜，各道菜陆续端上，每道菜都需尝一尝才会使主人高兴。用餐时，不可边吃边谈，他们认为吃饭的时候不能随便出声，如不遵守这一进餐礼节，极可能引起人们反感。

韩国人的饮食以辣和酸为主要特点。韩国人以大米为主食，冷面、泡菜和汤是不可缺少的。他们喜欢中国的川菜，爱吃牛肉、瘦猪肉、海味和卷心菜等。“韩国烧烤”很有特色。

韩国人的饮料很多。韩国男子通常酒量都不错，对烧酒、清酒、啤酒往往来者不拒，妇女多不饮酒。韩国人喜欢喝茶和咖啡，但不喜欢喝稀粥和清汤。

用餐时，韩国人用筷子。近年来，出于环保考虑，韩国的餐馆往往只提供金属筷子。与长辈同桌就餐时不许先动筷子，不可用筷子对别人指指点点，在用餐完毕后要将筷子整齐地放在桌面上。

［送礼］

如果你刚从国外到达韩国去办公室会见合作伙伴，那么要考虑带上礼品。如果你被邀请到韩国人家中做客，通常也要带礼物。合适的礼物包括具有本国特色的东西以及白兰地或威士忌酒。要用双手呈上礼物，接收者或许会把礼物放在一边，等散会后再打开。同样，在收到韩国人赠送的礼物时，你也应该用双手接过礼物，以后再打开。

[禁忌]

访问韩国最好不要在 10 月，因为 10 月假日太多。圣诞节前后两周都不宜去访。到韩国一般不喝生水，喝“波利茶”比喝其他饮料更好。由于数字“4”的发音与“死”相同，韩国人忌讳“4”。受西方习俗影响，不少韩国人也不喜欢数字“13”；韩国人忌将“李”姓解释为“十八子李”，否则，会被认为有意侮辱人。韩国人的民族自尊心很强，提倡使用国货，在韩国，一身外国名牌的人往往被看不起。在对其国家进行称呼时，不要将其称为“南朝鲜”或“南韩”，而要称“韩国”。

3. 新加坡——商务礼仪习俗

[礼俗]

新加坡的华人占总人口比例很高。新加坡的华人主要来自广东、福建、上海和海南等地。华人从事的职业无所不包，但一般都继承了祖先的传统，经营饮食业、酿酒业的多是广东籍华人，从事贸易业的多为福建籍华人，而广东潮州籍华人和海南省籍华人则以从事工厂劳务或厨师等职业的居多。

由于过去受英国的影响，新加坡的社交礼仪已经西化。但当地人仍然保留了许多民族的传统习惯，所以打招呼的方式都各有不同，最通常的是人们见面时握手，对于东方人可以轻轻鞠一躬。在新加坡，不讲礼貌不仅会让人瞧不起，并且还会寸步难行。比如，与新加坡人交谈时不能口吐脏字，同时还要多使用谦词、敬语，人们不准嚼口香糖，过马路时不能闯红灯，“方便”之后必须拉水冲洗，在公共场合严禁乱扔烟头及杂物。

[着装]

在商务交往中，新加坡人的着装非常讲究，男子一般要穿白色长袖衬衫和深色西裤，并且打上领带；女子则需穿套装或深色长裙。访问政府办公厅应着西装、穿外套。在国家庆典和其他一些隆重场合，新加坡人喜欢穿自己的国服，即一种以胡姬花作为图案的服装。

[会谈]

在商界普遍使用名片，双方首次会面时要交换名片，名片最好中英文对照，但新加坡政府规定，当地政府官员不使用名片。与新加坡人谈判，不仅必须以诚相待，更重要的是考虑给对方面子，不妨多说几句“多多指教”“多多关照”的谦语。与新加坡华人进行贸易谈判时，采用对方会的方言洽谈有时可起到一种独特的作用。会谈中，不要跷“二郎腿”，否则将破坏成交机会。新加坡商人比较强调事实、技术细节，他们在交易磋商阶段一般都很慎重，不喜欢草率地签订合同，但一旦签约后，就会恪守信用，认真履约。在外国人眼里，新加坡商人一向有勤奋、诚实、谦虚、可靠的美德。

商务访问最好选择 3—11 月，避免在圣诞节及中国农历新年前后进行访问。

[宴请]

新加坡人不喜欢挥霍浪费，宴请对方不要过于讲排场，尤其在商务活动中，答谢宴会不宜超过主人宴请的水平，以免对方产生其他想法。新加坡人接待客人喜欢青菜，偏爱甜味，讲究营养，平日爱吃米饭和各种生猛海鲜，不太喜欢吃面食，粤菜、闽菜和上海菜都很受他们欢迎。和新加坡的印度人或马来人吃饭时不要用左手。谈话时避免谈论政治和宗教，可以谈谈旅行见闻，你所去过的国家以及新加坡的经济成就。

新加坡大部分人为华侨或华裔，因此他们也很爱饮茶。农历新年，一盅清茶，佐以橄榄，称为“无宝茶”，寓意恭喜发财。当客人到来时，新加坡人通常都会以茶相待。

[送礼]

在新加坡商人之间没有送礼物的习惯，但人们很珍视公司纪念品。如果到新加坡人家里做客，可以带一束鲜花或一盒巧克力作为礼物。由于受中国文化影响，“喜”“福”“吉”“鱼”等吉祥字在他们周围随处可见。最受他们欢迎的吉祥画则有表示“平安”的“苹果”、表示“和平”的“荷花”、表示“力量”的“竹子”等。

[禁忌]

新加坡居民中华侨多，人们对色彩想象力很强，一般红、绿、蓝色很受欢迎，视紫色、黑色为不吉利，黑、白、黄为禁忌色。数字禁忌4、7、13和37。因为在华语中，“4”的发音与“死”相仿，而“7”则被视为一个消极的数字。在新加坡华人看来，“3”表示“升”，“6”表示“顺”，“8”表示“发”，“9”则表示“久”，都是吉祥的数字。在商业上反对使用如来佛的形态和侧面像，在标志上禁止使用宗教词句和象征标志。新加坡人喜欢红双喜、大象、蝙蝠图案。新加坡人非常讨厌男子留长发，对蓄胡子者也不喜欢。

4. 泰国——商务礼仪习俗

[礼俗]

泰国人非常重视人的头部，而轻视两脚，认为头是灵魂所在，是神圣不可侵犯的，切记勿触摸别人的头，即使是摸小孩的头也不行。又如长辈在座，晚辈必须坐在地上，或者蹲跪，以免高于长辈的头部，否则，就是对长辈不敬。坐着的人也忌他人拿着东西从自己头上过。如果用手打了小孩的头，会认为小孩一定得病。泰国人睡觉时不能头朝西，因为日落西方象征死亡。在泰国人面前，盘腿而坐或以鞋底对人是不礼貌的，无论是坐着还是站着，不要让泰国人明显地看到你的鞋底。如果用脚踢门，会受到当地人的唾弃，用脚给人指东西，也是失礼。跟泰国人接触时，千万不要动手拍打对方。用左手接触对方、讲话时以手对对方指指点点也是不允许的。泰国人特别尊崇佛祖和国王，佛祖和国王在泰国人心目中是至高无上的，切不可当着泰国人面对佛祖和国王说轻率的话。

泰国人常用的礼节是行“合十礼”：朋友相见，双手合十，稍稍低头，并且同时问候对方“您好”。一般来说，晚辈先向长辈打招呼，双手合十举到前额之下，而长辈随后双手举手胸前回礼表示接受。平民拜见泰王之时，需双手举过头顶，但现在泰国的政府官员、知识分子、华商见面时常握手问好。在社交场合，泰国人习惯以“小姐”“先生”等国际流行称呼相称，不习惯称呼其姓，而习惯称呼其名。

[着装]

在商务交往中，泰国人大多穿深色的套装或套裙。男士在访问泰国各级政府机构时宜穿西装，但商人见面时穿讲究一点的T恤衫、系领带即可。

[会谈]

拜访大公司或政府办公厅需先预约，准时赴约是一种礼貌，赴约时宜持用英文、泰文、中文对照的名片。由于左手被视为不洁净，所以交换名片、接受物品，都必须使用右手。商务谈判坐下时，千万别把鞋底露出来，这被认为是极不礼貌的表示。和泰国商人相处，越谦虚越好，不要夸耀自己国家的经济，否则，他们会认为你太傲慢，在以后交往中，有可能会有意为难你。

在泰国，生意对象几乎都是华侨开办的企业，做生意基于对个人的信赖，形式上的契约书依然有被轻视的倾向。泰国商人十分注重人际关系，在他们看来，与其费尽心思才获得一些利益，倒不如把这些利益让给那些诚实而富于人性的对手。对于商品，他们重视质量甚于牌子，只要商品货真价实，即使名不见经传，也能获得认可。此外，同大部分华人一样，泰国人同样很考虑面子，如能让对方获得心理满足，可以使洽谈在十分融洽的气氛中进行。商务活动最好安排在当年的11月至次年的3月为佳，4—5月当地商人多半外出度假。在泰国最好携带旅行支票或本票，少用现金。

[宴请]

泰国人喜食辛辣、鲜嫩之物，喜欢往菜肴中加入辣酱、鱼露或味精。他们最爱吃的食物是具有民族特色的咖喱饭，用餐之后往往喜欢吃上一些水果。泰国人一般不吃海参和香蕉。泰国人不喝热茶，他们要在茶里加上冰块，即冰茶。一般情况下，他们习惯于直接饮用冷水，喜欢在果汁中加少量盐末。

[送礼]

和泰国人交往，可以送些小的纪念品，礼物应事先包装好，送鲜花也很合适。他们喜欢对方送些小礼品给自己的孩子，玩具、书画都行。当你送泰国人礼物时，对方不会当面打开。如果泰国人送你礼物，只向他们表示感谢即可，也不要当面打开，除非他们要求你打开看看。

[禁忌]

泰国人喜爱红色和黄色，对蓝色也有好感，但忌讳褐色。他们喜欢在广告、包装、商标、服饰上使用鲜明颜色，并习惯用颜色表示不同日期：星期日为红色，星期一为黄色，星期二为粉红色，星期三为绿色，星期四为橙色，星期五为淡蓝色，星期六为紫红色，人们常按不同日期穿着不同色彩的服装。泰国人不大喜欢茉莉花，因为在泰语里它的发音与“伤心”一词相类似。泰国人认为门槛下住着神灵，千万不要踩踏泰国人房子的门槛。也不要用红笔签名，因为按他们的习惯人死后是用红笔把姓氏写在棺木上的。狗在泰国是禁忌图案。买到佛像要十分敬重，切不可当它是一种玩物，随意放置或粗手粗脚地动它。

5. 印度尼西亚——商务礼仪习俗

[礼俗]

在印度尼西亚，伊斯兰教习俗的影响很大，在全国各岛屿上，共有清真寺和小礼拜寺36.9万多座。在印度尼西亚，有些清真寺不准进入，要严守当地规矩。印度尼西亚人的习俗各异。爪哇人具有神秘的信仰，忌谈诞辰。巴厘女子爱赤膊露背，以表示圣洁。客人走进沙羌族的居住区必须大叫大喊，否则被认为来意不善。他们喜欢开玩笑，认为“笑口常开”是社交上的一种礼貌。与印度尼西亚人同座时有打招呼的习惯，当你前往访问某个家庭，有时候会遇到对方正在吃饭，印度尼西亚人一定会说：“来，跟我们一起吃饭。”此时，你不必客气，你若客气推辞，他们会认为你不懂礼貌。

［着装］

在印度尼西亚，一般商务访问穿西服、打领带、穿长裤即可，访问政府办公厅应穿西装。

［会谈］

会谈需事先预约，准时赴约。印度尼西亚人很懂礼貌，绝对不讲别人的坏话，自然也不喜欢那些讲别人坏话的人。与印度尼西亚人见面可以握手，也可以点点头。在印度尼西亚，一个具有良好教养的商人，在彼此初次相识时，应马上把自己的名片送给对方。印度尼西亚人一个显著的特点就是重深交、讲旧情，老朋友在一起可以推心置腹，若是一般交情的商人客户或朋友，虽然也客客气气，甚至谈得相当投机，那也只是形式，心里话不会轻易说出来。所以与印度尼西亚人交往，一两次见面不能抱太大希望，要着眼于未来，把印度尼西亚商人当作你的朋友，充分表现出你的真诚，才能获得他的信赖。印度尼西亚商人做决定甚慢，业务谈判一般都很长，为求好结果，最好准备停留一周以上。商务活动最好于9月至次年6月进行，7月、8月多放假。12月至次年2月阴雨连绵。

［宴请］

印度尼西亚人喜欢客人到家中做客访问，而且在一天中任何时间拜访都受欢迎。在印度尼西亚人家做客，你可以看到，即使不十分富裕的家庭其客厅的摆设布置也很讲究。到印度尼西亚人家中做客，可增加感情的交流，这已成为与印度尼西亚人交往的一个诀窍。商业谈判，如果能选择在印度尼西亚人的家中进行，可以消除主客之间的隔阂，交易洽谈的效果更佳。如果你去的印度尼西亚人家里铺着地毯，那你在进屋前要把鞋脱掉。进入圣地特别是进入清真寺，一定要脱鞋。

［送礼］

印度尼西亚商界好礼，尤其喜好互赠礼物。访问时宜准备一些小礼物给商人、官员及其妻子。应邀做客时，可以给主人带上一束鲜花，客人不一定非要送礼不可，但最好说几句感谢的话，或写个便条表示谢意。

［禁忌］

和印度尼西亚人相处之道是不可愁眉苦脸。印度尼西亚人不喜欢别人问他的姓名。在印度尼西亚人家里，当你看到长相可爱的小孩，切莫抚摸小孩的头，否则，对方一定翻脸相向。印度尼西亚人认为左手是不洁净的，他们习惯用右手而忌用左手或双手去接食物及其他物品。谈话时，避免谈论当地政治和国外对他们的援助。注意饮食卫生，别喝生水。

6. 印度——商务礼仪习俗

［礼俗］

印度是一个讲礼节的民族，又是一个东西方文化共存的国度。有的印度人见到外国人时能用标准的英语问候“你好”，有的则用传统的佛教手势，把双手举到脸部前双手合十，这种招呼，显得比握手高尚、文雅。迎送贵宾时，主人献上花环，套在客人的颈上。男人不要和印度妇女握手，应双手合十，轻轻鞠躬。男人不要碰女人，即使在公共场合也不要和女人单独说话，妇女很少在公共场所露面。印度人平常表示同意或肯定的动作是摇摇头，先把头稍微歪到左边，然后立刻恢复原状表示“Yes”“知道了”“好的”，与我们点头表示赞同差别很大，最易使人误会。

印度是个多民族的国家，信奉多种宗教，因此习俗也各不相同。

［着装］

印度妇女喜欢在前额中间点吉祥痣，其颜色不同、形状各异，在不同情况下表示不同意思，是喜庆、吉祥的象征。印度男女多有佩戴各种饰品的习惯。首饰是印度人日常生活中不可缺少的饰品，自古以来，印度人就认为向女子赠送首饰是男子应尽的义务，女子也应充分用首饰来打扮自己。男士在印度初次访问公司商号或政府机关时宜穿西服。

［会谈］

在印度初次访问公司商号应事先预约，尽量按时赴约。印度商人善于经营，喜欢凭样交易，洽谈中应多出示样品，广为介绍经济实惠的品种。如果进行某种商业谈判，他们会自然地说：“你们的资本比我们的多，所以，这一笔费用该由你们支付”。钱较多的人或是较受欢迎的人应该付钱，他们认为这是“顺理成章”的事，外国商人和印度人谈生意时就常常遇到这种啼笑皆非的场面。商务谈判他们往往细细研究，费时较久。在谈判时，切忌在印度人面前谈论印度的赤贫、庞大的军费及外援。

商务活动访问新德里最好选择每年 10 月至次年 6 月，访问孟买最好选择 9—10 月，以免酷热或梅雨。印度节假日较多，各港口也有单独假日，届时不进行交易，因此访问印度务必先了解好对方的假期。

［宴请］

宴请印度商人时事先必须确认对方的习俗，是不是素食主义者。印度人吃饭大多使用盘子，千万注意，吃饭时只准用右手递接食物，别用左手。吃饭用右手抓取，不但吃米饭用手抓，就连稀粥也能用手抓入口中。印度人一般不喝酒，喜欢喝茶，各种集会中间休息时也备有茶水。正统的穆斯林妇女一般不见男客，但邀请印度人参加社交活动时也应邀请他们的妻子。很多妇女不同客人聊天，也不同客人一起吃饭。

［送礼］

在印度人家里吃饭时，客人可以给主人带些水果、糖作为礼品，也可以给主人的孩子带些礼物。

［禁忌］

印度人认为红色表示生命、活力、朝气和热烈，蓝色表示真诚，阳光似的黄色表示光辉壮丽，绿色表示和平、希望，紫色表示心境宁静。印度人在生活和服装色彩方面喜欢红色、黄色、蓝色、绿色、橙色及其他鲜艳的颜色，黑色、白色和灰色被视为消极的不受欢迎的颜色。他们不喜欢玫瑰花。在办公室和商业机关，写字台喜欢放在东北角或西南角。若要进入印度教的寺庙，身上绝不可以穿牛皮制造的东西，否则，会被视为犯了禁戒，皮鞋、皮表带、皮带、手提包等牛皮制品都不得入其寺门。印度人走进寺庙或厨房之前，先要脱鞋，认为若穿鞋进去，既不礼貌，也不圣洁。在印度，除上洗手间外均不使用左手。伸左手就是对别人的侮辱。切莫抚摸小孩的头，在印度如摸小孩的头，对方一定翻脸。

10.3.2 欧洲

1. 德国——商务礼仪习俗

[礼俗]

德国人非常重视人际交往中的礼节。与德国人握手时注意两方面：一是握手时要坦然地注视对方；二是握手的时间宜稍长些，晃动的次数宜稍多些，握手时所用的力量宜稍大些。重视称呼是德国人在人际交往中的一个鲜明特点，称呼不当，会令对方大为不快。一般情况下，切勿直呼德国人的名字，可称其全称或仅称其姓。对于熟人、朋友、同龄者方可以“你”相称；在德国，称“您”表示尊重，称“你”则表示地位平等、关系密切。

[着装]

德国人穿着打扮的总体风格是庄重、朴素、整洁。在一般情况下，德国人的衣着较为简朴。男士大多爱穿西装、夹克，并喜欢戴呢帽；妇女则大多爱穿翻领长衫和色彩、图案淡雅的长裙。在正式场合露面时必须穿戴整齐，衣着一般多为深色。在商务交往中，他们讲究男士穿三件套西装，女士穿裙式服装，不允许女士在商务活动中穿低胸、紧身、透明的上装和超短裙，也不允许佩戴过多的首饰，一般不超过3件。德国人对发型较为重视，男士不宜剃光头，少女多为短发或披肩发，烫发的妇女大半都是已婚者。

[会谈]

会面或拜访均需事先预约。德国人时间观念极强，约会非常准时，因此，和德国人约会要注意切忌迟到，如果中途有变，一定要提前打电话告知。德国商人非常讲究效率，在商务谈判前准备充分，包括议程安排，他们非常讨厌“临阵磨枪”、漫无目的闲谈，愿意单刀直入。在谈判中，德国人一般比较固执，难以妥协，交易中很少让步，但他们重合同，守信誉，严格执行合同，一旦合同签订，一般不接受任何对合同的更改。因此，与德国人做生意签约要非常谨慎，签约后要严格执行。

[宴请]

德国人十分讲究饮食，肉类方面最爱吃猪肉，其次是牛肉；以猪肉制成的各种香肠令德国人百吃不厌。德国人一般胃口较大，喜食油腻之物；饮料方面，德国人最喜欢的是啤酒。德国人用餐有几条规矩：其一，吃鱼用的刀叉不得用来吃肉或奶酪；其二，若同时饮用啤酒与葡萄酒，宜先饮啤酒，后饮葡萄酒，否则被视为有损健康；其三，食盘中不宜堆积过多的食物；其四，不得用餐巾扇风；其五，忌吃核桃。

[送礼]

与德国商人初次见面一般不送礼，如果送礼礼品不可太贵，否则有受贿之嫌。送高质量的物品，即使礼物很小，对方也会喜欢。烈性威士忌比低度威士忌更受欢迎。有单位商标的物品不宜作为礼品。礼品的包装要讲究，但不要用白色、黑色和棕色的包装纸包装，外面也不要扎彩带，更不要把自己的名片放在礼品中，最好自己另外写上一张名片送上。如果受德国人之邀上门做客，不可空手而去，最好送女主人一束鲜花，鲜花不要用纸包扎。按德国习俗，若送剑、餐具，则请对方回一个硬币给你，以免所送礼物伤害你们的友谊。

［禁忌］

德国人禁忌用棕色、红色、深蓝色和黑色做包装色，通常不喜欢红色和黑色。在所有花卉之中，对矢车菊最为推崇，并且选定其为国花。在德国，不宜随意以玫瑰或蔷薇送人，前者表示求爱，后者则专用于悼亡。同其他基督教国家一样，忌讳“13”和“星期五”。忌讳用一根火柴或打火机连续给三个人点烟，否则第三个人会很生气。与德国人谈话时不要用眼睛盯视对方。德国人对于四个人交叉握手或在交际场合进行交叉谈话也比较反感，看作是不礼貌的。

2. 英国——商务礼仪习俗

［礼俗］

我们常说英国人“自命清高”和“难于接近”，但事实并非完全如此，他们善于互相理解，能体谅别人，绅士风度处处可见。英国人最常用的见面礼节是握手礼，但切忌交叉握手，因为这样会构成倒霉的十字形。与女士握手时，应等女士先伸手示意，才可以握手。英国人在生活中奉行“女士优先”的风俗，无论是行走、搭电梯、乘车，都应让女士先行。另外，英国人很有教养，“请”“谢谢”“对不起”“你好”“再见”一类的礼貌用语天天不离口。英国人不喜欢客户随意称呼他们的名字，在英国人提出互称教名前，要一直使用“先生”“博士”“夫人”“小姐”等称呼，如果是有爵位的人，可以爵位相称。

［着装］

英国人最讲究“绅士风度”和“淑女风范”，一旦出门，他们便会衣冠楚楚，正式场合的穿着仍然十分庄重而保守。一般男士要身着深色套装、单色衬衫、老式领带和锃亮的黑色皮鞋，不戴条纹领带，那样可能会被认为是模仿很有名望的英国军装领带，太随便的平底便鞋也不适宜，天然纤维要比人造纤维更受欢迎；女士同样应该穿得保守一点，穿深色的套裙，衣服的颜色不要太俗气，也不要佩戴太多的珠宝首饰。

［会谈］

英国客商有很强的时间观念，喜欢按计划行事。无论是谈判还是上门拜访，都要预先约定，准时赴约。他们不喜欢突然到访，更反感约会迟到或随意占用晚上的私人时间。

在商务环境中，英国人正常人际距离大约是一臂间隔，比阿拉伯人和拉丁美洲人远一些，且经常站在跟对方呈90°角的位置上，不像两个意大利人或阿拉伯人那样直接对着对方。直接的、面对面的交谈令英国人不舒服，非常直接的注视被认为是冒昧的；除握手外，大多数英国人都避免在公共场合跟别人接触，像美国人一些习惯性的拍背、抓胳膊肘和搂肩膀的行为被认为是粗鲁的。英国人职业感强烈，对建设性的意见反应积极，习惯谨慎的表达，喜欢直接、切合实际的介绍，讨厌大肆宣传和夸大的自称。谈判时，他们通常给自己保留实质性的让步余地，谈判过程很耗时，但相对于世界其他的商业文化来说这是很正常的。

［宴请］

英国人一般不吃狗肉，不吃过咸、过辣或带有黏汁的菜肴。喜欢甜、酸、微辣味，推崇中国的京菜、川菜和粤菜。席间英国人喜欢喝酒，如啤酒和威士忌等。另外，英国人嗜茶，尤其爱喝加糖的浓红茶。饮茶时，他们首先要在茶杯里倒入一些牛奶，然后才能依次冲茶、加糖。业务招待通常安排去酒店吃午餐，商务宴请一般安排在晚上为好，时间可稍微长些。不要在就餐时谈生意，除非你的英国合作者先提出这样的话题。

［送礼］

同其他西方国家基本相同，只是他们更喜欢瓷器或银器这类物品。英国人常常当着客人的面打开礼品，无论礼品价值如何，都会给以热情的赞扬并表示谢意。如果请他们晚上看歌剧、芭蕾舞等作为礼尚往来的形式，他们会非常高兴。如果你被邀请去英国人家里做客，就带一些巧克力、酒、香槟或者鲜花作为礼物，不要买白色的百合花（只是在葬礼上用）和红色的玫瑰（除非要表达爱情），一定要在第二天送一份手写的短笺表达你的谢意。

［禁忌］

英国人比较喜欢蓝色和白色，反感墨绿色，认为红色有凶兆，黑色多被用在葬礼中。同其他基督教国家一样，忌讳“13”“3”和“星期五”，如果 13 日恰好是星期五，这天则被认为是“黑色星期五”。给英国人点烟时，注意不能一次连续给 3 个人点。在握手、干杯或摆放餐具时无意中出现了类似十字架的图案，会认为十分晦气。英国人不喜欢用动物图案作为商标，尤其讨厌山羊、大象（蠢笨的象征）、黑猫（不祥之兆）、孔雀（淫鸟），不喜欢我国的山水、仕女和大红花朵图案。玫瑰是英国国花，他们非常喜欢蔷薇花，但忌讳菊花，因为菊花用于葬礼。

3. 法国——商务礼仪习俗

［礼俗］

法国人爽朗、热情，比较幽默、诙谐，喜欢交谈，特别爱好音乐、舞蹈。法国商界盛行握手礼，被介绍与人相识时通常都应握手致意，告辞时也应与已被介绍的所有人一一握手告别。应注意的是：男女见面时，男士要等女士先伸手后才能与之相握，若女士没有主动握手之意，男士就应点头鞠躬致意，不可执意与女士握手。商务交往时，切忌随意以名字称呼法国人，除非对方要求，通常习惯只称“先生”“小姐”“夫人”等尊称，不用加上对方的姓，熟人、同事之间可直呼其名。初次见面时应主动递上自己的名片。

［着装］

法国人对于衣饰的讲究在世界上最为有名。在正式场合，法国人通常要穿西装、套裙或连衣裙，颜色多为蓝色、灰色或黑色，质地则多为纯毛。出席庆典仪式时一般要穿礼服，男士所穿的多为配以蝴蝶结的燕尾服，或是黑色西装套装；女士所穿的则多为连衣裙式的单色大礼服或小礼服。在与法国人进行商务活动时应尽可能地穿上最好的服装，打扮得华而不俗。

［会谈］

无论是约见还是拜访法国人都要事先预约，并按约定时间准时到达。正式谈判前，喜欢闲谈一会儿，话题多涉及衣食文化、社会新闻和体育娱乐新闻等，宜与之亲切交谈，活跃谈判气氛，增进友谊。法国人在贸易谈判中有如下特点：（1）立场极为坚定；（2）坚持在谈判中使用法语，因此学会法语会话，谈判过程才能进退自如；（3）明显地偏爱横向式谈判。总是先为协议勾画出一个轮廓，然后再达成原则协议，最后确定协议上的各个方面，在谈妥主要条件后，就会在合同上签字。但即使签了字，他们也常常修改。他们都具有戴高乐式的依靠坚定的“不”字谋取利益的高超本领，因此在与法国人谈判时切忌急于求成，达成的协议必须用书面形式双方互认，严格审核合同后再签字。

商务活动在圣诞节及复活节前后两周不宜安排。每年 7 月 15 日至 9 月 15 日为当地人的度假期。

［宴请］

法国烹饪誉满全球。法国人非常讲究菜肴的鲜嫩和质量，偏爱酸、甜，一般喜欢晚宴，不喜欢午餐会谈。如果到法国人家中做客，主人不仅会拿出各种各样的葡萄酒来招待客人，而且还会端出各种各样的奶酪让客人品尝。进餐时法国人对味道很敏感，所以每当有客人夸奖菜肴好吃，就会很高兴。法国人素来喜欢饮酒，他们喜欢喝葡萄酒、苹果酒、白兰地、威士忌、杜松子酒等。他们很喜欢中餐，尤其对鲁菜、粤菜赞赏不已。除非餐桌上有烟灰缸，否则别抽烟。法国人不仅在用餐时而且平时也有喜欢喝咖啡的习惯，通常喜欢用大杯喝有香味的浓咖啡。

［送礼］

法国人除非关系比较融洽，一般不互相送礼，但到法国人家中做客，应给女主人送上一束鲜花或价值不高的小礼品，但不可送菊花、杜鹃花、红杏、红玫瑰等花，花的枝数和朵数不能是“13”或双数，送花时不能用纸包装；在法国，男人向女士赠送香水有过分亲热和“不轨企图”之嫌。避免送过于个人化的礼品，如衣服、鞋子、化妆品等；也别送刀、剑、刀叉、餐具之类，若送了，意味着双方会割断关系；在法国，香槟酒、白兰地、香水、糖栗等是好礼品，一些有艺术性和美感的礼品如唱片、画或一些书籍，如传记、历史、评论及名人回忆录等会很受欢迎；如果收到法国人的礼物，应马上打开来看，以示非常高兴。

［禁忌］

法国人比较喜欢蓝色、粉红色，把它们看成是宁静、祥和与积极向上的颜色；忌讳墨绿色，对黑色的使用也比较谨慎，黑色多用于葬礼。法国人喜爱花，生活中离不开花，特别是探亲访友、赴约会时，总要带上一束美丽的鲜花，拜访或参加晚宴前夕，总要送鲜花给主人，但不要送菊花，因为在法国（或其他法语区），菊花代表哀伤，只有在葬礼上才送。黄色的花象征夫妻不忠贞，康乃馨被视为不祥，也忌摆菊花、牡丹花及纸花。法国人将鸢尾花（即百合花）作为自己的国花，还喜欢玫瑰，因为玫瑰表示爱情。法国人忌讳“13”，没有 13 层楼，不住 13 号房间，不在 13 日这天外出旅行，不坐 13 号座位，更不准 13 个人共进晚餐。法国人对类似纳粹的任何图案都极为反感，也不喜欢在商品和包装上出现宗教性的标志图案和锤子、镰刀图案。

4. 意大利——商务礼仪习俗

［礼俗］

意大利人与他人初次见面时大都施以握手礼，并且问好。朋友久别重逢会热情拥抱，甚至亲吻。在商务或社交场合，以“先生”“小姐”“夫人”相称；在正式场合，尤其是在书写信函、请柬时，直称其全姓；对于关系密切者方可直呼其名。为了向交往对象表示恭敬之意，意大利人往往会以“您”相称。另外，由于意大利人的名字难发音、难记忆，名片被广泛使用，初次见面时，双方要互换名片。意大利人的时间观念极为奇特，与别人约会时往往都会晚到几分钟，据说这既是礼节，也是风度。

［着装］

意大利的服装享誉世界，意大利人对着装也非常讲究，既时髦又极富个性。但在商务活动和正式社交场合，男士一般都身穿西服套装，尤其在参加重大活动时，喜欢穿三件套西装。因此，同意大利人进行商务往来，男士最好穿比较庄重的深颜色的三件套西装。

［会谈］

意大利的企业的决定权大都操纵在总经理之手，即使是部长、科长级干部，也多半没有决定权，因此，和总经理直接谈生意成交居多。但大企业的总经理非常忙碌，和他们谈话时间都很仓促。意大利人不大注意约会的准时，前往拜访一定要事先预约，高级主管的上班时间是不规则的，别将约会定在一大早或午餐后一两小时内。意大利人说话时喜欢靠得比较近，双方间隔一般在 30~40 厘米，有时几乎靠在一起。交谈时他们不喜欢对方盯视他们，认为这样不礼貌。

初次面谈时，意大利人往往表现得很客气，回复都比较模棱两可，但见过几次面后，彼此打消隔阂，生意的洽谈也就顺利多了，一旦取得他们的信任，生意就会持续不断越做越大。意大利人大多善于交际，并很重视友谊。如果能和意大利人建立深厚的友情，就具备了扩大生意的稳固基础。同意大利商人做生意，通常必须经过面谈才会成交，较少用电话来订货或接受订货。

到意大利进行商务活动，要避开夏季度假高峰期。圣诞节前后各一周休息。因此，2—5 月和 9—11 月最宜拜访。

［宴请］

意大利风味的菜肴可与法国菜肴媲美，在世界上享有很高声誉，其特点是味浓、香、烂，以原汁原味闻名。在一般情况下，意大利人主食是面包和蛋糕，还爱吃炒米饭。在当代世界流行的方便食品中，意大利薄饼堪称各类食品中的佼佼者。意大利人吃饭的习惯一般是有六七成熟了就吃。意大利人大都非常喜欢肉食与蔬菜、水果，而且嗜酒，饮酒时注重与菜肴的搭配。所有酒类中，他们最爱喝葡萄酒。除饮酒外，意大利人还爱喝咖啡和酸奶。

［送礼］

在商务活动中，意大利人有送礼习惯。送礼物时要有某种快乐寓意，比如塞满巧克力的银白色糖衣吊桶，精美典雅的物品诸如鲜花、名著、书画、工艺品、葡萄酒等都深受欢迎，但忌送手帕、丝织品与亚麻织品。红玫瑰表示对女性的一片温情，一般不送；

也不能送菊花，因为菊花是葬礼上用的；还要注意花的枝数和朵数不能是“13”或双数。

[禁忌]

意大利人最喜爱的色彩是绿色、灰色，也比较欣赏蓝色和黄色，较为忌讳紫色。动物与鸟类的图案最受其欢迎，尤其是对狗和猫异常偏爱，而仕女图案、十字花图案则为其所忌。意大利人最忌讳的数字与日期分别是“13”与“星期五”，就餐时不能有13人同桌，对“3”也没好感，特别是不能用一根火柴或打火机连续给3人点烟。

5. 西班牙——商务礼仪习俗

[礼俗]

西班牙人是拉丁血统的人，性格开朗而纯朴，南、北方有区别，北方的巴斯克人朴实而稳健，而南部的卡迈兰人则因自古以来从事商业的关系，大多数是地地道道的商人。西班牙人好朋友相见时，通常男的要相互抱一抱肩膀，女的要轻轻搂一搂并亲吻双颊。西班牙一流公司的高层人员多为精英人士；较低一级公司的领导多数是从实际工作中锻炼出来的，因此在经营方面态度非常积极。由于西班牙的气候温和，每日都有长时间的阳光照射，所以居民都不习惯早起，较其他欧洲国家的人起得更迟。西班牙人只有在看斗牛时才准时到达。西班牙的国花是石榴花，在国徽上就绘有一个红色的石榴，西班牙人把石榴看作是富贵、吉祥的象征。

[着装]

按照西班牙商人的商业习惯和礼俗，建议男士随时穿着保守式样西装，内穿白衬衫，打保守式样的领带。在办公时间以穿黑色皮鞋为宜，不要穿棕色皮鞋，尤其在日落之后，一定要穿黑色的鞋子，因为西班牙人历来就喜欢黑色。

[会谈]

拜会公司，必须预先约会。最好持用有西班牙文、中文对照的名片，给会面和谈判提供方便。谈判时，出面磋商的人要具备绝对的决定权，所以我方也必须派遣相当的人员前往洽谈，否则，他们不予理睬。西班牙商人作风颇为贵族化及保守，所以，你的作风、举止最好也显得保守、正式，讲究一些礼节。商务活动见面和道别时，务必颔首、握手为礼。许多西班牙商人不知“守时”为何物，上午11点到办公室，中午午餐即不见人，直到下午4—5点方回办公室，往往又工作到8—9点才离去。

[宴请]

午餐一定在下午1点半以后；晚餐吃得很晚，晚上10点左右才开始。初抵西班牙，赴约前还是先吃点东西为妙。饭馆一般晚上9点才开门营业，到晚上11点才有大批吃饭的人光顾。

[送礼]

送花不要送大丽花和菊花，这两种花和死亡有关。红玫瑰用来送给演员和女友，但也可以送给其他女性。如被邀请去西班牙人家里吃饭，可带上一束鲜花、点心、蛋糕或巧克力。在送礼方面，电器如收录机、袖珍计算器等属于贵重品颇受人珍视。

[禁忌]

西班牙人喜欢狮子、鹰、花卉、石榴，而不喜欢山水、亭台、楼阁；喜欢谈论政治，但不要把西班牙政治和本国政治进行比较；喜欢谈体育和旅行，避免谈论宗教、家庭和工作；不要说有关斗牛的坏话。

6. 俄罗斯——商务礼仪习俗

[礼俗]

俄罗斯人素来以热情、豪放、勇敢、耿直而著称。在交际场合，俄罗斯人惯于和初次会面的人行握手礼，对于熟悉的人，尤其是久别重逢时，他们则大多要与对方热情拥抱。迎接贵宾时，俄罗斯人通常会向对方献上“面包和盐”，这是一种极高礼遇，来宾必须对其欣然笑纳。他们也采用“先生”“小姐”“夫人”之类的称呼。在俄罗斯，人们非常看重人的社会地位，因此对有职务、学衔、军衔的人，最好以其职务、学衔、军衔相称。依照俄罗斯民俗，在用姓名称呼俄罗斯人时，可按彼此之间的不同关系，具体采用不同的方法。只有与初次见面的人打交道或在极为正规的场合时，才有必要将俄罗斯人姓名的三个部分连在一起称呼。

[着装]

俄罗斯人十分注重仪表，出门时总是衣冠楚楚，因此，与他们打交道切忌衣冠不整。在俄罗斯民间，已婚妇女必须戴头巾，并以白色的为主；未婚姑娘则不戴头巾，但常戴帽子。在城市，俄罗斯人多穿西装或套裙，俄罗斯妇女往往还要穿一条连衣裙；在正式的场合，男士最好穿传统的西服套装。前去拜访俄罗斯人时，进门后应自觉地脱下外套、手套和帽子，并且摘下墨镜。

[会谈]

与俄罗斯客商会谈或拜访，一般要提前3天约定，他们的时间观念很强，会准时赴约，最好提前5分钟到达约会地点，切忌迟到。俄罗斯商人是国际商务谈判的老手，谈生意前他们会做好充分准备，谈判中他们精于讨价还价之术，还会使用各种方式达到目的。因此，在与俄罗斯商人谈判时切忌浮夸，要精确使用合同用语，初次报价不可太低，在标准价格之上要加上一定的溢价。另外，俄罗斯人办事往往比较稳重，切忌急功近利，急于求成。

[宴请]

俄罗斯人饮食讲究量大实惠，油大味厚。他们喜欢酸、辣、咸味，偏爱炸、煎、烤、炒的食物，尤其爱吃冷菜。他们还喜欢中国的京菜、津菜、川菜、粤菜和湘菜，但一般不吃乌贼、海蜇、海参和木耳等食品。俄罗斯人普遍酒量较大，尤其爱喝烈性酒，比如具有该国特色的烈酒伏特加，还喜欢喝一种叫“格瓦斯”的饮料。俄罗斯人一般以面食为主，他们很爱吃用黑麦烤制的黑面包，除此之外，俄罗斯的特色食品还有鱼子酱、酸黄瓜、酸奶等，吃水果时他们多不削皮。用餐时，俄罗斯人多用刀叉，忌讳用餐发出声响，不能用匙直接饮茶或让其直立于杯中。通常他们用餐时只用盘子而不用碗。

应邀到俄罗斯人家里做客是非常荣幸的事情，如被邀，一定要接受邀请。参加宴请时宜对菜肴加以称道，并尽量多吃一些。俄罗斯人将手放在喉部，一般表示已经吃饱。宴请他们时切忌用左手传递食物，也不宜用左手使用餐具，因为俄罗斯人认为“左主凶，右主吉”，这一点要特别注意，否则就容易失礼。

［送礼］

一般与俄罗斯人初次见面不用送礼，但如果到对方家里做客或赴宴，要给女主人送上一束鲜花，注意不宜送菊花、杜鹃花、石竹花和黄色的花。送花时必须是单数，但不能是13枝；高级钢笔、书籍、太阳能计算器、酒、名片夹、香皂、T恤衫等在俄罗斯都是受欢迎的礼物；送礼不得送两样物品——刀和手绢，刀意味着交情断绝或彼此将发生打架、争执，手绢则象征着离别。

［禁忌］

俄罗斯人忌黑色，认为黑色是死亡的颜色，普遍喜欢红色，忌讳“13”，认为它预示着凶险和灾难；喜欢“7”，认为它可以带来好运和成功；讨厌兔子和黑猫，如果这两种动物从自己眼前经过，则预示着不幸将来临；喜欢马，认为马可以祛邪避灾。不能用脚踢狗或其他动物，外出遇到拦路狗，要说话将它赶走，而踢则是犯忌的。对于某些俄罗斯人来说，外国人用拇指和食指做“OK”的手势是没有礼貌的，站立时不要把双手放在口袋里；不要谈论俄罗斯的国内政治、民族、宗教和经济问题，也不要询问个人收入、婚姻等私人问题，不可论胖谈瘦；让烟不能给单支，要递上整盒，点烟时忌讳划一根火柴或用打火机给3个人点火，不能将别人的烟拿来对吸；不要在喝酒时劝酒或蓄意灌酒，俄罗斯人十分贪杯，酒鬼遭人蔑视，故意引别人喝醉则令人憎恨；不得在桥上或桥下告别，这意味着永远地离去。

10.3.3 美洲

1. 美国——商务礼仪习俗

［礼俗］

美国人的见面礼非常简单，通常是点头微笑致意，礼貌地打招呼就行了，即使是初次见面，也不一定要握手。在美国，12岁以上的男子便享有“先生”称号，但多数美国人不喜爱用“先生”“夫人”“小姐”“女士”之类的称呼，更喜欢别人直接叫自己的名字，认为这是亲切友好的表示。美国人很少用正式的头衔来称呼别人。正式头衔一般只用于法官、军官、医生、教授、宗教界领袖等人物，尤其是行政职务。

［着装］

美国人天性浪漫、随和，甚至有些不拘小节。平时不太讲究穿戴，崇尚自然、偏爱宽松、体现个性是美国人穿着打扮的基本特征。但在正式场合，美国人非常讲究服饰，注重整洁，西装质地较好，特别是鞋擦得很亮，手指甲清洁，而且他们的衬衣、袜子、领带必须是每天一换。穿肮脏、褶皱、有异味的衣服，在美国是被人看不起的，因此，在一般的商务活动场合，着装不必过于拘谨，但要注意整洁。正式谈判或公务拜访，最好身着质地好的西服套装。女士最好不要穿黑色皮裙，切忌浓妆艳抹，更不要在大庭广众之下化妆、补妆，这在美国被视为缺乏教养的行为。

［会谈］

美国人时间观念很强，约会一定要事先约定，并且准时赴约。美国商人大都比较注重实效，喜欢直来直去。与美国人打交道，表现得过于委婉、含蓄，或是有话不明讲，不会有好的效果。与他们谈生意，事前要有充分准备，谈判时可直接进入主题，切忌闲谈，自由谈判，迅速得出结果，最好有一个总的协议。成交时切忌含含糊糊，“是”与“否”必须分得很清楚，不必讲客套。美国商人的法律意识很强，商务谈判中要十分注意推敲每个条款，否则容易引起法律官司。需要特别强调的是，不要有意无意指名批评某人或某公司。沟通交流是美国人的天性，他们在谈判中喜欢使用幽默。他们不注重地位、头衔和礼节，谈判过程中不注重肢体语言和坐姿，但不喜欢双方离得太近，习惯于两人的身体保持120~150厘米，最少不得小于50厘米。

圣诞节与复活节前后两周不宜往访，6—8月美国人多去度假，其余时间宜往访。

［宴请］

美国商界流行早餐与午餐约会谈判。当你答应参加对方举办的宴会时，一定要准时赴宴，如因特殊情况不能准时赴约，一定打电话通知主人，并说明理由。他们喜欢用焙牛肉、焙鸡肉等方便实惠的菜肴来招待客人。

美国人口味清淡，喜微带甜味，喜食“生”“冷”“淡”的食物，不刻意讲究形式与排场，而强调营养搭配，特别喜欢热狗、炸鸡、土豆片、三明治、汉堡包、面包圈、比萨饼、冰激凌等快餐，推崇中国的苏菜、粤菜、川菜。美国人忌吃狗肉、猫肉、蛇肉、鸽肉以及动物的头、爪、内脏和生蒜、韭菜、皮蛋等食品；爱喝的饮料种类很多，主要有冰水、矿泉水、红茶、咖啡、可乐、葡萄酒、桑果酒、甜味酒和啤酒等。另外，美国人非常讨厌在餐碟中剩食物，宴请的菜量要适量。不要在进餐时发出声响，不要替他人取菜，不要吸烟，不要向别人劝酒，不要当众宽衣解带，不要议论令人作呕之事。

［送礼］

在商务交往中，彼此关系不熟不要送礼，宴请和送礼宜在双方关系融洽和谈判成功之后。礼品最好是价格在25~30美元的中档商品，一定要有讲究的礼品包装。如果应邀去美国人家中做客，不要空手去，可送糖果、巧克力、白兰地或鲜花，所送的鲜花的枝数应是单数，但要避免“13”这个数字。

［禁忌］

美国人一般比较喜欢浅淡的颜色，如象牙色、浅绿色、浅蓝色、黄色、粉红色、浅黄褐色；忌讳黑色，认为是肃穆的颜色，只有葬礼上用；也不太喜欢红色；白色百合花不可作为礼物送人。同其他西方基督教国家一样，美国人忌讳“13”“3”和“星期五”；忌讳蝙蝠图案，认为蝙蝠是吸血鬼的象征，也不喜欢我国的山水和仕女之类的图案，偏爱白头鹰和白猫的图案；切忌询问年龄、个人收入和政治倾向等私人问题；因为在美国有“瘦富胖穷”的说法，所以见面时不要对美国人说：“你胖了！”

2. 加拿大——商务礼仪习俗

［礼俗］

加拿大人讲究礼貌，但又喜欢无拘无束，不爱搞繁文缛节。他们开朗热情，对人朴实友好，容易接近。人们相遇时都会主动打招呼、问好，握手是其见面礼，拥抱、接吻等见面礼只适用于亲友、熟人、恋人和夫妻之间。加拿大人在人际交往中自由与随和，对交往对象的头衔、学位、职务只在官方活动中使用，在中国社交活动里普遍必备的名片，普通加拿大人不大用，只有公司高层人士在商务活动中才使用名片。

[着装]

日常生活里，加拿大人的着装以欧式为主。参加社交应酬时，加拿大人通常要穿保守式样西装、套裙，而且都要认真修饰，或是为此专门上一次美容店，男子必须提前理发修面，妇女们则无一例外进行适当化妆，并佩戴首饰，否则会被视为对交往对象不尊重。

[会谈]

加拿大人非常守时，商务会谈要提前预约，准时赴约。加拿大的商人中90%为英国和法国后裔，大体而言属于保守型，不喜欢产品的价格经常波动。同加拿大人做生意，应因人种而变换手法。例如，和英国后裔商谈时，从进入商谈到决定价格这段时间是很艰苦的，一会儿卡死在这个问题上，一会儿又卡死在那个问题上，商谈很费时间，但一旦签订了合同，就稳如泰山了；法国后裔则相反，他们非常和蔼可亲，对客人很亲切，但一旦坐下来正式进行商谈就判若两人，讲话慢吞吞的难以捉摸，要谈出结果来很费劲，因此，签订了合约之后也仍旧会有不安。

[宴请]

加拿大人的饮食习惯与英美比较接近，口味比较清淡，爱吃酸、甜之物和烤制食品，忌吃肥肉、动物内脏、腐乳、虾酱以及其他带腥味、怪味的食物。大多数的款待都在饭店或俱乐部举行。在一日三餐中，加拿大人最重视晚餐，他们喜欢邀请朋友到家中共进晚餐。

[送礼]

如果应邀去加拿大人家里做客，可以事先送去或随身携带一束鲜花给女主人，不要送百合花，那会使人想到葬礼。

[禁忌]

加拿大人通常都很忌讳“13”。在他们举行的宴会上一般都是双数的席次。枫叶被加拿大人视为国花，枫树定为国树，对此要充分尊重；白雪被视为吉祥的象征与避邪之物，在不少地方人们忌讳铲除积雪；加拿大人很喜欢红色与白色，它们都是加拿大国旗的颜色；与加拿大人交谈时，不要打断对方谈话，或是与对方强词夺理，议论性与宗教、评说英裔加拿大人与法裔加拿大人的矛盾、处处将加拿大与美国联系比较、将加拿大视为美国的“小兄弟”或是大讲美国的种种优点，都是应当避免的。

3. 墨西哥——商务礼仪习俗

[礼俗]

墨西哥人热情、活泼、率直，又不失文雅、礼貌。不管与什么样的人打交道，总能表现得积极、主动而友好。在一般情况下，他们的见面礼节不是与对方握手就是代之以微笑。与熟人见面时，主要是拥抱礼与亲吻礼。在上流社会中，男士们往往还会温文尔雅地向女士们行吻手礼，但一般情况下，男士绝不能吻一位不熟悉的女士的面颊和手背。

墨西哥人非常看重自己的身份和地位，在正式场合，他们最习惯使用的称呼方式与欧洲人的正统做法相仿，即在交往对象的姓氏之前加上“先生”“小姐”或“夫人”之类的尊称；对于某些可以体现出交往对象一定社会地位的头衔，诸如“博士”“教授”“医生”“律师”“议员”之类，墨西哥人极爱使用。

［着装］

墨西哥人的穿着打扮，既有强烈的现代气息，又具有浓厚的民族特色。在墨西哥人的传统服装之中，名气最大的有两种：一种类似于骑士服的男装，看起来又帅又酷；另一种为裙式女装，穿起来让人显得又高贵、又大方。墨西哥人非常讲究在公共场合着装的严谨与庄重，在工作时间和正式场合，男士一般穿保守的西装套装，女士穿西式套裙。在他们看来，在大庭广众之前，男子穿短裤、女子穿长裤都是不合适的，因此，在墨西哥出入公共场合时，男子一定要穿长裤，妇女则务必要穿长裙，这种穿法是一种基本的礼貌。

［会谈］

由于墨西哥商人经常旅行，与墨西哥人会谈或上门拜访一定要事先预约。墨西哥人一般都不习惯准点到达约会地点，通常情况下，他们露面总要比约定时间晚一刻钟到半个小时，他们认为这是一种礼貌，但我方还是宜准时赴约。商务活动中名片的使用频率非常高，因此在赴约时要准备充足的名片。

在墨西哥谈生意的首要秘诀是“不慌不忙”和“礼多人不怪”，要多施小惠，多送点小礼物。墨西哥人很健谈，切忌轻信对方在资信方面的自我介绍，要认真核实，为防止出现不守信用情况，可要求他们在开出银行支票的同时再出具一张汇票。除 7 月、8 月及 12 月不宜往访外，其他时间均宜往访。圣诞节及复活节前后两星期最好不要去。

［宴请］

墨西哥人热情、开朗、豪放，很乐于交朋友，请客吃饭是常用的一种交流方式。被称为墨西哥人餐桌上必备的“三大件”是玉米、菜豆和辣椒。墨西哥人爱吃牛肉、鸡肉、蔬菜，口味清淡，咸中带酸，也喜欢吃辣，有人甚至在吃水果时也要加入一些辣椒粉，尤其喜欢我国川菜，不喜欢过于油腻和利用牛油烹制的菜肴。饮料主要是葡萄酒、香槟酒、咖啡等，一种用龙舌兰酿成的酒是墨西哥的国酒。宴请时，墨西哥商人常先敬酒，并提议与客人手臂交叉喝酒。墨西哥人还有吃仙人掌的嗜好，在他们看来，仙人掌与香蕉、菠萝、西瓜一样，可以当水果吃。另外，许多人喜欢用昆虫做菜。

［送礼］

在墨西哥，商务交往有送礼的习惯，他们对小礼物很欢迎。应邀做客也要准备一些糖果、酒、鲜花等礼品。送花忌送红色或黄色的，因为红花表示符咒，黄花表示死亡，也不能送紫色物品或以紫色材料包装的礼品。

［禁忌］

墨西哥人喜爱绿、蓝、白等颜色，忌讳紫色，认为紫色是不祥之色，认为黄花暗示死亡，红花表示诅咒，紫色是不祥之色，白色则可驱邪。讨厌的数字是“13”与“星期五”。他们非常偏爱仙人掌和大丽菊，蝙蝠图案及其艺术造型为墨西哥人所忌讳，但偏爱骷髅，认为它象征着公平，并喜欢以其图案进行装饰，也喜欢仙人掌和雄鹰的图案。切忌用掌心向下比画孩子身高的手势，在墨西哥人看来这是侮辱人的，这一动作仅可用以表示动物的高度。切忌谈论墨西哥国内的政治、宗教、社会状况等问题，也不宜询问他们的私人问题。大多数墨西哥人都会说英语，但与他们会谈或回信时要用西班牙文，如果你接到对方用西班牙文写来的信，却用其他文字回信，就会被视为相当失礼。

4. 巴西——商务礼仪习俗

[礼俗]

巴西是由欧洲人、非洲人、印第安人、阿拉伯人以及东方人等多种民族组成的国家，但核心是葡萄牙血统的巴西人。另外，由于从西班牙、意大利等南欧国家来的移民在巴西占多数，因此巴西人的习俗和葡萄牙、南欧的习俗非常相似。

巴西人性格豪放，待人热情而有礼貌。他们的风俗也颇有趣，如男人喜欢在自己胸前画一只虎，以示英勇；画一支箭，表示自己是最好的射手。他们还把一种稀有的"金桦果"视为幸福象征。巴西人不羞于表露感情，人们在大街上相见也热烈拥抱，无论男女，见面和分别时都握手。妇女们相见时脸贴脸，用嘴发出接吻的声音，但嘴不接触脸。巴西人特别喜爱孩子，谈话中可以夸奖他们的孩子。巴西的男人喜欢笑，但客人应避开涉及当地民族的玩笑，对当地政治问题最好闭口不谈。在巴西，会话和行文时使用当地语言会更便利和亲切，使用名片应有当地通用文字，商品说明应有当地文字对照。若有人到家中做客，便邀请客人一起跳进河里洗澡，据说这是他们对宾客最尊敬的礼节，而且洗澡次数越多，表示对宾客越客气、越尊重。

[着装]

商务访问时，宜穿保守式样深色西装。不管那里天气多么热，穿深色服装都是适宜的。

[会谈]

无论访问政府机关或私人机构均需事先订约。和巴西商人进行商务谈判时要准时赴约，如对方迟到，哪怕是 1~2 小时，也应谅解。像大部分拉美人一样，巴西人对时间和工作的态度比较随便。和巴西人打交道，主人不提起工作时，你不要抢先谈工作，言谈举止宜保持温暖友好。巴西进口商喜欢信用证以外的付款方式，在给中国出口商付款时，老客户容易拖延，但对新客户，如采用信用证以外方式付款，则需预收部分定金。

[宴请]

巴西商人的商务宴请饮食上习惯以吃欧式西餐为主，但有人也喜欢吃中国菜。巴西人以大米为主食，喜欢在油炒饭上撒上类似马铃薯粉的番芋粉，再加上类似花菜豆的豆一起食用。吃鱼在巴西人中还没有完全普及，通常只在星期五和复活节时吃。然而，他们都喜欢吃虾，不过价钱很贵。在周末进餐中，巴西人喜欢把大块的肉放在火上烤着吃。巴西人的生活跟咖啡有不解之缘，一天内喝数十杯咖啡是常见的事，他们请客人喝浓咖啡，用很小的杯子一杯一杯地喝。巴西晚餐时间早则八九点开始，晚则于午夜 12 点开始。直饮水不安全，只可喝烧开的水或瓶装饮料。

[送礼]

在巴西人家里做客后的第 2 天，应托人给女主人送一束鲜花或一张致谢的便条。鲜花千万不能送紫色的。

[禁忌]

在巴西，紫色表示悲伤，黄色表示绝望。他们认为人死好比黄叶落下，所以忌讳棕黄色，还认为深咖啡色会招来不幸。日本曾向巴西出口钟表，因在钟表盒上配有紫色饰带，因而不受欢迎。巴西教育严谨，如电影院放映片分成三级，依内容而规定观众年龄限制，看电影的时候一定要把护照带上，以便检查。巴西有个规定，要进入私人的土地或住处，必须先获得主人准许，如果被问了三次仍不回答，主人可以举枪射击。

10.3.4 大洋洲

1. 澳大利亚——商务礼仪习俗

[礼俗]

澳大利亚人很平易近人，普遍乐于与他人交往，表现开朗、热情，过分地客套或做作，均会令其不快。他们喜欢直截了当地谈话，不喜欢被施加压力，更讨厌屈尊俯就的感觉。澳大利亚是一个讲求平等的国家，不喜欢以命令的口气指使别人，与澳大利亚人做生意，不要给人高人一等的感觉。与澳大利亚的男士们相处，感情不能过于外露，大多数男人不喜欢紧紧拥抱或握住双肩之类的动作。

澳大利亚人见面习惯于握手，不过有些女子之间不握手，女友相逢时常亲吻对方的脸。澳大利亚人大都名在前、姓在后，称呼别人先说姓，接上先生、小姐或太太之类，“先生”这个称呼表示尊敬。熟人之间可称小名。如果你的同事、客户或饭店里的侍应生称你为“伙伴”，千万不要太惊奇，事实上“伙伴”是一种友好的称呼，女士们也在使用。澳大利亚人能很好地分配工作时间，忙里偷闲进行放松和娱乐，做到工作、娱乐两不误。不过他们不鼓励未经预约突然拜访的行为。

[着装]

澳大利亚人在极为正式的场合要穿着西装、套裙。男子多穿西服、打领带，在正式场合打黑色领结。职业女性多数穿套装。在不是很正式的场合，男士可穿得体的短装、及膝长袜、衬衫以及戴领带。无论男女，都喜欢穿牛仔裤，他们认为穿牛仔裤方便、自如，土著民往往腰间扎一条围巾，他们的装饰品丰富多彩。

[会谈]

会谈前应先预约。澳大利亚人的成见比较重，所以谈判人员必须留下好的第一印象才能使谈判顺利进行。澳方派出的谈判人员一定是具有决定权的人，因此谈判方也应派出同样具有决定权的人。他们做生意不拘礼节，不喜欢炫耀，直接切入正题。他们极不愿意把时间浪费在不能决定的空谈中，而且在谈判中谈及价格时，不喜欢对方报高价，然后再慢慢减价，不愿在讨价还价上浪费时间，所以他们采购货物大多采用招标方式，根本不给予讨价还价的机会，必须以最低价格议价。需要注意的是，不要以为在一起喝过酒生意就好做了，他们的想法是，招待归招待，与生意无关，公私分得很清楚。另外，由于澳大利亚行业范围小，信息传递快，因此谈判中要注意措辞。

[宴请]

澳大利亚人在饮食上以英式西餐为主，其口味清淡，不喜油腻。澳大利亚的食品素以丰盛和量大而著称，尤其对动物蛋白质的需要量更大。他们爱喝牛奶，喜食牛肉、猪肉等，喜欢喝啤酒，对咖啡也很感兴趣。

［送礼］

如被人邀请吃饭，可为女主人带花或一瓶酒。赠送礼物时，有英国文化背景的人可能喜欢茶、橘子汁、苏格兰威士忌、脆饼和衬衫等。

［禁忌］

澳大利亚人对兔子特别忌讳，认为兔子不吉利。与他们交谈时，多谈旅行、体育运动及到澳大利亚的见闻，不要议论种族、宗教、工会和个人私生活以及等级地位问题。澳大利亚人不喜欢将本国与英国处处联系。他们不喜欢“外国”或“外国人”这种称呼，认为过于笼统地称呼失敬。澳大利亚的基督教徒有“周日做礼拜”习惯，想在这天与他们约会比较困难。受基督教影响，澳大利亚人对“13”与“星期五”普遍反感。他们对于公共场合的噪声极其厌恶，在公共场所大声喧哗者，尤其是门外高声喊人的人，最被他们看不起。

2. 新西兰——商务礼仪习俗

［礼俗］

新西兰人性格比较拘谨，见面和告别均行握手礼。在与女士交往中女方先伸出手，男方才能相握。鞠躬和昂首也是他们的通用礼节。初次见面，身份相同的人互相称呼姓氏，并加上“先生”“夫人”“小姐”等，熟识之后互相直呼其名。他们崇尚平等，平民可要求高级官员接见，上级对下级态度友好诚恳。

新西兰人的生活质量一般都比较高，通常对衣、食、住、行都比较讲究，他们大都喜爱户外运动，除喜爱赛马外，还特别喜爱橄榄球。在新西兰，毛利人仍保留着浓郁的传统习俗，他们大都信奉原始的多神教，还相信灵魂不灭，尊奉祖先的精灵。每遇重大活动，他们便照例要到河里去做祈祷，而且还要相互泼水，以此表示宗教仪式上的纯洁。他们有一种传统礼节：当遇到尊贵客人时要行“碰鼻礼”，即双方要鼻尖碰鼻尖两三次，然后再分手离去。按照其风俗，碰鼻子的时间越长，就说明礼遇越高、越受欢迎。

［着装］

按照新西兰商务礼俗，男士会穿着保守式样的西装。外出参加应酬时，新西兰女子不但要身着盛装，而且一定要化妆，在她们看来，参加社交活动时化妆是一种基本的礼貌修养。

［会谈］

同新西兰人打交道时，要注意新西兰人比较严肃，沉默寡言，但却很讲绅士风度，时间观念较强。约会需事先商定，准时赴约；客人可以提前几分钟到达，以示对主人的尊敬。交谈以气候、体育运动、旅游等为话题，避免谈及个人私事、宗教、种族等问题。会客一般在办公室里进行。新西兰人追求平等，他们反感把人划分为等级。按新西兰的商业习惯，交易均基于公平的原则；这里做生意不讨价还价，一旦提出一个价格就不能再变更；如果对方询及交货日期、品质、付款条件时，生意大概就成交了。新西兰的商界气息被认为接近伦敦，保守刻板，凡是当地能生产制造的产品，都不准进口。

［宴请］

新西兰人在饮食上习惯吃英式西餐，其口味喜清淡，喜欢喝啤酒，国家对烈性酒严加限制，有的餐馆只出售葡萄酒，专卖烈性酒的餐馆对每份正餐只配一杯烈性酒；饮茶也是新西兰人的嗜好，一天至少七次，即早茶、早餐茶、午餐茶、午后茶、下午茶、晚餐茶和晚茶，茶馆遍布全国各地，许多单位都有专门的用茶时间；爱吃水果，尤其喜食一种叫“几维果”的名贵水果。新西兰人的用餐方式是欧洲大陆式，即左手握叉、右手拿刀。

[送礼]

商人第一次见面或业务会谈时一般不互赠礼品，但可以在生意谈成后宴请有关人员以表谢意。应邀到新西兰人家里做客，可送给男主人一盒巧克力或一瓶威士忌，送给女主人一束鲜花，礼物不可过多，不可昂贵。

[禁忌]

受基督教、天主教影响，新西兰人讨厌“13”与“星期五”。他们视狗为人类的忠实朋友，如果对新西兰人谈论狗肉如何好吃、大补，定会触怒对方。当众闲聊、剔牙、吃东西、喝饮料、嚼口香糖、抓头皮、紧腰带均被新西兰人看作不文明行为。打哈欠时，务必要捂住嘴。他们甚为反感对其国内的种族问题进行评论。给别人拍照，特别是给毛利人拍照，一定要事先征求其同意。

10.3.5 非洲

一般地说，北非国家遵循阿拉伯的礼仪、规则及行为准则，采用阿拉伯的手势语言及礼貌习惯；中非国家沿袭非洲的多种文化的特点；南非在很大程度上受荷兰及英国影响较多。

1. 南非——商务礼仪习俗

[礼俗]

南非社交礼仪可以概括为：黑白分明，英式为主。所谓“黑白分明”是指受到种族、宗教、习俗的制约，南非的黑人和白人所遵从的社交礼仪不同；“英式为主”是指在很长的一段历史时期内，白人掌握南非政权，白人的社交礼仪特别是英国式社交礼仪广泛流行于南非社会。以目前而论，在社交场合，南非人所采用的普遍见面礼节是握手礼，他们对交往对象的称呼则主要是“先生”“小姐”或“夫人”。跟当地人交谈或碰面的时候，不能目不转睛地盯着对方，这么做，对方一定大感不悦。他们认为，握手用力的程度跟对方好意的程度是成正比的，如果握得有气无力，表示虚情假意，毫无诚心，被称为是“礼貌不周”。南非一年四季都很温暖，雨量也很少。在七八月间（当地的冬天）来此出差的人，最好准备一些较为保暖的厚衣服。

[着装]

到南非进行商务活动，最好穿样式保守、色彩偏深的套装或裙装，不然就会被对方视为失礼。参加一般的商务谈判，男士穿两件套或三件套的西装均可。此外，南非黑人通常还有穿着本民族服装的习惯，不同部族的黑人在着装上往往会有自己不同的特色。

[会谈]

南非的商务礼俗，拜访需先预约，遵守约会时间；英语名片最为方便；在商务谈判桌上，只允许使用英语对话；商人信守合同，交易方式力求正式，喜欢对方有话直说，不喜欢转弯抹角地拖时间；在付款方面也严格按照规定执行。按南非交易的订约、交货、付款方式是偏重于英国式的，而不管是荷兰系或英国系企业都是如此，由具有决定权的负责人出面商谈，属权力集中型，因此，商业谈判不会拖时间；当然，其也希望对方商谈代表也要具有决定权。他们很遵守约定，付款方式也很规矩。最好于 2—5 月和 9—11 月到访，避免圣诞节与复活节前后的时间；当地犹太商人不少，注意避开犹太节日。

［宴请］

南非当地白人平日以吃西餐为主，经常吃牛肉、鸡肉、鸡蛋和面包，喜欢喝咖啡与红茶。南非黑人喜欢吃牛肉、羊肉，主食是玉米、薯类、豆类，一般不喜生食，喜欢吃熟食。随着欧洲移民、马来族奴隶及印度人的到来，又形成了多样融合的烹饪艺术，尤以芳香浓郁的咖喱料理、慢炖拼盘、传统非洲佳肴及本土烤肉最为脍炙人口。南非著名的饮料是如宝茶。在南非黑人家做客，主人一般会送上刚挤出的牛奶或羊奶，有时是自制的啤酒，客人一定要多喝，最好一饮而尽。

［禁忌］

在非洲，尤其是南非，随便称非洲黑人为“African”会遭到厌恶，“Negro”和“Black”也是禁词。信仰基督教的南非人忌讳数字“13”和“星期五”。南非黑人非常敬仰自己的祖先，他们特别忌讳外人对自己的祖先言行失敬。跟南非人交谈，有四个话题不宜涉及：（1）不要为白人评功摆好；（2）不要评论不同黑人部族或派别之间的关系及矛盾；（3）不要非议黑人的古老习惯；（4）不要为对方生了男孩表示祝贺。

2. 埃及——商务礼仪习俗

［礼俗］

埃及人见面时一般先握手，随后亲吻对方的脸。当地还有一种吻手礼节。埃及人谈话时习惯站得近些，他们的目光注视对方但不凝视。同埃及人相处谈话时，尽量回避政治问题、宗教纠纷、男女关系等话题，而多谈一些埃及的古老文明和优质的棉花等话题。埃及人认为用手指指人是不礼貌的。在埃及，进清真寺时务必脱鞋，要举止恭敬、态度虔诚，忌讳踩祈祷用的铺垫。

［着装］

埃及是伊斯兰教国家。去埃及男女都不能穿裸露肩膀的衣服；男子不能穿短裤、背心；女子不能穿超短裙、紧身衣。参加商务活动可穿保守式样的西装。

［会谈］

无论是拜访公司或朋友都要提前订好时间，但埃及商人时间观念不强，有时不按约定时间到达。埃及人对专访客人很重视，即使是不速之客，他们也会给以热情招待。同埃及商人洽谈生意时往往需要耐心等待一段时间，因为他们会多了解一些对方情况后再做决定。在埃及从事商务活动用英语，持阿拉伯语或英语名片均可，但使用阿拉伯语、英语对照的名片更方便。

到埃及进行商务活动最好是在 10 月至次年 4 月，另外，当地每周工作日是从本星期六到下星期四，星期五是伊斯兰教的休息日。埃及货币为埃镑，埃及不允许埃镑进出海关。埃及海关的外汇申报制度相当严格，外国货币进出海关不限量，但需先报数额，否则将受到严厉惩罚。

［宴请］

埃及人通常不愿吃用酵母蒸出来的平圆形面包，在口味上，一般喜欢清淡、香甜、不油腻的食品；用餐时通常不喜欢互相交谈；习惯用右手就餐，认为左手不洁净，不但不能用左手与他人接触，更不能用左手给别人递送食品或其他物品。一般都遵守教规，忌讳喝酒，但可大量饮茶，款待埃及人要用不含酒精的饮料。他们有饭后洗手、饮茶聊天的习惯。他们还习惯喝一种加入薄荷、冰糖、柠檬的绿茶；绝不吃猪、狗肉，也禁止谈论有关猪、狗的事；不吃虾、蟹以及鳝鱼等海产。埃及的社会活动开始时间一般较晚，晚宴一般要在22:30或更晚些才开始。

［送礼］

如果被邀请到埃及人家吃饭，习惯上带花或巧克力作为礼品。在送礼或受礼时，一定要用双手或右手去接，千万不能只用左手。

［禁忌］

埃及人喜欢绿色和白色，而忌讳黑色和黄色。他们认为3、5、7、9是积极的，而13是消极的。在埃及不许穿带有星星、猪、狗、熊猫图案的衣服，同样图案的包装纸也不受欢迎。由于伊斯兰教历与公历的差异，斋月的时间每年不同，在斋月期间，如果你在当地人面前吃喝东西或吸烟，会被训斥。埃及名胜古迹很多，但有很多地方是禁止外国人拍照的。埃及人忌讳缝衣针，“针”在埃及是骂人的词，万不可赞美妇女腰细如针，她会感到蒙受了奇耻大辱。千万不要把照相机对准当地妇女。

礼仪小故事

周恩来总理涉外礼仪故事

1972年2月，美国总统尼克松访华，这是一次“破冰之旅”。周恩来总理当时给我们确定的接待方针是“不冷不热，不卑不亢，待之以礼，不强加于人”。

尼克松乘坐的专机于2月21日中午抵达北京，周恩来总理等到机场迎接。尼克松下飞机时，为了突出他和他的夫人，使照片拍出好的效果，不让基辛格、罗杰斯等人同他一起下机，等他跟周恩来握手之后，其他人才下舷梯。而周恩来又是怎样做的呢？在尼克松步出机舱，走下舷梯近一半时，周恩来鼓起掌来，尼克松也报之以掌声。请注意，周恩来不是等尼克松一出舱就鼓掌，也不是根本不鼓掌，而是等尼克松下梯一半时才鼓掌，足见周恩来总理对礼仪细节的重视。

尼克松对周恩来说：“我非常高兴来到中华人民共和国的首都——北京。”“这是中美两国领导人越过一个大洋，越过相互敌对20多年的握手，这表明中美关系从此揭开了新的一页。”而周恩来则对这次历史性的握手做了寓意深长的形容：“你的手伸过世界上最辽阔的海洋——我们25年没有交往了啊!”

机场欢迎仪式，按惯例是悬挂两国国旗、奏两国国歌和检阅仪仗队等。尼克松既是国家元首，又是政府首脑，我方的接待完全符合礼仪，但同当时我们接待其他国家贵宾的仪式相比还是有所区别的，最明显的一点就是没有群众欢迎场面。所以西方媒体在报道中对我们接待工作的评价是“合于礼而不热”。

在欢迎宴会上，由于周恩来的精心安排，中国乐队演奏了美国民歌和尼克松家乡的歌曲《美丽的亚美利加》《牧场上的家》，让尼克松夫妇感到非常亲切。周恩来一般在和其他国家的领导人碰杯时，总是让自己酒杯上沿去碰对方杯子的中间部分，以示对来访客人的尊重，但这次在向尼克松敬酒时，却特意将他的酒杯杯沿和尼克松的酒杯杯沿持平后再碰杯。这种细节安排既不失礼也不过分，显示了我们对美国人不卑不亢的态度。

点评：

不卑不亢是涉外礼仪的一项基本原则。涉外人员代表国家、民族的形象，在任何情况下都要从容得体、举止有度，维护国家利益和尊严，体现中国人民的气概。

技能操作

操作内容：出国拜访

1. 操作标准

将学生按每组6~8人分组，每组分别代表不同的国家，设计出国拜访场景，包括会场座次的安排，每2组为单位分别上场进行现场演示。拜访过程中，要充分体现拜访的语言礼仪、仪态礼仪、风俗禁忌及赠送礼仪。现场学生进行相互评价，教师最后总结点评操作中的共性、个性问题。

2. 操作示范

在涉外商务交往中，拜访外国人时需要严格遵守外国人的礼仪习惯。这主要有以下六个方面。

（1）有约在先

拜访外国人时，切勿未经约定便不邀而至，同时尽量避免前往其私人居所进行拜访。约定的时间通常应当避开节日、假日、用餐时间、过早或过晚的时间及其他一切对方不方便的时间。

（2）守时践约

这不只是为了讲究个人信用，提高办事效率，而且也是对交往对象尊重友好的表现。万一因故不能准时抵达，务必要及时通知对方，必要的话，还可将拜访另行改期。在这种情况下，一定要记住向对方郑重其事地道歉。

（3）进行通报

进行拜访时，倘若抵达约定的地点之后未与拜访对象直接见面，或是对方没有派员在此迎候，则在进入对方的办公室或私人居所的正门之前，有必要先向对方进行一下通报。

（4）登门有礼

切忌不拘小节，失礼失仪。当主人开门迎客时，务必主动向对方问好，互行见面礼节。倘若主人一方不止一人时，则问候与行礼要先尊后卑、由近而远。此后在主人引导下进入指定房间，切勿擅自闯入，就座时要与主人同时入座。倘若自己到达后主人处尚有其他客人在座，应先问一下主人，自己的到来会不会影响对方。为了不失礼仪，在拜访外国友人之前，就随身携带一些备用的物品，简称为“涉外拜访四必备”，主要是纸巾、擦鞋器、袜子与爽口液；“入室后的四除去”是指帽子、墨镜、手套和外套。

（5）适可而止

在拜访他人时，一定要注意在对方办公室或私人居所里停留的时间长度。从总体上讲，应当具有良好的时间观念，不要因为自己停留时间过长，从而打乱对方既定的其他日程。一般情况下，礼节性的拜访，尤其是初次拜访，应控制在一刻钟至半小时之内；最长的拜访，通常也不宜超过两个小时。有些重要拜访，往往需由宾主双方提前议定拜访的时间和长度，务必要严守约定，绝不单方面延长拜访时间。自己提出告辞时，虽主人表示挽留，仍需执意离去，但要向对方道谢，并请主人留步，不必远送。在拜访期间，若遇到其他重要客人来访或主人一方表现出厌客之意，应当机立断，知趣地告退。

（6）举止有方

在拜访外国友人时要注意自尊自爱，并且时刻以礼待人。与主人或其家人进行交谈时，要慎择话题，切勿信口河、出言无忌。与异性交谈时要讲究分寸。对于在主人家里遇到的其他客人要表示尊重，友好相待，不要冷落对方，置之不理。若遇到其他客人较多，既要以礼相待，也要一视同仁，切勿表现出厚此薄彼，而本末倒置地将主人抛在一旁。在主人家里，不要随意脱衣、脱鞋、脱袜，也不要大手大脚、动作嚣张而放肆。未经主人允许，不要在主人家中四处乱闯，随意乱翻、乱动、乱拿主人家中的物品。

学生训练

运用判断

1. 在涉外交往中，务必要严格遵守“尊重隐私”这一涉外礼仪的主要原则。
2. 在涉外交往中，礼宾次序的总原则是“以右为尊”。
3. 涉外交往中为了减少麻烦，避免误会，最为可行的做法是既对交往对象所在国的礼仪与习俗有所了解并予以尊重，更要对国际通行的礼仪惯例认真加以遵守。
4. 按国际惯例，外宾前往参观时，一般安排相应身份的人员陪同。
5. 出入境时，小刀等物品应事先放在托运的行李当中，不要随身携带。
6. 飞机起落时扣好安全带，将座椅靠背放直，不要使用移动电话。
7. 鞠躬礼是日本最普遍的施礼方式，一般初次见面时鞠躬礼是30°角。

8. 美国人的时间观念很强，约会一定要事先约定，并且准时赴约。
9. 向法国人赠送礼品，不宜送刀、剑、餐具等。
10. 英国妇女穿着较正式的服装时，通常配一顶帽子。
11. 俄罗斯人喜欢饮酒，所以宴请时可以使劲劝酒。
12. 阿拉伯人忌用左手递送东西。

案例分析

【案例1】

青岛双星集团总经理汪海有一次去美国考察，在一次新闻发布会上遇到了许多记者的提问。一位意大利记者问："你们生产的运动鞋为什么叫'双星'？是不是代表你们常讲的物质文明和精神文明？"汪海微笑地点了点头，说："还可以这样理解：一颗星代表东半球，一颗星代表西半球，我们要让'双星'牌运动鞋潇洒走世界。"对这番豪言壮语，一位美国记者却不以为然，问道："请问先生，您脚上穿的是什么鞋？"这一用意非常明了：如果你穿的是"双星"牌，那自然没话说，但如果穿的是洋货，意味着连自己都不愿穿"双星"牌，还谈什么潇洒走世界？不料，汪海十分沉着自信地答道："在贵国这种场合脱鞋是不礼貌的，但是这位先生既然问起，我就破例了。"说着他把自己的鞋脱了，高高举起，指着商标处大声说道："Double Star（双星！）。"这时，场上响起了热烈的掌声，不少记者争相拍下这一镜头。第二天，美国纽约各大报纸在主要版面上纷纷刊登出这幅照片。《纽约时报》一位记者评述道："在美国脱鞋的共产党有两个人，一个是苏联的领导人赫鲁晓夫，他脱鞋敲桌子，表明了一个共产党大国的傲慢无礼；一个是来自中国大陆的双星集团总经理，他脱鞋表明了中国商品要征服美国市场的雄心！"

问题：从汪海的身上，你获得了哪些关于涉外商务交往的启示？

【案例2】

小王曾接待了一位82岁高龄的美国加州老太太，她是来华旅游并参加短期汉语学习班的，见面时小王对老太太说："您这么大年纪了，还到外国旅游、学习，可真不容易呀！"这话要让同样高龄的中国老太太听了，准会眉开眼笑，高兴一番。可是那位美国老太太一听，脸色即刻晴转多云，冷冷地应了一句："噢，是吗？你认为老人出国旅游是奇怪的事情吗？"弄得小王十分尴尬。

问题：小王的做法有何不妥之处？涉外交往中要注意哪些礼仪？

【案例3】

某旅游团曾接待过意大利商务访问团，在安排客人游览完苏杭美景后，赠给客人带有地方特色的菊花图案的丝绸手帕，不料一番好意却惹恼了客人，原本兴致勃勃的意大利客人变得情绪恼怒。

问题：请你说明意大利客人情绪变化的原因？从中应吸取什么经验教训？

演练考核

1. 准备出国访问

翻译阿明将随总经理和技术总监到德国汉堡商谈进口仪器设备。出国前阿明需要查找德国的相关情况，请利用互联网、杂志、报纸等帮助其查找。

查找内容包括：德国的概况，包括人口、汉堡城市的气候、交通、主要景点等；德国礼仪习俗，包括风土人情、会面、着装、商务谈判、饮食、送礼、喜好和禁忌等。

2. 角色扮演“出国拜访”

扮演角色：5 人为一组，中方代表翻译、总经理、技术总监共 3 人，英国友人是一对曾在中国上海工作过的夫妻。

扮演地点：英国夫妇私人别墅。中方要为主人准备礼物。

扮演要求：组成评分小组，评选出“最佳礼仪先生/小姐”和“最佳礼仪团队”。评分标准要从服饰、语言表达、仪容、仪态、礼物、表演、配合等各方面进行评比衡量。

3. 模拟出国乘机

某公司刘总经理和助理小王将于 3 月 13 日从北京首都机场乘坐中国国际航空公司的航班前往日本东京进行商务考察。假如你是助理小王，你们应该怎样完成以下任务？

（1）为刘总经理和自己准备出国物品，先列一张清单。

（2）应该最晚在什么时间抵达北京首都机场？

（3）应选择什么通道出境？

（4）乘机时应注意哪些礼仪？

参考文献

[1] 金正昆．实用商务礼仪．3 版．北京：中国人民大学出版社，2020.
[2] 刘晖．实用礼仪训练教程．2 版．北京：电子工业出版社，2015.
[3] 胡晓涓．商务礼仪．3 版．北京：中国人民大学出版社，2018.
[4] 张岩松，李桂英．现代商务礼仪．北京：清华大学出版社，北京交通大学出版社，2009.
[5] 张岩松．现代公关礼仪．北京：经济管理出版社，2010.
[6] 李兰英，肖云林．商务礼仪．上海：上海财经大学出版社，2012.
[7] 金正昆．商务礼仪．北京：中国人民大学出版社，2013.
[8] 刘平．商务礼仪．北京：中国财政经济出版社，2013.
[9] 杨眉．现代商务礼仪．大连：东北财经大学出版社，2013.
[10] 胡爱娟，陆青霜．商务礼仪实训．北京：首都经济贸易大学出版社，2014.
[11] 中国礼仪网.
[12] 中国舞蹈网.